Do avivamento apostólico aos prenúncios da reforma

Do Avivamento Apostólico aos Prenúncios da Reforma

Marcelo Almeida
Mário A. Silva
Denise Américo
Melva Webb

São Paulo, 2021

Do avivamento apostólico aos prenúncios da Reforma
Copyright © 2021 by Marcelo Almeida, Mario A. Silva, Denise Américo, Melva Webb
Todos os direitos desta publicação reservados para Ágape Editora e Distribuidora Ltda.

DIREÇÃO GERAL: Luiz Vasconcelos
EDITOR RESPONSÁVEL: Omar Souza
PREPARAÇÃO DE TEXTO: Pedro Jorge
REVISÃO DE TEXTO: Lucas Nagem
DIAGRAMAÇÃO: Vitor Donofrio
CAPA: Kelson Spalato Marques

Imagens reproduzidas sob licença de Shutterstock.

Texto de acordo com as normas do Novo Acordo Ortográfico da Língua Portuguesa (1990), em vigor desde 1º de janeiro de 2009.

Dados Internacionais de Catalogação na Publicação (CIP)

Do avivamento apostólico aos prenúncios da Reforma
Marcelo Almeida... [et al]
Barueri, SP: São Paulo : Ágape, 2021.
336 p.
Bibliografia
ISBN: 978-65-5724-015-1
ISBN ebook: 978-65-5724-011-3

1. Cristianismo – HIstória 2. Igreja Cristã – História I. Título

21-0447   CDD 230

Índice para catálogo sistemático:
1. Bíblia - História

EDITORA ÁGAPE LTDA.
Alameda Araguaia, 2190 — Bloco A — 11º andar — Conjunto 1112
CEP 06455-000 — Alphaville Industrial, Barueri — SP — Brasil
Tel.: (11) 3699-7107 | Fax: (11) 3699-7323
www.editoraagape.com.br | atendimento@agape.com.br

Sumário

HOMENAGEM. Melva Webb (1918-2009) 9

APRESENTAÇÃO 11

INTRODUÇÃO: A HISTÓRIA DA IGREJA 13

1. O AMBIENTE HISTÓRICO QUE RECEBEU O CRISTIANISMO .. 21

2. YESHUA HA MASHIACH, O FILHO DE DEUS, SALVADOR 44

3. O SÉCULO APOSTÓLICO 54

4. A IGREJA ENTRE OS GENTIOS 70

5. VENTOS DE ADVERSIDADE, PERSEGUIÇÕES E HERESIAS 85

6. OS PAIS DA IGREJA 99

7. AS PERSEGUIÇÕES SOB O IMPÉRIO ROMANO 111

8. A ANTIGA IGREJA CATÓLICA 129

9. OS TEÓLOGOS DO OCIDENTE E DO ORIENTE 139

10. A IGREJA AO FIM DO PERÍODO ANTENICENO 157

11. A CONVERSÃO E A INFLUÊNCIA DE CONSTANTINO 162

12. AMARGAS CONTROVÉRSIAS 169

13. OS PRIMEIROS SINAIS DO INVERNO 181

14. OS CONCÍLIOS DA IGREJA PÓS-NICEIA 190

15. LÍDERES EMINENTES DA ERA PRÉ-MEDIEVAL 200

16. AGOSTINHO DE HIPONA 210

17. AS INVASÕES BÁRBARAS E O FEUDALISMO 215

18. A IGREJA CATÓLICA ROMANA 223

19. AS MISSÕES – 323-1200 237

20. O AVIVAMENTO MONÁSTICO 246

21. O SURGIMENTO E AVANÇO DO ISLÃ 252

22. O IMPÉRIO CAROLÍNGIO E O PAPADO — 732-800 258

23. AS CONTROVÉRSIAS ENTRE
AS IGREJAS DO OCIDENTE E DO ORIENTE 262

24. O GRANDE CISMA DO ORIENTE 266

25. NOVA EXPANSÃO MONÁSTICA — 950-1350 269

26. O APOGEU DO PODER PAPAL 277

27. O DECLÍNIO DO PAPADO 290

28. AS CRUZADAS..296

29. A PESTE NEGRA..305

30. ESCOLASTICISMO, A TEOLOGIA DA IDADE MÉDIA...........309

31. O MOVIMENTO MÍSTICO DOS SÉCULOS 14 e 15................315

32. A QUEDA DE CONSTANTINOPLA..320

CONCLUSÃO: A NECESSIDADE DE
UMA AMPLA REFORMA NA IGREJA...324

REFERÊNCIAS 327

HOMENAGEM
Melva Webb (1918-2009)

Melva Webb foi uma missionária estadunidense que viveu quase 40 anos no Brasil, terra que adotou como sua e aprendeu a amar. Ela chegou ao país em 1953, ainda jovem, com apenas 35 anos. Veio respondendo a um profundo chamado divino que a impeliu à missão de evangelizar e ensinar a Bíblia na pátria brasileira. Embarcou em um navio em Nova York e partiu rumo ao desafio e ao desconhecido.

Estudou a língua portuguesa em Campinas (SP). Em seguida, mudou-se para Londrina, no norte do Paraná. Lá ajudou na fundação do Instituto e Seminário Bíblico de Londrina (ISBL) juntamente com outros dedicados missionários. O Instituto, como ficou conhecido em todo o Brasil, cresceu e atraiu muitos jovens de todo o país que foram em busca de uma formação espiritual e ministerial de qualidade.

Dona Melva, como era chamada, destacou-se como professora da Bíblia. Suas aulas eram cheias de vida e de uma inspiração profunda. As aulas acerca dos salmos, por exemplo, eram concorridíssimas, atraindo gente até mesmo de fora do seminário, tal era o desejo de receber daquela fonte e aprender as Escrituras aos pés da mestra tão consagrada.

História da Igreja, contudo, foi sua grande paixão! Ensinou a matéria com maestria e riqueza de detalhes por quase 30 anos. Durante esse tempo, dedicou-se a exaustivas pesquisas para fundamentar suas excelentes aulas. O resultado do seu dedicado e incansável trabalho foi um material valiosíssimo em forma de sete apostilas com referencial bibliográfico variado e embasado. Seu desejo era transformar o material colhido em um livro que, entretanto, nunca chegou a ser publicado.

Antes de deixar o Brasil, confiou-me uma cópia dos textos originais de suas pesquisas na esperança de que eu pudesse levar adiante esse sonho. Somente agora, porém, a realização desse projeto se concretiza. Veio pela união de outros escritores que assumiram a missão de publicar uma obra sobre História da Igreja que fosse inspirativa e atual, resultado da visão compartilhada com a pessoa que teceu essa obra no coração.

Como ex-aluno, fui inspirado a ensinar História do Cristianismo, o que fiz tanto em Londrina quanto em outras localidades, inclusive nos Estados Unidos. Guardei comigo o seu pedido — de fazer uso de sua obra como base de um projeto a ser publicado algum dia. Hoje, tantos anos depois, tenho um sentimento de dever cumprido na realização desse projeto conjunto que traz à realidade essa bela História da Igreja Cristã, construída sob o olhar meticuloso de quatro autores, tendo Melva Webb como a mestra de todos.

Melva Ruth Webb nasceu na Virgínia em 14 de novembro de 1918, e faleceu aos 90 anos na Flórida, em 20 de maio de 2009.

Soli Deo glória!
Dr. Mario Antônio da Silva

APRESENTAÇÃO

A História da Igreja é um dos assuntos mais fascinantes e inspiradores para qualquer cristão. Nesta obra em três volumes, estamos trazendo, de uma maneira acessível ao grande público, a história dos moveres de Deus através do seu povo. Buscamos evitar o academicismo, mas, por outro lado, pretendemos proporcionar um valioso material de leitura e pesquisa detalhada e criteriosamente bem fundamentado.

O eixo principal da obra são os manuscritos produzidos ao longo de muitos anos em sete partes por dona Melva Webb. Esse material valioso, resultado de incansável pesquisa da autora, foi transformado em texto a partir do qual outros muitos conteúdos foram inseridos pelos demais autores. Foi evitado o caminho da narrativa factual fria para dar lugar a uma História inspiradora, acurada, atual e perfeitamente contextualizada.

No Brasil sempre houve a lacuna de um material que tratasse a História do Cristianismo contemplando a nossa História brasileira. Pouco ou quase nada foi publicado levando em conta a evangelização do Brasil a partir do século 19. É escassa a História das principais denominações brasileiras disponível num único material que leve em conta todo o universo evangélico. Finalmente, não se tem notícia de material atual trazendo ao público cristão a história recente das últimas décadas. E quanta coisa há que Deus tem feito nos últimos cinquenta anos.

A face do cristianismo brasileiro mudou radicalmente desde meados do século passado. A presença evangélica tornou-se marcante, considerável e ativa. Muitas novas denominações e novos movimentos surgiram recentemente, e as igrejas históricas avançaram muito em solo brasileiro, alterando completamente a face do nosso País. O Brasil de hoje vive a plena liberdade de culto em um Estado laico, onde a influência evangélica tem sido crescente em todos os setores da nação. Isso precisava ser trazido e publicado de forma organizada e estruturada a fim de servir ao povo de Deus.

No Volume I desta obra contemplamos um vasto e extraordinário período que se estende desde a Igreja Apostólica primitiva até a queda de

Constantinopla pelas mãos dos turcos otomanos, em 1453. Nesse extenso período, vemos como a mão de Deus faz sua Igreja avançar das periféricas regiões da Judeia até dominar completamente o poderoso Império Romano. Avançamos, a seguir, para o rico e contraditório período medieval, com a consolidação da Igreja Romana. Está também nesse período da História uma fase de profundas crises, mas também as bases que alinhariam as condições para a Reforma Protestante.

O Volume II cobre o período que vai desde o fim do período medieval, passa pelo Renascimento e pela Reforma, estendendo-se até o avivamento pietista morávio. O material tratando dos diversos movimentos reformadores, entretanto, é a ênfase desse Volume II, com vasto e detalhado conteúdo cobrindo os principais acontecimentos e a ação divina. Finalmente, de maneira rica e inspirativa, é tratado como Deus faz surgir um renovo em solo alemão para abençoar e inspirar toda a Igreja por intermédio dos morávios.

A última parte da obra, o Volume III, cobre o avivamento metodista e faz detalhada referência à chegada do Evangelho no Brasil, além dos despertamentos em solo americano, o poderoso avivamento pentecostal, chegando até os dias atuais. É oportuno mencionar que a riqueza e a amplitude dos acontecimentos do século 20 são tratados com riqueza de detalhes e vasta abrangência. O surgimento das denominações pentecostais clássicas, seu estabelecimento no País e o avivamento carismático dos anos 1960 e 1970 são detalhadamente cobertos, bem como os últimos movimentos da Igreja Cristã em solo brasileiro, com seus avanços e contradições. Definitivamente, são tempos especiais em que Deus tem trabalhado de maneira maravilhosa.

Ao longo de todo o texto, de forma paralela, temos a História da espiritualidade com um material inspiracional rico e edificante para o leitor explorar cuidadosamente, à medida que avança pela História da Igreja Cristã. A intenção dos autores, que têm como herança comum uma vasta experiência no ensino de História, é que cada cristão seja poderosa e profundamente abençoado por este vasto e rico conteúdo.

Os autores
São Paulo, dezembro de 2020

INTRODUÇÃO A HISTÓRIA DA IGREJA

O que é a História da Igreja? Para a maioria dos cristãos, é a continuidade do mover vivo do Espírito Santo na sequência do livro dos Atos dos Apóstolos. Estamos, portanto, ainda hoje a "fazer História" ao participar dessa ação maravilhosa do Senhor Jesus Cristo através dos seus discípulos e seguidores. Estamos escrevendo os capítulos mais recentes da História da Igreja. Saber disso nos posiciona não como expectadores passivos, mas como ativos protagonistas do que Deus faz hoje. Além disso, para nos situarmos nesse engajamento atual, é necessário entender nossas raízes e origens nessa maravilhosa, rica e inspiradora narrativa do que Deus tem feito através dos séculos usando a expressão de seu Corpo vivo, a Igreja.

Veja a seguir outras definições para História da Igreja:

- "É a continuação da História Bíblica." (HALLEY, 2011)
- "A História da Igreja é o registro cronológico e a interpretação do impacto de Cristo e seu Evangelho sobre a humanidade." (UNGER, 1957)
- "A História da Igreja é a narração dos resultados do Evangelho agindo no mundo e nos homens." (MUIRHEAD, 1951)
- "A restauração do homem alienado de Deus pelo pecado e a sua volta à obediência e à comunhão com Ele foram os propósitos altruísticos pelos quais o cristianismo iniciou a sua ação benéfica, como está claramente comprovado no Novo Testamento e na obra de seus primeiros discípulos. Assim, podemos dizer que a História Eclesiástica é a narração de tudo o que se sabe da religião fundada sobre o nome e os ensinamentos de Jesus Cristo." (MUIRHEAD, 1951)

O que é a Igreja Cristã, então? A Igreja, conforme as Escrituras Bíblicas, é uma criação divina: "Vós não me escolhestes a mim mas eu vos escolhi a vós..." (Jo 15:16). Não é uma instituição, mas um povo. A Igreja é o novo Israel de Deus, a consequência da Nova Aliança. Nós nos tornamos membros dela a partir do novo nascimento, e não por meio de nascimento natural ou mera adesão. A Igreja é um lar espiritual, uma colônia dos céus na terra. As igrejas cristãs são *sociedades missionárias* tentando transmitir, por palavra e por ação, o amor reconciliador de Deus a toda a humanidade.

Uma ekklesia

A palavra "igreja", *ekklesia*, vem da palavra hebraica *kahal*, que descreve a assembleia solene do povo de Israel. Aparece somente duas vezes nos evangelhos, onde assume a versão grega *ek-klesia*, uma "comunidade contracultural dos 'saídos para fora'" (Mt 16:18; 18:17).

Mas quando se iniciou a Igreja? O escrito do Pastor de Hermas, do século 2 (entre 142 e 155), conta uma visão na qual estava uma senhora avançada em idade com vestes resplandecentes assentada numa grande cadeira branca, segurando um livro. Foi dito ao autor que era a Igreja.

— Por que é ela tão velha? — perguntou ele.

— Porque — replicaram-lhe — foi criada antes de todas as coisas, e por amor dela o mundo foi formado.

"O que agora se chama religião cristã existiu entre os antigos e nunca faltou desde o aparecimento da raça humana até a vinda de Cristo, e daí a religião verdadeira, que já existia, passou a ser chamada de cristã." (AGOSTINHO apud BROCKWAYS, 1959) O cristianismo começou com Abraão (Gl 3:18), e historiadores desde Eusébio, do século 4, até os tempos recentes reconheceram que o que é chamado "História da Igreja" realmente começou com ele. Há, entretanto, historiadores que afirmam que a Igreja teve seu começo no dia do Pentecostes, conforme relato do livro de Atos nas Escrituras Sagradas.

Por que estudar a História da Igreja e qual a sua importância? "A História Universal ficaria incompleta e até incompreensível sem o conhecimento da evolução histórica do cristianismo. Torna-se, porém, compreensível quando Jesus Cristo é reconhecido como sua figura central." (MUIRHEAD, 1951) Seria, portanto, impossível entender o que é o cristianismo de hoje sem um conhecimento da História da Igreja.

Um estudo do povo de Deus que tem pelejado e triunfado nos desafia e nos inspira profundamente. Dá-nos a oportunidade de estudar o desenvolvimento das grandes doutrinas cristãs e ajuda-nos a evitar o grande perigo de nos desviarmos dos princípios cristãos. Todas as grandes heresias surgiram por causa desses desvios. Contribui para a unidade cristã e convence-nos do poder duradouro da Igreja. Também confirma a palavra de Jesus: "... sobre esta pedra edificarei a minha Igreja, e as portas do inferno não prevalecerão contra ela" (Mt 16:18).

Os quatro principais ramos do cristianismo atual

No momento em que este livro é publicado pela primeira vez, nas primeiras décadas do século 21, os quatro grandes ramos da Cristandade são o Protestante, dominante no norte da Europa, na América do Norte e em rápido crescimento em vários países da África, Ásia e América Latina; o Católico Romano, que predomina no sul da Europa e na América Latina; o Católico Ortodoxo ou Grego, com forte presença no leste e no sudoeste da Europa; e o Pentecostal, que se disseminou de igual modo por todos os países por onde o cristianismo chegou.

Podemos considerar, nessa relação dos principais ramos do cristianismo e na História da Igreja, alguns esboços de como as narrativas históricas foram sendo constituídas dentro de uma cronologia temporal. Veja a seguir.

Esboços da História da Igreja

Esboço 1
1. Os primeiros quinhentos anos (1 A.D.-500)
2. Mil anos de tensão e uma nova cultura (500-1500)
3. Reforma e expansão (1500-1800)
4. A era da influência maior (1800-1960)

Este esboço foi proposto pelo autor Kenneth Scott Latourette na obra *A History of Christianity* (Prince Press).

Esboço 2
1. O primeiro século (1 A.D. a 100)
2. A Igreja Antiga (100-590)
3. A Igreja no início da Idade Média (590-1073)
4. A Igreja no apogeu da Idade Média (1073-1294)
5. Decadência e renovação da Igreja Ocidental (1294-1517)
6. A era da Reforma (1517-1684)
7. O cristianismo na Europa desde a Paz Westfália até o século 19 (1648-1800)
8. O século 19 na Europa
9. O século 20 na Europa
10. O cristianismo na América

Este esboço foi proposto pelo autor Robert Hastings Nichols, na obra *História da Igreja Cristã* (CEP).

Esboço 3
1. A Igreja de Éfeso — A Igreja Apostólica (1 A.D.-100)
2. A Igreja de Esmirna — A idade da perseguição (100-311)
3. A Igreja de Pérgamo — A Igreja em união com o Estado (311-590)
4. A Igreja de Tiatira — O papado (590-1249)
5. A Igreja de Sardes — A Reforma (1249-1648)
6. A Igreja de Filadélfia — A Igreja verdadeira no meio da apostasia (1648-1800)
7. A Igreja de Laodiceia (1880-dias atuais)

Este esboço foi proposto por Watchman Nee na obra *A ortodoxia da Igreja* (Árvore da Vida).

Esboço 4
1. Do início até a crise gnóstica
2. Da crise gnóstica até Constantino
3. A Igreja do Estado Imperial
4. A Idade Média até o fim da Luta das Investiduras
5. O fim da Idade Média
6. A Reforma
7. A transição à situação religiosa moderna
8. História da Igreja Cristã desde 1914

Este esboço foi proposto por Williston Walker na obra *A History of the Christian Church* (Scribner).

Esboço 5
1. Período do Império Romano — Perseguições, mártires, Pais da Igreja, controvérsias, cristianização do Império Romano (30-590)
2. Período medieval — Crescimento e poderio do papado, Inquisição, monasticismo, cruzadas (590-1517)
3. Período moderno — Reforma Protestante, grande expansão da Igreja, ampla circulação da Bíblia, libertação progressiva dos governos civis da ingerência da Igreja e do clero, missões mundiais, reforma social e fraternidade crescente (1517-dias atuais)

Este esboço foi proposto por Henry H. Halley, na obra *Manual Bíblico de Halley* (Vida).

Importante destacar que tais cronologias são apresentadas pelos autores como uma proposta didática para o entendimento da História, ajudando o leitor a entender os acontecimentos e seus desdobramentos. Porém, não podemos deixar de ressaltar que há nesses esboços o aspecto teórico da historiografia, que é a narrativa factual e cronológica dos acontecimentos apresentados. Cada esboço apresenta diferentes possibilidades e abordagens para se compreender a História escrita do cristianismo.

A História da Igreja — Questionamentos

A História da Igreja está permeada de influências e tentativas de influências filosóficas à medida que peregrina ao longo dos séculos. Nesta jornada, surgem algumas questões muito pertinentes ao se estudar a História da Igreja. Respondê-las nos permitirá penetrar ainda mais nesse maravilhoso desdobramento da ação divina no mundo e na humanidade. São questões-chave, e se colocarão cada uma a seu tempo à medida que avançamos nesta obra.

- Qual é o elemento essencial da fé cristã?
- Como se pode avaliar as várias formas do catolicismo, da Igreja Ortodoxa, do Protestantismo e do movimento pentecostal?
- Há alguma — ou algumas — correntes filosóficas que guardem afinidades e identificação com a fé cristã?
- Qual é a razão da expansão do cristianismo?
- Como o cristianismo recebeu a contribuição e como foi afetado pelo ambiente histórico de cada época?
- A expansão do cristianismo pode ser atribuída ao espírito de vitalidade do Evangelho?
- Tal expansão deve ser atribuída ao engajamento dos convertidos?
- Ela é resultado dos métodos ou da propaganda?
- Por que o cristianismo enfrentou (e ainda enfrenta) adversidades?
- Por que o cristianismo no século 21 ganhou somente uma pequena porcentagem da população do mundo?
- Qual a participação dos avivamentos e despertamentos e do agir divino na História do cristianismo?
- Por meio de quais processos espalhou-se o cristianismo?
- Quais são os principais métodos missionários?
- A expansão do cristianismo depende disso?
- Qual é o efeito do cristianismo sobre o ambiente histórico, as sociedades e a cultura?
- Quais são as impressões da fé judaica sobre o cristianismo atual?
- Qual o futuro do cristianismo?

Convidamos você a esta *viagem* extraordinária durante a qual essas respostas serão desenroladas num fascinante, inspirativo e edificante processo.

O cristianismo determinando os rumos da humanidade

Ao surgir o cristianismo, este era apenas uma seita judaica de pequena projeção e influência. Ninguém seria capaz de imaginar sua profunda e impactante presença no futuro. Nem mesmo entre judeus tradicionais o cristianismo guardava qualquer importância ao tempo dos seus pequenos inícios.

Lentamente, entretanto, essa "nova doutrina" vai ganhando discípulos e seguidores de diversos extratos sociais. Vai se alastrando e sendo propagada rapidamente por todos os rincões do hostil Império Romano, e mesmo além dele. As pesadíssimas chacinas e as mais cruéis perseguições somente serviram para impulsionar ainda mais o cristianismo.

A partir da Idade Média, especialmente nas eras Moderna e Contemporânea, o cristianismo passou a participar das bases culturais, ideológicas, jurídicas, éticas, morais, filosóficas, sociológicas e econômicas, e acabou por moldar toda a civilização ocidental. Hoje é impossível desassociar o mundo atual das profundas e definitivas influências do cristianismo. Os Estados modernos têm muitos dos seus pilares atuais erigidos sobre paradigmas cristãos. Podemos dizer, sem nenhum prejuízo à realidade, que nenhuma outra religião moldou tanto o mundo quanto o cristianismo.

Neste primeiro volume será abordada a formação da Igreja Cristã primitiva, seu extraordinário avanço pelo poderoso Império Romano, sua consolidação como religião predominante na Europa medieval e os movimentos soberanos de Deus durante essa riquíssima história. Terminaremos o bloco com o fim da Idade Média, com a conquista de Constantinopla, e o início da Idade Moderna.

CAPÍTULO 1
O AMBIENTE HISTÓRICO QUE RECEBEU O CRISTIANISMO

"... mas, vindo a plenitude dos tempos, Deus enviou seu Filho..." **Paulo, apóstolo, em Gálatas 4:4**

Para que a Era Cristã tivesse início, foi necessária uma complexa confluência de fatores e a contribuição principal de três povos, suas culturas e instituições: os gregos, os judeus e os romanos. Foram eles que formaram o *molde* dentro do qual o cristianismo surgiu, e a partir de onde ele se desenvolveu como uma força poderosa e crescente. Antes de mais nada, vejamos quais foram essas três principais influências.

A influência grega

Durante muitos séculos antes da Era Cristã, os gregos se constituíam como o povo mais intelectual do mundo. Problemas como a origem e o significado do mundo, a existência de Deus, do ser humano, do bem e do mal e muitos outros foram objeto de meditação dos filósofos gregos mais do que de qualquer outro povo. O resultado foi que o grego típico se tornou uma pessoa vivaz, inquiridora, polemista, ansiosa por falar em assuntos profundos e coisas que se relacionam com o céu e a terra.

Os gregos levavam outros povos a pensar nas ideias e pesquisas que pertenciam aos grandes problemas da vida. Tal curiosidade intelectual prevalecia nos principais centros do mundo greco-romano, e assim, os povos desses lugares estavam mais dispostos a receber a nova religião do que estariam se não fosse a influência dos gregos.

Os filósofos gregos incentivaram as atividades intelectuais e levaram outros povos a pensar suas bases filosóficas ao mesmo tempo que espalharam uma língua universal. O ensino moral dos filósofos levou o povo a duvidar dos deuses pagãos porque os deuses eram piores do que os melhores homens. Apesar da corrupção moral da consciência, muitos se revoltaram contra os excessos e tinham expectativa de algo superior. Os homens mais sérios estavam prontos para receber uma religião que oferecia um nível moral mais alto juntamente com o poder para obtê-lo, como o cristianismo ofereceu.

Filósofos gregos proeminentes

Conheça alguns dos principais filósofos gregos que também estão inseridos no contexto sobre a História do cristianismo. Muirhead (1951) nos ajuda a entender a relação entre a essência do pensamento desses filósofos, assim como sua importância para seu tempo.

Sócrates (470-399 a.C.)

Este foi um dos nomes mais importantes da galeria de filósofos gregos. Para ele, o objeto primeiro do pensamento é a explicação do próprio homem, e não do universo. "Conhece-te a ti mesmo" é seu notório aforisma. O assunto mais importante da investigação é a conduta do homem e sua moral. Identificar a virtude é fundamental, pois o saber resulta no fazer, e seu resultado são as quatro virtudes: previdência, coragem, autocontrole e justiça.

Sua influência para o cristianismo foi importante em função da ênfase sobre as virtudes morais, as quais, na forma de "virtudes naturais", viriam a ocupar lugar proeminente na teologia medieval. O pensamento de Sócrates exerceu grande impacto sobre o sentimento religioso grego. Pregava que o sentido da ação humana é a virtude, cuja prática consciente permitia atingir a proximidade com o divino. Ele é, por isso, considerado um *mediador* entre o paganismo e o cristianismo. Sem a obra realizada por Sócrates na destruição da crença nos deuses do paganismo e na criação de um desejo por um tal Deus como aquele revelado por Cristo, é certo que o cristianismo teria achado um solo tão infrutífero na Grécia quanto achou entre os fariseus.

A concepção filosófica de Sócrates não era tão básica quanto alguns pensam. Ele creu que o conhecimento não é simplesmente uma concepção intelectual, mas também uma convicção, resultado da percepção da verdade. O conhecimento transforma o homem. "O saber resulta no fazer." No século 2, o trabalho dos apologistas na defesa da fé cristã foi muito importante, e Sócrates foi um dos filósofos gregos mais citados por esses defensores da fé. Ao fazer isso, eles apelavam à corte imperial romana por meio de uma comparação entre os cristãos perseguidos pelos imperadores e Sócrates. Justino Mártir disse: "Estamos na prisão com Sócrates, e com Sócrates estamos mortos; mas também com ele somos invencíveis."

Platão (427-347 a.C.)

"O mais místico e espiritual dos filósofos gregos" ensinava que a alma existe antes do corpo e, por isso, é independente dele, não estando sujeita a deterioração. Sua concepção de imortalidade da alma, da qual o corpo não participa, apesar de não ser tão desenvolvida como a dos hebreus, conduzia o pensamento nessa direção e abriu o caminho para o cristianismo.

O reino de ideias é o ambiente verdadeiro da alma, que acha sua maior satisfação na comunhão com elas. "Ideias" são arquétipos invariáveis, padrões universais. A salvação consiste na restauração da visão do bem e do belo que a alma possuía antes de ligar-se ao corpo.

Platão não chegou a ser monoteísta, mas se aproximou disso. Ele disse que o bem, e não o acaso, governa o mundo. Para Platão, as formas passageiras deste mundo visível não dão um verdadeiro conhecimento. O conhecimento do que é permanente e real é adquirido mediante nossa relação com as "ideias" imutáveis que existem no mundo espiritual invisível. Para ele, a alma conhecia essas ideias numa existência anterior.

Aristóteles (384-322 a.C.)

Aristóteles era muito menos místico que Platão. Para ele, o mundo invisível era uma realidade verdadeira. De acordo com Aristóteles, não há uma fina distinção entre ideias e fenômenos, ou seja, nenhum dos dois existe sem o outro. Toda existência é uma substância resultante, exceto no caso de Deus, que é puramente imaterial. A ideia é uma força formativa sobre a matéria, que é o conteúdo.

A matéria é uma substância potencial. Tem existido sempre, mas nunca sem forma. O mundo é eterno, e é a finalidade e primeiro objeto dos nossos conhecimentos. As mutações do mundo exigem a presença de uma força pensante, que é imutável. Assim Aristóteles apresenta esse argumento para a existência de Deus, o qual tornou-se célebre na teologia eclesiástica. Esse motor age com inteligência e propósito; portanto, Deus é o princípio e o fim do processo de desenvolvimento do mundo.

O homem pertence ao mundo das substâncias e possui não somente um corpo e alma comuns a todos os animais, mas também uma fagulha divina, o *logos* que é eterno e da mesma substância e natureza de Deus. Acerca da moral, Aristóteles sustentava que o alvo do homem é a felicidade que é adquirida por meio da cuidadosa observância do "médio áureo", evitando-se toda extravagância.

Os antigos filósofos gregos viam o homem principalmente à luz de seu valor para o Estado. Este ponto de vista mudou radicalmente depois das conquistas de Alexandre, quando a cultura helênica se espalhou por todo o Oriente, causando o desaparecimento dos pequenos Estados da Grécia como entidades políticas independentes. Começaram, então, a enfatizar o indivíduo como entidade independente. "Como pode o indivíduo alcançar o

> **A ESPIRITUALIDADE DE JESUS**
> A espiritualidade de Jesus é a espiritualidade do Caminho, do Caminho do Cordeiro, do Caminho da Cruz, do Caminho da Fé e do Caminho do Discpipulo. A espiritualidade do Caminho nos apresenta, logo de início, quem é Jesus Cristo. Foi João Batista quem preparou o caminho de Jesus e revelou ao mundo o Cordeiro de Deus, Jesus Cristo, o Verbo encarnado. "Eu sou a voz do que clama no deserto: Endireitai o Caminho do Senhor" (Jo 1:23). "Eis o Cordeiro de Deus que tira o pecado do mundo!" (Jo 1:29). Dele ouvimos o seguinte testemunho: "Eu vi o Espírito descer do céu como pomba e permanecer sobre ele. Eu não o conhecia, mas o que me mandou batizar com água, me disse: Aquele sobre quem vires descer e permanecer o Espírito, esse é o que batiza com o Espírito Santo. Eu vi e testifico que este é o Filho de Deus" (Jo 1:32-34).

supremo bem?" — foi a pergunta principal, e duas foram as respostas: a do epicurismo, que era antagônica ao cristianismo, e a do estoicismo, que influenciou profundamente a Teologia cristã.

O epicurismo e Epicuro (342-270 a.C.)

Epicuro, o fundador, passou a maior parte de sua vida em Atenas. Ele ensinou que "a felicidade na vida atual é a finalidade do homem". É a ausência de tudo aquilo que perturba ou molesta. Quando ensinou que a felicidade na vida atual é a finalidade do ser humano, ele não queria dizer necessariamente que este devia viver uma vida dissoluta.

Os maiores inimigos da felicidade são os temores infundados. Os principais desses temores são o medo da ira dos deuses e o medo da morte. Ambos são sem fundamento. Os deuses existem, mas não são os criadores do mundo nem o governam. Tudo é material — até a alma do homem e dos deuses. A morte põe fim a tudo. Segundo Muirhead (1951), gradualmente a distância entre o verdadeiro e o falso, entre o bem e o mal, entre a virtude e o vício se acentuaram, e os praticantes dessa doutrina não possuíam nenhuma restrição moral ou religiosa. Foi dessa forma que a Filosofia grega provocou uma licenciosidade pior que a do Oriente, e que, por fim, acabou com os alicerces da sociedade greco-romana.

Quanto à religião, o epicurismo era uma filosofia da indiferença. Epicuro era um homem acético e de vida moderada — ou, pelo menos, não mais dissoluta que a de seus contemporâneos. No entanto, a influência de seus ensinos foi destrutiva, e tendia para uma concepção materialista da felicidade

O estoicismo

Foi o tipo mais nobre do antigo pensamento ético pagão, em alguns sentidos mais chegado ao cristianismo e, em outros sentidos, mais distante dele. Líderes importantes entre os gregos foram o fundador, Zeus, em cerca de 308 a.C., e Cleantes (301?-207? a.C.) Entre os romanos, Sêneca (3 a.C.-65), Epíteto (60?-?) e Marco Aurélio, o imperador (121-180).

O estoicismo era, principalmente, um grande sistema ético. A moralidade consiste em viver conforme a razão. A virtude é o único bem. A felicidade suprema consiste na submissão voluntária à fatalidade das leis cósmicas. O mal único é o vício da revolta contra a harmonia das leis naturais. A felicidade consiste no desprezo dos prazeres humanos, meio único de alcançar a impossibilidade absoluta. (MUIRHEAD, 1951, p. 27)

Seu pensamento a respeito do mundo era materialista: "Tudo que é real é físico." A fonte de tudo é a "alma mundial, inteligente e consciente, uma suprema razão que penetra e governa tudo, o *logos* do qual nossa razão faz parte". Deus é a vida e a sabedoria de tudo. Está verdadeiramente dentro de nós. Nós podemos seguir o Deus interior; e por esta razão podemos dizer como Cleantes disse a respeito de Zeus: "Nós também somos linhagem tua." Os deuses populares são simplesmente nomes aplicados às forças que surgem de Deus.

Há uma lei de conduta para todos os homens. Todos são moralmente livres. Todos são de Deus; portanto, todos são irmãos. A obediência à razão, o *logos*, é o dever supremo de cada pessoa, seja um imperador ou um escravo. Os inimigos principais da obediência perfeita são as paixões e as concupiscências que pervertem o juízo. Deus é quem rege todas as ações boas. A noção acerca de Deus era essencialmente panteísta — uma forma de monismo que identifica o espírito com a matéria.

O ensino estoico que mais profundamente influenciou a Teologia cristã medieval foi a forte atitude ascética e sua doutrina de monismo, uma suprema sabedoria divina que penetra e governa tudo. O estoicismo pregava também que todos os que fazem o bem são igualmente merecedores de um galardão pós-morte, independentemente de sua posição. Defendia também a irmandade de todos os homens.

Apesar da disseminação do epicurismo e do ceticismo, podemos dizer que, nos tempos de Cristo, a tendência principal do pensamento refinado em Roma e nas províncias encaminhava-se em direção ao monoteísmo panteísta, ao conceito de Deus como bom, contrastando com o caráter amoral das antigas divindades gregas e romanas. Tendia à crença numa providência divina soberana, a ideia de que a verdadeira religião não consiste em cerimônias, mas na imitação das qualidades de Deus e uma atitude mais humana para com as criaturas. Faltavam à Filosofia de então dois elementos que o cristianismo viria realçar, a saber: a certeza que só pode advir da crença numa revelação divina e a ideia de lealdade a uma pessoa. (WALKER, 1967, p. 8)

Em função de sua doutrina da igualdade humana, as horríveis condições da escravidão foram sendo atenuadas e a cidadania romana se estendeu amplamente.

A língua e escrita grega

O idioma grego muito provavelmente teve início a partir da escrita e da língua fenícia. Com o passar dos séculos, a língua grega foi se tornando a base e o fundamento para a formação dos alfabetos cirílico, latino e copta, entre outras importantes estruturas de escrita. O grego clássico evoluiu como uma língua riquíssima com nuances e detalhes que outras estruturas linguísticas não possuem. Em muitas circunstâncias, uma única palavra em português, por exemplo, tem várias formas correspondentes distintas em língua grega.

A título de exemplo, mostramos três palavras: amor (ἀγάπη - *agápē*; φιλία - *philía*; ἔρως - *érōs*); palavra (λόγος - *logos*; ῥῆμα - *rhema*); vida (ζωη - *zoe*; βιος - *bios*; ψυχὴ - *psiquê*). Nas ciências físicas, humanas e biológicas, até hoje o grego é fundamental com termos que constituem toda base comum do conhecimento humano. Das equações matemáticas à tabela periódica; da Astronomia à Filosofia. Não foi sem razão que essa importante língua se tornou a base para a propagação do cristianismo.

No surgimento do cristianismo, o mundo vinha de um longo e profundo processo em que as conquistas de Alexandre (356-323 a.C.) tornaram aquela região do Mediterrâneo até a Índia uma aldeia sob sua influência cultural e linguística. Em virtude dessas mesmas conquistas, houve uma *helenização* do mundo, que passou a ter no grego sua língua franca. Escrevia-se e se entendia o grego desde a Pérsia até o Egito; da Ásia menor até Roma. Era a língua dos eruditos, dos intelectuais e da elite influente politicamente. Foi na língua grega que o Novo Testamento foi escrito e difundindo.

O grego *koiné* se originou como um dialeto comum dos exércitos Macedônios de Alexandre. No ambiente das conquistas em que o mundo conhecido foi colonizado, esse dialeto vulgar recém-formado passou a ser utilizado como base da comunicação desse vastíssimo território. Foi ganhando consistência durante o período clássico e se disseminou, tornando-se a forma falada e escrita do grego de 300 a.C. a 300 A.D.

O grego *koiné* foi, portanto, a primeira língua comum falada na bacia do Mediterrâneo e além dele, até o Oriente Médio. Ao longo do período romano, foi também a língua original de todos os livros canônicos que vieram a formar o Novo Testamento. Foi nele que a Septuaginta (tradução grega das escrituras judaicas) foi escrita. O *koiné* é também a base principal da língua grega falada nos dias atuais.

A influência judaica: o Antigo Testamento grego, a Septuaginta

O Antigo Testamento, na versão grega, foi dado ao mundo nos dias do reino de Ptolomeu Filadelfo (285-264 a.C.), que encomendou a tradução dos escritos judaicos a setenta especialistas. Assim, o mundo teve acesso às Escrituras hebraicas. Os autores Walker (1967), Muirhead (1951), Latourette (1954), Nichols (1954 e 1960), Schaff (1952-1953), abordaram em suas obras a temática sobre a produção da Septuaginta. Eles buscaram esclarecer os acontecimentos, trazendo a relação da influência judaica e sua cultura na produção do documento. Sendo assim, a abordagem sobre esse tópico estará pautada nas narrativas desses autores, uma vez que eles também contextualizaram a realidade social do período narrado.

Segundo os autores, entre os intérpretes da Septuaginta, Fílon de Alexandria (20? a.C.-42? A.D.) foi o mais importante. Ele tentou, pelo método alegórico, harmonizar os ensinos do Antigo Testamento com as filosofias gregas. Cria que o Antigo Testamento é o mais sábio dos livros, uma verdadeira revelação divina, e que Moisés foi o maior dos mestres. Achou o Antigo Testamento em plena harmonia com o melhor do platonismo e do estoicismo. Isto foi muito significativo para o desenvolvimento da teologia cristã, assim como o método alegórico de interpretação viria a influenciar grandemente o estudo das Escrituras. Fílon deduziu, a partir do livro de Provérbios, uma doutrina do *logos* muito semelhante àquela do Apóstolo João. Muitos acham que João conhecia os escritos de Fílon. Todavia, a especulação elaborada por Fílon é apenas uma sombra ou sonho em comparação ao Verbo que se fez carne.

A origem judaica do cristianismo

É preciso estabelecer claramente que, para os primeiros cristãos, para os primeiros discípulos de Jesus, para os apóstolos e para toda a liderança cristã século 1, o cristianismo era a continuidade das alianças de Deus com Abraão e com a nação de Israel. Para essa liderança, a Igreja era o desfecho daquelas promessas e alianças. De acordo com Nichols (1960, p. 9), "os judeus [...] prepararam o berço do cristianismo, fizeram os preparativos para o seu nascimento e o alimentaram na sua primeira infância".

A vinda do Messias prometido não era outra coisa senão o cumprimento e o culminar das antigas alianças. Isso é muito importante no sentido de manter a ortodoxia estabelecida pelos apóstolos do primeiro século e rejeitar aquelas adições dos concílios e da tradição pagã que, com o tempo, entrariam em confronto direto com essa tradição apostólica primitiva. "A Salvação vem dos judeus." Esse povo extraordinário, cujo símbolo apropriado é a sarça ardente, foi escolhido pela graça soberana para permanecer no meio da idolatria circunvizinha como portador do conhecimento do único Deus verdadeiro, sua Lei santa e a promessa consoladora, e assim tornar-se o berço do Messias. (SCHAFF, 1952-1953, p. 62)

> **A ESPIRITUALIDADE DE JESUS**
> A voz do Cordeiro de Deus se faz ouvir desde os tempos antigos. O profeta Isaías dizia: "Inclinai os vossos ouvidos, e vinde a mim; ouvi, e a vossa alma viverá; porque convosco farei uma aliança perpétua, dando-vos as firmes beneficências prometidas a Davi [...]. Buscai ao Senhor enquanto se pode achar, invocai-o enquanto está perto. Deixe o ímpio o seu caminho, e homem maligno os seus pensamentos. Converta-se ao Senhor, que se compadecerá dele, e torne-se para o nosso Deus, pois grandioso é em perdoar. Pois os meus pensamentos não são os vossos pensamentos, nem os vossos caminhos os meus caminhos, diz o Senhor" (Is 55:3,6-8).

O cristianismo, então, surge com a chamada de Abraão. Os israelitas tornaram-se uma nação no Egito, foram libertados e organizados num estado teocrático sobre a base da Lei de Moisés, foram levados novamente a Canaã por Josué e tornaram-se, depois dos juízes, uma monarquia que chegou ao auge de sua glória nos reinados de Davi e Salomão. Foi dividido em dois reinos hostis e levado cativo. Foi restaurado depois de 70 anos, mas novamente caiu nas mãos de seus inimigos pagãos, os romanos. Apesar de tudo isso, cumpriu a sua profética missão, trazendo à luz o Salvador do mundo.

As instituições religiosas judaicas

As famílias sacerdotais judaicas constituíam a verdadeira aristocracia nativa, e eram compostas de um sinédrio. Esse sinédrio era formado por 71 membros. Os saduceus eram a maioria, incluindo o cargo de sumo sacerdote. Durante alguns períodos, entretanto, os fariseus estiveram em maioria. Os deveres do sinédrio eram governar a religião de forma prática, cuidar do templo, investigar e julgar os mestres religiosos e estabelecer relações com os Estados estrangeiros. Isso dependia da força ou da fraqueza dos reis ou governadores. Por volta do ano 20 A.D., os romanos tiraram do sinédrio o poder de vida e morte.

Os escribas eram intérpretes da lei, "os verdadeiros guias do povo", e formavam uma casta à parte. As sinagogas parecem ter sido originadas durante o exílio na Babilônia. Serviam como escolas bíblicas e como lugar de adoração. Eram como congregações locais que abrangiam todos os judeus do distrito. Eram governadas por um grupo de anciãos presidido por um *chefe* no qual residia o poder de excomungar os perturbadores. O culto era simples: a oração, os cânticos e a leitura das Escrituras — a Lei e os Profetas — em hebraico e uma explicação em aramaico. A convite do chefe, qualquer hebreu, incluindo visitantes, podiam falar sobre o texto lido.

Houve sinagogas em todas as cidades comerciais do Império romano. Tanta foi a sua influência que a destruição total do templo não modificou os elementos essenciais do judaísmo. Cada sinagoga era uma sede missionária do monismo — do grego μόνος (*mónos*), "sozinho", "único", que, de acordo com o dicionário *Houaiss*, significa "concepção que remonta ao eleatismo grego, segundo a qual a realidade é constituída por um princípio único, um fundamento elementar. A sinagoga, portanto, serviu aos apóstolos como um lugar admirável para a introdução natural de sua pregação acerca de Cristo como cumpridor da Lei e dos Profetas.

Os reinos judaicos fragmentados sob ocupação

Em 63 a.C., Pompeu, general romano, conquistou toda a região da Palestina, mas permitiu que houvesse certo nível de autonomia. Ao tempo de Jesus, como vemos nas Escrituras, havia um governador romano, Pôncio Pilatos, ao mesmo tempo que governavam diversos reis locais. Esses monarcas eram tolerados por Roma e pagavam impostos aos cofres do império. Tratava-se de pequenas e frágeis monarquias sob ocupação das legiões romanas.

Vemos esses reinos nos evangelhos, divididos em Judeia, Samaria e Idumeia, governados por Arquelau no início da Igreja; Pereia e Galileia eram governados por Herodes Antipas; e Itureia, Gaulanites, Bataneia, Traconites e Auranites eram governados por Felipe.

Os principais grupos e seitas judaicas

Quatro seitas ou partidos hostis entre si representavam as várias tendências principais do judaísmo à época do surgimento do cristianismo. O formalismo, representado pelos fariseus; o ceticismo, com os saduceus; e o misticismo, com os essênios. Os zelotes representavam um grupo com um claro propósito político e revolucionário. Podemos comparar os fariseus, saduceus e essênios com as três principais escolas da filosofia grega: estoicismo, epicurismo e platonismo, respectivamente.

Os fariseus

Eram "estoicos judaicos". Viviam o formalismo da religião judaica e representavam a ortodoxia tradicional e rígida, a justiça própria e o fanatismo do judaísmo. Eram os fariseus que controlavam o culto público. A proveniência dos fariseus vem do antigo partido dos *hassidim* dos tempos de João Hircano (sumo sacerdote e membro da dinastia dos hasmoneus, que governou a Judeia aproximadamente entre 135 e 104 a.C.). Eram os mestres da interpretação da Lei e das tradições orais dos rabinos. À época de Jesus, não havia mais do que 6 mil fariseus, por isso dependiam tanto e temiam tanto a mobilização popular. Eram de classe média, e a eles eram conferidas as mais altas posições no governo e no sinédrio.

Os fariseus substituíram as Escrituras pela tradição dos anciãos. Jesus diz: "Bem invalidais o mandamento de Deus para guardardes a vossa tradição" (Mc 7:7). "Atam fardos pesados e difíceis de suportar e os colocam nos ombros dos homens; mas eles, porém, nem com os dedos querem movê-los" (Mt 23:4). Por tudo isso, foram caracterizados como hipócritas no Novo Testamento. Foi a única seita que permaneceu após a destruição da cidade de Jerusalém e a diáspora judaica. Deram origem à tradição rabínica que permanece até os dias de hoje.

Os saduceus

Estes eram "epicuristas judaicos", representando o ceticismo na religião com o seu racionalismo apegado às coisas mundanas. Aceitavam as Escrituras, especialmente o Pentateuco, mas rejeitavam as tradições. Os saduceus negavam a ressurreição do corpo e a imortalidade da alma, a existência dos anjos e dos espíritos e a onipotência de Deus. Seus seguidores saíam dentre os ricos, e durante algum tempo, por incrível que pareça, tomaram posse do sacerdócio. Ao tempo de Jesus, o sumo sacerdote Caifás era um deles.

> **A ESPIRITUALIDADE DE JESUS**
> O caminho da fé é pautado de encontros e revelações transformadoras. É aqui que se ouve a voz de Cristo a chamar, é aqui que se descobre o sentido sacrificial de Jesus como Cordeiro. É aqui que se experimenta o perdão de pecados por meio da constante experiência de conversão que nos restaura à imagem do Criador. O caminho da fé é maravilhoso, mas não isento de provações. Jesus mesmo disse: "No mundo tereis aflições. Mas tende bom ânimo! Eu venci o mundo (Jo 16:33). Paulo não entendia as aflições como experiências negativas de sofrimento, ao contrário: "Porque para mim tenho por certo que as aflições deste tempo presente não são para comparar com a glória que em nós há de ser revelada" (Rm 8:18).

Os essênios

Estes eram "platônicos judaicos" e representavam a corrente mais mística do judaísmo. Por diversos motivos, os essênios se aproximaram bastante do cristianismo, e acredita-se, por suas características, que João Batista fosse um deles. O número de adeptos não era grande, cerca de 4 mil. Não constituíam um partido político, mas uma ordem ascética e mística. São os precursores do monasticismo cristão. Viviam em vilas monacais e no deserto no Mar Morto. Praticavam a vida em comunidade, compartilhavam os seus bens e usavam vestes brancas. Rejeitavam a carne como comida, os sacrifícios, os votos, a escravidão e, geralmente, o casamento. Seu modo de viver era bem simples, sendo seu propósito atingir um degrau mais elevado de santidade.

Os zelotes

Com a invasão da Palestina por Pompeu em 63 a.C., esvaíram-se as esperanças do povo judeu de reconquistar sua liberdade e autonomia. Mesmo assim, os zelotes continuaram obstinadamente a insuflar na população a rebelião armada contra o império romano. Os zelotes eram o partido descrito por Josefo como "quarta filosofia" entre os judeus. Foi fundado por Judas, o Galileu, que chefiou uma revolta contra Roma no ano 6. Eram contra o pagamento do tributo ao imperador pagão.

Nos tempos em que Félix foi procurador da Judeia, nos anos 52 a 60 A.D., os zelotes se organizaram como uma nova força política do tipo braço armado, os "sicários" ou "gente da adaga ou punhal". Frequentemente esfaqueavam e matavam os que apoiavam os romanos, considerando-os traidores. Na guerra final contra Roma, os zelotes sicários se refugiaram na famosa fortaleza de Massada e lá resistiram até quando puderam. Finalmente, sem haver esperança, mataram-se uns aos outros e suas famílias, num total de 960 pessoas.

A forte esperança messiânica

Entre os judeus havia uma marcante expectativa de um enviado por Deus para redimir seu povo. Esse tipo de esperança jamais foi encontrado entre os outros povos. Para a maioria, o reino messiânico significava a expulsão dos romanos e a restauração do reino de Israel — o estabelecimento do trono em Jerusalém por um rei da descendência de Davi e a reunião de todos os judeus dispersos. Havia cinco ou seis vezes mais judeus fora da Palestina do que na própria região. Alguns verdadeiramente esperavam a "Consolação de Israel" (Lc 2:25). Todos os primeiros seguidores do cristianismo eram judeus, e o elemento que habilitou muitos deles a receber a nova religião cristã foi a esperança de um Messias salvador.

Os judeus da dispersão

À época de Jesus, os judeus da dispersão podiam ser encontrados em quase todas as cidades do Império Romano, conforme narrado no livro de Atos (2:9-11). Segundo Schaff (1952, p. 87), "pela dispersão dos judeus, as sementes do conhecimento do Deus verdadeiro e a esperança messiânica foram lançadas no campo do mundo idólatra". Nessas cidades, eles conservavam a sua religião, mantinham as suas sinagogas e realizavam trabalhos missionários, assim ganhando entre os gentios muitos prosélitos. Os judeus da dispersão espalharam entre os gentios pelo menos três elementos religiosos básicos que são essenciais igualmente ao cristianismo e ao judaísmo: a crença monoteísta (um só Deus), a lei moral e a esperança de um Salvador.

As profecias do Antigo Testamento acerca de Cristo

Desde Moisés, o Senhor Jesus é anunciado no Antigo Testamento, passando por Davi e por muitos profetas. Essas Escrituras estão repletas de textos que falam da vinda, do nascimento, da manifestação, do ministério, da morte expiatória e do Reino posterior do Messias.

Davi descreve a crucificação em detalhes no salmo 22, chegando a mencionar as frases finais de Jesus na cruz: "[...] meu Pai, meu Pai, por que me abandonaste?" Suas palavras finais foram um anúncio detalhado do "justo que virá" no livro de II Samuel 23, no Antigo Testamento.

Outros profetas anunciaram também detalhes da vida e do ministério do Cristo, mas nenhum aproximou-se de Isaías. Ele desvendou, séculos antes de Jesus, seu nome: "Conselheiro, Emanuel, Pai da eternidade, Príncipe da paz..." Anunciou seu nascimento virginal: "Eis que a virgem conceberá e dará à luz um Filho..." No impressionante capítulo 53 do livro de Isaías, ele descreve o holocausto do Cordeiro divino na cruz: "[...] machucado, desfigurado, pelas suas chagas fomos sarados [...] agradou moê-lo..." A referência aos profetas torna-se fundamental na apresentação da fé cristã aos judeus. Alguns historiadores e exegetas acreditam que o Evangelho de Mateus foi escrito em hebraico e destinado aos judeus em função das inúmeras citações aos profetas e à linguagem do livro.

O princípio do Redentor e da redenção

No livro de Levítico (25:48), a Escritura diz: "[...] depois de haver se vendido, haverá ainda resgate para ele; um de seus irmãos poderá resgatá-lo." A nação de Israel, portanto, estava familiarizada com o conceito de redenção, ou seja, resgatar comprando de volta. Tal ideia está fundada no conceito de propriedade, conforme presente nos livros de Levítico (25:26) e Rute (4:4), no Antigo Testamento. Um preço em dinheiro deveria ser pago a fim de que se comprasse de volta a liberdade do parente próximo submetido à escravidão. Sendo assim, nesse conceito, Jesus, o Cordeiro imolado em sacrifício, pagou com seu sangue o preço do resgate e da redenção, tornando-se um "parente próximo" ao vir em carne ao mundo e colocar-se como nosso Resgatador perfeito.

O sangue expiador de um Cordeiro substituto e representante

Ao ver que Jesus era o Messias quando o Espírito Santo, em forma de pomba, desceu sobre ele, João Batista declarou: "Eis o Cordeiro de Deus que tira o pecado do mundo!" Essa afirmação de João claramente coloca Jesus na linha da morte para tornar-se o holocausto de aroma agradável diante de Deus. Era assim, no Antigo Testamento, que Deus desviava o pecado do seu povo.

Um cordeiro macho, sem defeito, deveria ser escolhido por família e levado ao sacerdote para aprovação. Diante disso, o animal era conduzido até o altar de bronze, significando castigo e juízo. Impunha-se as mãos sobre ele, confessando os pecados e significando a transferência da culpa. A seguir, o cordeiro era imolado e seu sangue, aspergido sobre esse altar.

Assim, a afirmação de João incluía Jesus como "Cordeiro santo e perfeito" para ser imolado no altar da redenção e expiação dos pecados de toda a humanidade. Ali, na cruz do Calvário, ele era o Cordeiro representante de nossa culpa, e também nosso substituto.

Porém, ao contrário dos animais, como filho de Deus, o que ele fez não "cobria" os pecados, como nos sacrifícios do Antigo Testamento, mas "tirava" o pecado do mundo. De modo maravilhoso, vemos em Jesus Cristo o cumprimento final daquela figura usada por Deus em todo o Antigo Testamento.

Cada animal usado por séculos de holocaustos estava, na verdade, apontando para o verdadeiro Cordeiro que um dia viria à terra e consumaria a obra redentora de Deus. Ele levaria no próprio corpo santo o nosso pecado, derramando seu sangue para colocar fim à culpa e à condenação que pesava sobre todos nós.

A aliança abraâmica e a manifestação corpórea de Jesus

Deus mesmo firma um pacto com Abraão, escolhendo sua descendência para operar na terra. Era um pacto segundo o qual Deus ganhava legalidade para agir no planeta usando a linhagem do homem que aceitara entrar no pacto consigo. É em virtude disso que a nação de Israel ganha um *status* especial, através do qual Deus envia profetas, fala, concede os seus oráculos e suas leis ao "seu povo". Por isso, todos os sinais de uma aliança de sangue são celebrados entre Deus e Abraão: um animal é morto e sangue é derramado, selando o pacto; Deus afirma que, a partir dali, ele seria o escudo de Abraão, ou seja, o protegeria, significando que quem lutasse contra Abraão e sua descendência estaria lutando contra o próprio Deus. O nome de Abraão é alterado, recebendo uma

> **A ESPIRITUALIDADE DE JESUS**
> Às vezes, parece que estamos sozinhos no caminho da fé. Pensamos assim por causa das lutas que enfrentamos, mas não é verdade. "Não temas, porque eu sou contigo; não te assombres, porque eu sou o teu Deus; eu te fortaleço, e te ajudo, e te sustento com a destra da minha justiça [...] Porque, eu o Senhor teu Deus, te tomo pela tua mão direita; e te digo: não temas, eu te ajudo" (Is 41:10,13).

porção do "nome divino de YHVH" (Jeová). Finalmente, o órgão reprodutor deveria ser circuncidado, significando que toda a semente, todos os filhos de Abraão e toda a sua linhagem, a partir dali, pertenciam ao Senhor Deus.

Por isso, o anjo vai a uma casa de Israel, a uma família em Judá, escolhe uma virgem da descendência de Abraão e a ela diz: "Salve agraciada! O Senhor é contigo! [...] conceberás e darás à luz um filho [...] Ele salvará o seu povo dos seus pecados!" O ente santo nascido de Maria, portanto, era Filho de Deus, assim como Filho de Abraão. Toda a legalidade do pacto abraâmico foi obedecido a fim de trazer Jesus Cristo ao mundo.

A Lei de Moisés e o Antigo Testamento

As leis dadas por Moisés, com suas infindáveis normas e regras, estavam em plena vigência na manifestação de Cristo na terra. O Antigo Testamento era esse código legal que continha também os escritos dos profetas, os salmos e os registros históricos da nação de Israel. Toda a vida cotidiana de um indivíduo era regida por esses livros sagrados. Neles havia inúmeras referências ao Messias enviado que estava para vir e por quem a nação esperava.

Portanto, quando Jesus se manifestou, seus seguidores entendiam que Cristo era apenas o cumprimento e o desdobramento das promessas de Deus a Abraão, a Moisés, aos profetas e a todo o povo de Israel. Como ele mesmo afirma, "não vim abolir a Lei, mas cumpri-la".

Dessa forma, toda a Lei e o Antigo Testamento como um todo eram vistos pelos cristãos como confirmação, e não como contestação daquilo que Jesus anunciava, fazia e cumpria.

A tradição apostólica confirma os princípios herdados do Antigo Testamento

Na religião monoteísta hebraica não havia cultos com a presença de ídolos, estátuas e imagens. As cerimônias no templo eram relativamente simples. Toda a revelação de Deus era voltada a uma fé interior, não visual, não táctil ou física. Para os judeus, Deus era uma pessoa espiritual a ser contatada espiritualmente. YHVH era uma deidade sem rosto, imaterial.

Na sua origem judaica, o cristianismo apostólico, com sua tradição, segue esses mesmos fundamentos que perduram por vários séculos até ser influenciado pelo ambiente pagão romano. Não havia para os judeus um "São Moisés" ou um "Santo Isaias". Era inconcebível, para os primeiros crentes, carregarem uma imagem de Paulo e dirigir a ele orações, violando toda a tradição apostólica dos primeiros séculos do cristianismo. Toda a iconografia posterior à era apostólica surge precisamente quando o cristianismo está se afastando perigosamente de sua fé simples, invisível, cuja comunhão com Deus era interior e no espírito. A tradição adicionada posteriormente fere frontalmente essa tradição inicial primitiva da Igreja. É para essa tradição que as igrejas que anelavam um retorno à vida e a adoração apostólicas retornarão.

A influência romana: a Pax Romana na bacia do Mar Mediterrâneo

Quando o cristianismo surgiu, os romanos eram senhores de uma enorme área. Por volta do ano 50 A.D., o Império incluía toda a Europa ao sul do Reno e do Danúbio. Dominava desde a maior parte da Bretanha, ao norte, até o Egito. O império incluía toda a costa norte da África e parte da Ásia desde o Mediterrâneo até a Mesopotâmia. Os romanos governaram essas regiões efetiva e inteligentemente. Unificaram os povos sob um só império, sob uma impressionante infraestrutura de comunicação com estradas e serviço de correios, e um sistema político que trouxe uma paz sólida por séculos.

As guerras entre as nações tornaram-se quase impossíveis. O intercâmbio entre os vários povos foi criado. Os piratas foram varridos dos mares. As esplêndidas estradas davam acesso a todas as partes do vasto império e eram tão policiadas que se tornaram seguras contra ladrões. Cinco vias principais de comunicação saíam de Roma até as extremidades do império, que, nos portos, eram ligadas com as linhas marítimas. Um escritor romano afirmou: "Podemos viajar a qualquer hora e navegar do oriente ao ocidente." O cristianismo é uma religião de caráter universal, não conhecendo distinção de raça, apelando aos seres humanos simplesmente como seres humanos, tornando todos um em Cristo. Para tal religião, a preparação mais valiosa foi a unificação de todos os povos sob o poder político de Roma. Talvez por causa disso, a inscrição na cruz de Cristo, por ordem de Pilatos, foi escrita em letras gregas, romanas e hebraicas (Lc 23:38). (NICHOLS, 1954) Por tudo isso, os romanos se tornaram os mais úteis instrumentos de Deus na preparação do mundo para o início do cristianismo.

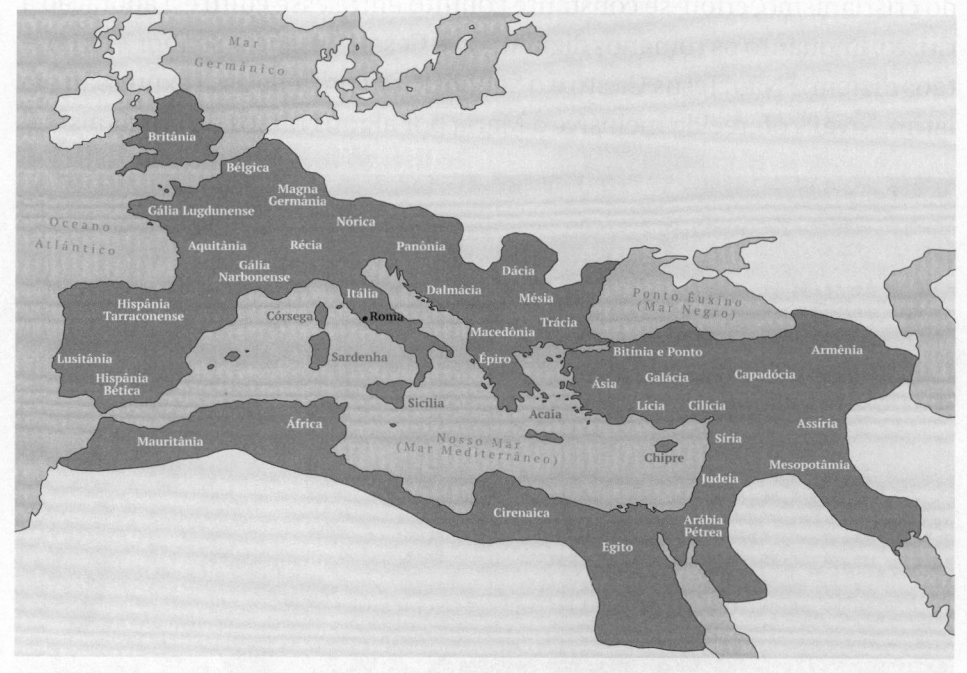

O Império Romano em sua máxima extensão, por volta do século 1 da Era Cristã.

O panteão politeísta romano e o culto ao imperador

A trindade romana era composta por Júpiter, Juno e Minerva, deuses tomados da mitologia e religião pagã grega. Os romanos, em sua religião popular, acreditavam que Saturno influenciava o plantio, Ceres, o crescimento e o êxito da lavoura era atribuído a Júpiter por providenciar as chuvas nos tempos e na quantidade necessária. Marte teria poder para guardar os soldados em função de ser o deus da guerra. Todo o cotidiano romano estava contemplado por alguma divindade pagã específica.

O costume de cultuar o imperador começou com César Augusto. Ele foi adorado como uma encarnação divina, e estátuas dele eram veneradas. O Estado era idolatrado. A expressão "ave Cesar", uma saudação comum em honra ao "deus-imperador", foi copiada pelos regimes nazista e fascista, que também endeusaram seus líderes totalitários no século 20. Com o surgimento do cristianismo, criou-se constante conflito entre esse culto e a adoração a Cristo. Enquanto os romanos diziam: "ave César! César é o Senhor", os cristãos diziam: "Não! Jesus Cristo é o Senhor!" Daí procede essa expressão em latim, "ave!", oferecida inclusive a Maria por alguns ramos do cristianismo.

César Augusto, imperador romano.

Religiões orientais ou religiões do mistério

A difusão de diversas religiões orientais — e, em certo ponto, rivais ao cristianismo — durante os três primeiros séculos de nossa era aprofundou o sentimento religioso em todo o império. Neste sentido, facilitou o triunfo da nova religião.

As religiões orientais, em geral, eram centralizadas num Deus salvador que morria e ressuscitava. O deus e sua história variavam de um culto para outro. Muitas cerimônias eram realizadas em segredo, e os membros tinham de jurar que não revelariam os ritos ocultos. Visto que desapareceram completamente depois de alguns séculos, nosso conhecimento a respeito delas é limitado. Entre elas estão o orfismo, na Grécia, e o culto a Ísis, Serápis e Osíris, de origem egípcia, que prometiam a imortalidade e a ressurreição corporal. Estava também estabelecido em Roma, no ano 80 A.D., O culto à Grande Mãe Cibele e Átis, deuses da Ásia menor. Esse culto era essencialmente primitivo, acompanhado de ritos licenciosos, e havia chegado em Roma em 204 A.D. Foi o primeiro que se estabeleceu no Ocidente. Havia também o culto ao deus Mitras, o grande matador do Touro, de origem Persa. Era permitido só aos homens e muito popular entre os soldados. Só se tornou bem conhecido em Roma a partir do ano 100 A.D. Nos últimos tempos de sua existência, foi identificado com o sol. Houve o culto ao Sol Invicto dos imperadores, pouco antes de Constantino, não muito conhecido.

Os Mistérios Eleusínios (ou Eleusinos) eram uma celebração ateniense na qual eram evocados os famosos mistérios em honra de Deméter e Perséfone. Os ritos dramatizavam a morte da vegetação no outono e no inverno, e sua ressurreição na primavera. Perséfone foi levada a Hades, procurada por sua mãe Deméter, restaurada ao mundo da luz, mas obrigada a voltar à presença de Hades para passar uma parte de cada ano.

Todas as religiões orientais ou de mistério ensinavam sobre um deus redentor. Todas afirmavam que os iniciados participavam de forma simbólica nas experiências dos deuses — em sua morte, ressurreição e sua natureza divina — por meio de uma refeição simbólica com ele. Fazendo assim, participavam de sua imortalidade. Todas possuíam ritos

> **A ESPIRITUALIDADE DE JESUS**
> A garantia de proteção foi experimentada por Davi na travessia do vale de sombra da morte. "Mesmo que eu andar por um vale de trevas e morte, não temerei perigo algum, pois tu estás comigo; a tua vara e o teu cajado me protegem" (Sl 23:4).

secretos de iniciação, recepção de adeptos e atos de purificação mística dos pecados. Na religião de Ísis e Serápis, banhavam-se em água sagrada. Nas da Grande Mãe e Mitras, mediante o sangue de um touro, prometiam aos fiéis um futuro feliz. Todas eram mais ou menos ascéticas na sua atitude para com o mundo. Algumas, como o mitraísmo, ensinavam a irmandade e a igualdade dos seus discípulos.

Os elementos de verdade, moralidade e piedade evidentes nas religiões pagãs podem ser atribuídos a três fatores. O homem, em seu estado decaído, retém sinais de imagem divina. O conhecimento de Deus, ainda que seja fraco, mantém uma consciência moral anelante pela união com a divindade, pela verdade e pela justiça. Tradições e recordações conservadas das revelações originais dadas aos antepassados e transmitidas oralmente são outra possível explicação. E a mais importante: a soberana providência de Deus, que nunca deixou ninguém sem testemunho, conforme apresentado no Novo Testamento, no livro de Tito (1:12).

Sem dúvida, essas religiões guardaram características comuns quanto à doutrina cristã primitiva e aos sacramentos. O cristianismo possuía com elas algumas semelhanças, o que ajudou a torná-lo uma religião universal:

• A crença em um só Deus justo e em numerosos espíritos maus e bons.
• Uma revelação definitiva da vontade de Deus e uma Escritura dotada de autoridade.

> **A ESPIRITUALIDADE DE JESUS**
> A segurança do Caminho não se encontra em nossas próprias capacidades e forças nem nos poderosos exércitos deste mundo, mas na dependência de Jesus Cristo, a nossa segurança absoluta e única. "Se permanecerdes em mim, e as minhas palavras permanecerem em vós, pedireis o que quiserdes, e vos será feito" (Jo 15:7). Na permanência em Jesus e no seu Caminho descobrimos a fonte da nossa segurança existencial, e nela somos guardamos por Deus, o Pai. Na verdade, somos guardados por Jesus Cristo, pelo Pai e o pelo Espírito Santo, de maneira que não estamos desamparados, mas, ao contrário, somos guardados pela Trindade divina. "Já não permanecerei no mundo por muito tempo, mas eles estão no mundo, e eu vou para junto de ti. Pai santo, guarda-os em teu nome, o nome que me deste, para que sejam um, assim como nós" (Jo 17:11).

- Uma virtude oposta à do mundo, baseada nas ações morais agradáveis à vontade e ao caráter de Deus.
- Ritos simbólicos de iniciação.
- Promessa real perdão dos pecados.
- Um Deus redentor com quem os homens poderiam unir-se por meio de certos atos sacramentais.
- Oferta de uma vida futura com castigos e recompensas.
- Promoção da fraternidade entre os seres humanos, especialmente os que aderiam à religião cristã.

O império escravagista romano

À época de Jesus, a cidade de Roma, capital do Império Romano, possuía pouco mais de 1 milhão de habitantes. Em sua extensão, o Império cobria toda a bacia do Mar Mediterrâneo, por isso chamado "Mare Nostrum" (Nosso Mar). Os romanos governavam as províncias com mão de ferro imposta pelo seu esmagador e impressionante poderio militar sem precedentes.

Roma era uma sociedade avançada sob muitos aspectos, com algumas regras de Direito vigentes e uma democracia que alcançava apenas seus cidadãos mais privilegiados. O trabalho escravo era aceito e regulamentado por normas. Os reinos fragmentados da Palestina já estavam sob o poderio romano quando Jesus Cristo veio à terra e viu ali surgir a incipiente Igreja Cristã nascer.

Esse conjunto impressionante de alinhamentos formou a base para a "plenitude dos tempos". Foi esse amadurecimento de condições que recebeu Jesus Cristo, o Messias, e permitiu que a Igreja conquistasse o poderoso Império Romano em menos de três séculos sem armas, mas apenas com a mensagem de amor, redenção e perdão de seu Mestre.

CAPÍTULO 2
YESHUA HA MASHIACH, O FILHO DE DEUS, SALVADOR

"Eis que a virgem conceberá, e dará à luz um filho, E chamá-lo-ão pelo nome de EMANUEL, que traduzido é: Deus conosco." **Mateus 1:23**

O acróstico ΙΧΘΥΣ (*ichthys*), significando "peixe", em grego, continha as iniciais para as palavras: "Jesus Cristo (o Messias), Filho de Deus, Salvador", ou "Ἰησοῦς Χριστός, Θεοῦ Υἱός, Σωτήρ". Era usado na Igreja primitiva para identificar os cristãos, e era nesse entendimento que cada crente se relacionava com a nova fé.

Jesus era Yeshua, cujo nome hebraico significava "Jeová salva". Cristo, ou Ha Mashiach, era relativo à sua missão e significava "o Messias, ungido" ou "enviado". Ele era, para cada discípulo, o Filho de Deus, o Salvador.

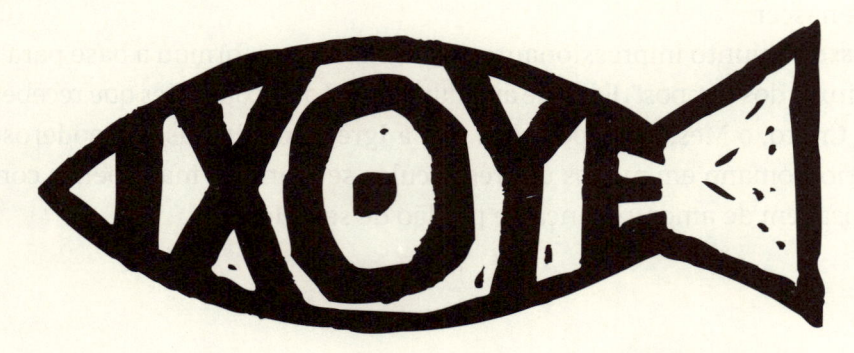

O peixe, usado no início da Igreja para identificar os cristãos.

Nascido de Maria, da descendência de Davi

Jesus Nasceu em Belém da Judeia, filho de Maria, uma virgem da linhagem de Davi, pelo menos quatro anos antes da data tradicional de nossa era dionisíaca. O ano 1, fixado por Dionísio, está errado, mas foi universalmente aceito.

Ao vir ao mundo, César Augusto era imperador romano, antes da morte de Herodes, o Grande, o rei governador da Palestina (37-4 a.C.), um dos piores tiranos de todos os tempos.

Para ter completamente desembaraçado o caminho do trono, mandou matar o venerável Hircano, pai de Mariana, a esposa predileta de Herodes (31 a.C.) Depois disso, sua mulher e seus dois filhos foram vítimas de sua insensata desconfiança. Ordenou, estando já gravemente enfermo, a execução de Antípates, seu filho com outra mulher. Próximo da morte, mandou que os anciãos das principais cidades judaicas fossem encerrados no anfiteatro para serem assassinados na ocasião em que saísse dele o último suspiro de vida, pois queria que ao menos pudesse haver algumas lágrimas no seu funeral. (BUCKLAND; WILLIAMS, 2010) Esta última ordem não foi cumprida. A matança dos inocentes de dois anos para baixo está de pleno acordo com o caráter dele.

Nascido na Judeia sob Pôncio Pilatos

O nascimento de Jesus transforma o cenário histórico do mundo. Chegando à plenitude dos tempos, conforme dizem as Escrituras, Deus enviou seu Filho Unigênito para redimir o mundo da maldição do pecado e estabelecer um Reino eterno de verdade, amor e paz para todos os que nele creem.

Esta afirmação nos remete ao texto bíblico do profeta Isaías (9:6), quando diz: "E o seu nome será: Maravilhoso, Conselheiro, Deus forte, Pai da Eternidade, Príncipe da Paz." A promessa da vinda de Jesus revelou a plenitude e a grandeza desse nascimento que modificou a realidade de um mundo cheio de queixas sociais na época de Pilatos.

No entanto, Schaff (1952) nos faz lembrar que, apesar do mundo ter problemas, Jesus "era o Deus-homem e o Salvador do mundo". Sendo divino desde a eternidade, não podia tornar-se Deus; mas, como homem, era sujeito às leis da vida humana e ao crescimento gradual. Sendo assim, para Schaff, "não há conflito entre Jesus, o Nazareno da História, e o Cristo ideal da fé".

Portanto, Jesus não escreveu nenhum livro, mas o mundo todo não poderia conter todos os livros que se poderia escrever a respeito dele, conforme exposto em João 21:25.

João Batista, o profeta precursor

João Batista foi considerado pelos primeiros crentes o precursor do Messias, e tinha cerca de 26 anos quando apareceu na região do Jordão, pregando e batizando. Anunciava o que virtualmente era uma nova religião, desprezando completamente a religião formal, cerimonial e nacional de seu povo, insistindo na mensagem do arrependimento como base para a redenção e aceitação de Deus.

> **A ESPIRITUALIDADE DE JESUS**
> A escolha pelo Caminho é uma resposta espontânea e pessoal a Cristo, que nos convida, dizendo: "Eu sou o Caminho, a Verdade e a Vida" (Jo 14:6). Portanto, não há outro caminho. Ainda que ouçamos que todos os caminhos levam a Roma, como uma mensagem subliminar de que há vários caminhos para se chegar a Deus, de fato isso não passa de uma crendice, uma falácia. Só Jesus é o Caminho até Deus. A caminhada, dessa forma, não é sozinha, mas acompanhada pelo Mestre, que, sendo o Caminho, guia-nos através da longa jornada da vida. Seguir a Cristo implica caminhar por estrada segura, ainda que não seja fácil.

Proclamava, no espírito dos profetas antigos, a mensagem deles: "[...] arrependei-vos e fazei justiça"; "Produzi frutos dignos de arrependimento!", relato presente em Mateus 3:8, do Novo Testamento. Anunciava que o Messias, por tanto tempo esperado, estava prestes a aparecer. Por ocasião do batismo de Jesus no Rio Jordão, apontou Jesus como "o Cordeiro de Deus que tira o pecado do mundo", conforme relato no Novo Testamento, nos livros de Mateus (3:11) e João (1:33).

João batizava seus discípulos como símbolo da lavagem de seus pecados, e lhes ensinou a orar, como relata Lucas (11:1), no Novo Testamento. Era ascético na vida. "Vestido de pelos de camelo, e um cinto de couro em torno de seus lombos; alimentava-se de gafanhotos e de mel silvestre" (Mt 3:4).

Ensinou seus discípulos a praticar o jejum e, numa atitude humilde, reconheceu que era menor do que Jesus, relato em Marcos 1:7. Jesus o classificou como o último dos grandes profetas. Muitos de seus discípulos se tornaram seguidores de Jesus, mas alguns continuaram independentes, e foram achados assim ainda nos dias de Paulo em Éfeso. João Batista foi encarcerado por ter criticado a vida adúltera de Herodes. Meses depois, foi decapitado.

A linhagem dos Herodes

Herodes, o Grande (37-4 a.C.), possuía nove ou dez esposas. Herodes Antipas (4 a.C.-39 A.D.), seu filho, foi tetrarca da Galileia e Pereia. As Escrituras relatam fatos envolvendo João e Herodes Antipas nos livros de Mateus (14) e Marcos (6). Jesus e Herodes Antipas também estão mencionados nos fatos ocorridos por ocasião da condenação de Jesus, no livro de Lucas (23:5-12).

Herodes Felipe II (4 a.C.-34 A.D.) era filho de Herodes I, o Grande, que governava um pequeno reino na fronteira com o Líbano. Herodes Agripa I (11 a.C.-44 A.D.), filho de Berenice e Aristábolo IV, é visto em Atos 12. Foi o único Herodes que governou toda a Palestina depois da morte de seu avô, Herodes I, o Grande.

Herodes Agripa II (53-70), era filho de Herodes Agripa I e bisneto de Herodes, o Grande, em Atos 25-26. Reinou ao norte e nordeste da Palestina. Quando Herodes Agripa I morreu, seu filho Agripa II tinha 17 anos. O imperador Cláudio César, depois de receber conselhos, concluiu que seria perigoso para um homem tão jovem governar um reino tão velho. Portanto, declarou a Palestina uma província romana e mandou Cuspius Fadus para ser procurador da Judeia e do reino todo.

A mocidade e o ministério de Jesus

A mocidade de Jesus só tem um fato significativo registrado sobre essa fase, que é seu encontro com os doutores no templo quando tinha

12 anos. De acordo com o texto bíblico, era sujeito a seus pais (Lc 2:51). Outro aspecto abordado nas Escrituras é que Jesus "crescia em sabedoria, em estatura, e em graça para com Deus e os homens" (Lc 2:52). Nessa fase de sua vida, desde o retorno do Egito, durante sua juventude até o início do seu ministério, Jesus viveu em Nazaré, pequena cidade situada a 25 quilômetros do Mar da Galileia.

Jesus iniciou seu ministério quando tinha mais ou menos 30 anos, em 27 A.D. Esse acontecimento é narrado em Lucas 3:21,23, na ocasião em que foi batizado por João Batista no Rio Jordão. A tentação no deserto, provavelmente do Sinai, contrapondo com a tentação do primeiro Adão, no Jardim do Éden, vem na sequência do batismo de João. Seu ministério durou mais ou menos três anos. O ministério na Judeia é relatado somente por João, mas o Senhor desenvolve um profícuo ministério também na Galileia, em Pereia e em Jerusalém. A narração se encontra no livro de Lucas (3:1): "No décimo ano do reinado de Tibério César, sendo Pôncio Pilatos governador da Judeia, Herodes, tetrarca da Galileia..." O ano citado foi aquele que começou nos primeiros dias do outono de 26 A.D. Pôncio Pilatos se tornou procurador imperial na Judeia nessa época.

Jesus: todo homem, reconhecido em figura humana

O Evangelho de Mateus abre os relatos acerca de Jesus com uma detalhada genealogia, mostrando sua descendência humana. João 5:27 diz que ele tem autoridade para julgar porque é "filho do homem". Portanto, para cumprir a sua missão de Messias enviado para salvar o seu povo, ele deveria vir em "semelhança de carne pecaminosa", "reconhecido em figura humana", nascido de mulher, filho de Abraão, da descendência de Davi. Jesus, portanto, era "todo homem, todo humano".

Foi tentado como nós, mas nunca caiu em tentação. Nunca precisou pedir perdão a ninguém. Havia nele uma retidão bem percebida por qualquer leitor dos Evangelhos. Jesus era claro, preciso, objetivo e exigia decisão e ação (Mc 9:42-48; Lc 9:57-62). Nunca ficou em desarmonia com o Pai Celestial, e sua vida foi de contínua consagração a Deus. Nunca ficou doente, mas sentiu-se cansado e triste.

Dedicava muito tempo à oração e declarou que não conhecia o dia nem a hora do fim do mundo presente (Mc 13:22). Disse que não pertencia a ele determinar quem havia de se assentar à sua direita ou à sua esquerda (Mc 10:40), e na agonia da cruz, exclamou: "Deus meu, Deus meu, por que me abandonaste?" Rogou que se cumprisse a vontade do Pai, e não a sua (Mc 14:36).

O rabi revolucionário e contracultural

Ao iniciar seu ministério terreno, Jesus confrontou todo o *establishment* judaico, pois não vinha de qualquer das *escolas* tradicionais e reconhecidas do judaísmo. Ele ignorou as diferentes seitas judaicas e começou um caminho próprio de ministério. Fez isso, entretanto, submetendo-se humildemente ao ministério de João Batista, ao aceitar ter com ele e receber o batismo nas águas. Ao fazer isso, Jesus conecta-se com a mensagem de João e a aprova.

A seguir, ao invés de pregar nas sinagogas e para gente considerada "pura" pelo cerimonial judaico, Jesus iniciou um ministério nas ruas, esquinas, praças, junto aos leprosos, às prostitutas, aos doentes, aos endemoninhados, aos cegos, aos paralíticos, aos "lunáticos", pessoas com problemas mentais. Dessa forma, ele escolheu realizar seus maiores milagres entre aqueles que mais sofriam.

Jesus optou por se misturar com os esquecidos, rejeitados e oprimidos. Para

> **A ESPIRITUALIDADE DE JESUS**
> O Caminho de Cristo é desafiador. Não é cômodo nem conveniente, menos ainda confortável. Ao contrário, exige de nós uma resposta imediata, uma entrega incondicional, comprometimento com quem nos chama, certeza da escolha. Nesse caminho, carregamos também nossa cruz, pois Cristo carregou a principal quando morreu em nosso lugar. Nossa cruz é bem menor e mais fácil de ser conduzida. Ela não é a cruz sacrificial. Num certo sentido, a nossa é uma cruz simbólica, uma lembrança do que se passou com Cristo. Sendo assim, a espiritualidade de Jesus é também a espiritualidade da cruz. Sem ela, não há salvação, e todo projeto espiritual divorciado da cruz está fadado ao fracasso, já que se opõe ao ensino das Escrituras Sagradas.

surpresa de muitos, deu início aos seus milagres numa festa de casamento considerada profana, fabricando 600 litros de vinho a fim de salvar aquela celebração de se tornar um fracasso. Ele comeu com pecadores, assentou-se com samaritanos, visitou sepulcros a fim de libertar o gadareno, e fez tudo aquilo que era impuro e reprovado pelo cerimonial e pela religião vigente.

Doze discípulos, e não um substituto

Ao escolher doze apóstolos, Jesus Cristo claramente passa a mensagem de que não deseja um substituto, mas uma equipe apostólica. Fazendo isso, deixa também o desafio de que andem mantendo a unidade, mesmo na diversidade. Ao contrário do que ocorreria séculos mais tarde, Jesus em nenhum momento estabeleceu um "príncipe dos apóstolos". Durante os anos que se seguiram à sua ressurreição, Tiago, seu irmão, que nem estava entre os doze apóstolos, parece ter a proeminência, ao passo que Paulo claramente tem a maior influência.

Jesus, o Verbo divino

A primeira frase do Evangelho de João é: "No princípio era o Verbo, o Verbo estava com Deus e o Verbo era Deus." Portanto, esse Ente santo manifestado em figura humana possui as duas naturezas, sendo todo homem e todo Deus. De acordo com Schaff (1952), "a encarnação ou a união da divindade infinita e a humanidade finita em uma só pessoa é verdadeiramente o Mistério dos mistérios".

Jesus afirmava ser o Messias prometido (Jo 4:26; Mc 14:62; Mt 15:16-17). Declarava que a sua missão era buscar e salvar o pecador (Lc 19:10). Convidava os cansados e oprimidos a segui-lo e lhes oferecia descanso (Mt 11:28). Àqueles que lhe confessavam diante dos homens, prometia que os confessaria diante do Pai.

Proclamava ser Senhor do sábado (Mc 2:28). Ensinava como tendo autoridade, e não como os escribas (Mc 1:22; Mt 5:21,27,31,33,38,43). Declarava que ninguém conhece o Filho, senão o Pai, e ninguém conhece o Pai, senão o Filho e aquele a quem o Filho quiser revelar (Mt 11:27).

Prometeu ao ladrão arrependido um lugar no Paraíso. Prometeu a vida eterna a todos os que nele creem (Jo 3:16).

Jesus afirmava existir antes que Abraão existisse (Jo 8:58). Disse que passarão os céus e a terra, mas suas palavras não passarão (Mc 13:31). Afirmava ser Juiz do mundo (Jo 5:22). Na Grande Comissão para a evangelização do mundo, ele prometeu estar com os discípulos até a consumação dos séculos (Mt 28:20).

A perfeita harmonia entre essas suas duas naturezas, a humana e a divina, somente será finalmente definida, reconhecida e aceita no Concílio de Niceia, no século 4.

Os milagres de Jesus

Os milagres dele não foram uma invenção dos discípulos, como os liberais pensam. Os milagres foram sinais da presença do Reino divino. O apologista Quadrato, escrevendo em cerca de 133 A.D. ao imperador Adriano, referiu-se aos milagres de Jesus como fatos que os inimigos do cristianismo não podiam disputar, e fez menção de algumas pessoas às quais Jesus ressuscitou e que ainda estavam vivendo naquele tempo. "Um caráter tão original, tão completo, tão uniformemente consistente, tão perfeito, tão humano e ainda tão elevado acima de toda a grandeza humana não pode ser nem uma fraude nem uma lenda."[1] O autor ainda aponta que, "a região da Palestina [e Israel] é o quinto evangelho gravado nas rochas. O livro sagrado ainda está cheio de vida e onipresença no mundo civilizado".[2] A região da Palestina e as Escrituras ilustram-se uma à outra e se confirmam. Schaff ainda esclarece, fazendo um comentário onde afirma que "devemos apagar a Palestina [e Israel] do mapa e removê-la para os países das fadas se não aceitamos o Antigo Testamento e o Novo como história verdadeira. Não podem ser considerados mito nem lenda".[3] Não

---

[1] SCHAFF, 1952, p. 109.
[2] SCHAFF, 1952, p. 145.
[3] SCHAFF, 1952, p. 137.

se pode negar os milagres de Jesus porque são eles que afirmam a natureza divina do Cristo no meio do povo.

Jesus e o Reino de Deus

O Reino de Deus é o tema principal dos ensinos de Jesus. Esse Reino é espiritual, e não temporal. É uma sociedade na qual a vontade de Deus prevalece. É um dom de Deus, e não pode ser conquistado pelo esforço. Cresce como uma semente de si mesmo, e não pelo esforço dos homens. O requisito para entrar nele é o novo nascimento, não é hereditário. O ser humano só começa a viver no sentido verdadeiro depois de ter entrado no Reino de Deus, e ser membro deste Reino é possuir a vida eterna em abundância. Os membros terão alegria, mesmo tendo sofrimento em sua experiência. Jesus experimentou as duas coisas. O mundo é oposto ao Reino de Deus, portanto, a perseguição é a porção que cabe aos seus membros. São algumas características dos membros e participantes do Reino, de acordo com o Sermão da Montanha narrado no livro de Mateus (5 e 7):

- Pureza de coração.
- Singeleza de mente.
- Sede e fome pela justiça.
- Misericórdia.
- Ser pacificador — oferecer o bem pelo mal e amar até os inimigos.
- Ser manso.
- Não buscar o aplauso dos homens nem praticar as suas obras de misericórdia para ser visto.
- Buscar primeiramente o Reino de Deus na confiança de que Deus suprirá as suas necessidades.
- Não julgar os outros.
- Regozijar-se nas perseguições.

A morte de Jesus

Há controvérsia se a morte de Jesus ocorreu no dia 15 do mês de nisã do ano 30 A.D. ou numa quarta-feira, em 14 de nisã, quase ao pôr do sol.

Foi Pilatos, o governador romano, quem o condenou à morte. Os judeus haviam pedido pela crucificação, e ela iria cobri-los de perpétuo opróbrio: "Seu sangue caia sobre nós e nossos filhos!" foi o clamor da multidão enquanto o romano lavava suas mãos. O julgamento todo foi uma farsa, o que convinha para um povo humilhado. Tal conduta injusta, a fim de agradar o povo, era típico dos romanos. Na sequência da condenação, Jesus foi crucificado, e os dizeres "Rei dos judeus" foi escrito em uma placa nas línguas correntes.

A ressurreição e a ascensão de Jesus

A fé cristã é diferenciada pelo evento da ressurreição. Ela é o que distingue o cristianismo das demais religiões, pois nenhuma outra traz testemunho de pessoas comuns das narrativas sobre a vida, a morte, a ressurreição e a ascensão de Cristo.

A ressurreição de Jesus foi comprovada com, pelo menos, dez aparições mencionadas nos evangelhos:

- A Maria Madalena, narrada em João 20:11-18. A expressão "outras mulheres", apresentada em Mateus 28:9-20.
- Aos dois discípulos no caminho de Emaús, presente em Marcos 16:12-13 e Lucas 24:13-32.
- A Pedro, em Lucas 24:33-35.
- Aos discípulos, Tomé estando ausente, nos livros de Marcos 16:14, Lucas 24:36-43 e João 20:16-25.
- Aos discípulos, com Tomé presente, em João 20:26-29.
- Aos sete discípulos junto ao mar de Tiberíades em João 21.
- A mais de quinhentos irmãos em I Coríntios (15:6).
- Aos discípulos novamente no livro de Lucas 24:44-49.
- A última aparição e a ascensão em Lucas 24:50-53.

A ascensão de Jesus acontece quarenta dias depois de sua ressurreição no mês de *iyar*, abril ou maio do ano 30. "Sendo visto por eles por espaço de quarenta dias e falando do que concerne ao Reino de Deus" (At 1:3).

CAPÍTULO 3
O SÉCULO APOSTÓLICO

"E da multidão dos que creram era um só o coração e a alma [...] e ia acrescentando o Senhor à Igreja o número daqueles que deveriam ser salvos." **Lucas, médico e escritor, no livro de Atos**

Esse importante período começa com o Pentecostes, em 30 A.D., e termina com a morte de João, em cerca de 100 A.D. A História secular contemporânea estende-se de Tibério a Domiciano, imperadores romanos, e de Herodes Agripa I e Agripa II, duas figuras proeminentes nesse período. "É o século do Espírito Santo, o século da inspiração e da legislação para todos os séculos subsequentes."[4] Pedro, Paulo e João são os três homens mais proeminentes na idade apostólica.

Schaff qualifica dois desses apóstolos de maneira muito clara: "Paulo é o capitão hebraico da Igreja militante; João, o profeta místico da Igreja triunfante" (1952, p. 205).

O Pentecostes e as Primícias da Igreja

Há quem considere a descida do Espírito Santo como o início da Igreja Cristã, e que a Igreja é o que é porque continua a experimentar o poder daquela experiência inicial. Outros a consideram como um verdadeiro dia do Senhor, mas não o início da Igreja. Muitos acreditam que a Igreja teve início com a associação de Jesus com seus discípulos. O dia de Pentecostes marcou definitivamente uma época na propagação do Evangelho, na convicção da presença de Cristo e no aumento de adesão à nova fé.

---
4   SCHAFF, 1952, p. 198.

No Pentecostes, temos as Primícias, uma das três festas anuais dos hebreus, simbolizando o início das colheitas. Eram as Primícias do Redentor glorificado, com 3 mil almas salvas simultaneamente. O tipo de manifestação visível foram as línguas de fogo repousando sobre cada crente e o falar em outras línguas. Eram línguas faladas pelas nações que estavam em Jerusalém por ocasião da festa.

Aconteceu que um vento veemente e impetuoso se manifestou entre os discípulos e todos ficaram cheios do Espírito Santo — a norma cristã do livro de Atos — e se tornaram testemunhas de Cristo. Depois do Pentecostes, houve um período de crescimento rápido na Igreja porque todos estavam cheios do Espírito Santo e testemunhavam acerca de Cristo. Todos tomavam sobre si a responsabilidade de propagar o Evangelho.

Cada cristão, um ministro; cada casa, uma expressão da Igreja

É preciso lembrar que as cerimônias no templo em Jerusalém seguiam a tradição judaica de imolar animais no altar de bronze para expiação dos pecados. O templo em si não era lugar de culto cristão como hoje entendemos, e as cerimônias judaicas continuaram a ser praticadas ali até a queda de Jerusalém. Assim, a ida de alguns cristãos ao templo certamente seguia o propósito de pregar o Evangelho de Cristo no lugar do átrio, àqueles que ali se dirigiam, como acontece com o paralítico curado por Pedro. As reuniões nos lares, de acordo com Atos 2:42, eram dedicadas à oração, exortações mútuas e o partir do Pão. Isso servia para um duplo propósito: a comunhão e um meio de sustento para os necessitados. Foi uma continuação, a lembrança do último jantar de Jesus com seus discípulos.

> **A ESPIRITUALIDADE DE JESUS**
> A cruz pavimenta o caminho do discípulo de Cristo desde a Via Dolorosa, a rua estreita, aquela viela sinuosa, sufocante. O Caminho de Cristo implica na renúncia dos nossos bens e fardos pesados que nos sufocam para podermos, com liberdade, seguir adiante. "Seguimos Jesus na medida em que renunciamos a nós mesmos. Quanto maior for essa renúncia, tanto mais nos aproximamos e nos unimos a ele."

Os elementos principais do credo

A fé e o credo dessa Igreja apostólica eram cheios de vida e, ao mesmo tempo, simples. Criam que Jesus era o Messias, o Filho de Deus. Criam na salvação pela graça, mediante a fé. Criam na expiação do sangue redentor. Criam no batismo como identificação com Cristo. Criam na volta do Senhor, no derramamento do Espírito Santo e nos dons espirituais — dom de sabedoria e ciência (I Co 12:8), dom de ensinar (I Co 12:7), dom de profecia (I Co 12:10,28 e Rm 12:5), dom de discernir os espíritos (I Co 12:10); dom de línguas (I Co 12:10,28); dom de interpretação de línguas (I Co 12:10,29); dom de ministrar e socorrer (Rm 12:7; I Co 12:28); dom de governar (I Co 12:28); e dom de curar os enfermos (I Co 12:9,28).

A realidade desse conjunto de doutrinas simples fundamenta-se em uma profunda e real experiência de cada crente com o Senhor no poder do Espírito Santo. Essa Igreja possuía menos uma fé intelectual e muito mais uma viva experiência com Cristo. Tinha menos de instituição e mais de organismo vivo.

O início das perseguições judaicas

As primeiras perseguições contra a Igreja foram promovidas pelos saduceus (At 4:1-4; 5:17). Pedro e João foram aprisionados e os demais apóstolos, perseguidos. A pregação sobre Jesus Cristo foi proibida. O jovem Estevão, diácono da Igreja, homem cheio de fé e do Espírito Santo, foi apedrejado até a morte. Isso aconteceu com a união dos fariseus e os saduceus contra ele.

O apedrejamento foi o sinal para uma perseguição geral irromper contra toda a Igreja. Entretanto, serviu para a primeira grande disseminação da fé cristã por todas as regiões para onde os discípulos do Senhor se espalharam. Essa disseminação do cristianismo ocorreu por todos os reinos vizinhos e pelas regiões em redor. O cristianismo finalmente se emancipou do culto no templo.

Herodes Agripa I é o responsável pela morte de Tiago, irmão de João e primeiro apóstolo de Jesus a ser martirizado, sendo cerrado ao meio (At 12:2). Pedro foi encarcerado e libertado por um anjo mediante as orações dos santos.

Os ramos brotam

Alguns historiadores se referem ao que é chamado de "experiência de Jerusalém", na qual "todos os que creram estavam juntos, e tinham todas as coisas em comum". Esse fenômeno não se deu somente em Jerusalém, e nem era uma experiência apenas. Enquanto, por um lado, a comunidade apostólica não significava todos vivendo sob um só teto, com uma única bolsa, por outro lado, também não era uma utopia, uma fantasia ou um experimento.

A comunidade apostólica era simplesmente a abundante manifestação do amor de Deus derramado nos corações de homens e mulheres pelo Espírito Santo, fazendo com que os que haviam crido tivessem "um coração e uma só alma", ao ponto que "ninguém considerava nada exclusivamente seu; mas todos tinham tudo em comum". No livro de Atos (4:32), a afirmação "exclusivamente seu" evidencia que existia a propriedade individual das coisas mencionadas. O resto da afirmação mostra que a prática era um "uso comum" no lugar de uma "propriedade comum". "... tudo, porém, lhes era comum." Assim, isso fazia com que "... não houvesse nenhum necessitado entre eles..." Isso era uma simples obediência ao que Jesus ensinou: "Assim, portanto, nenhum de vocês pode ser meu discípulo se não renunciar a tudo quanto possui."

Aquela era uma Igreja que se reunia principalmente nas casas dos discípulos. Inicialmente, em Jerusalém, os crentes reuniam-se para evangelizar no templo, mas, logo nos primeiros meses, a Igreja já contava com mais de 15 mil pessoas. Era impossível reunir essa membresia toda no pequeno átrio do templo. Assim, não vemos ênfase alguma nas reuniões públicas. Simplesmente não havia estrutura física adequada para tanta gente.

Atos dos Apóstolos mostra claramente que a Igreja estava nas casas, e foi dessa forma que conseguiu alcançar, discipular e manter tantos discípulos. Esse mesmo modelo de Igreja foi o vivido pelas igrejas entre os gentios. A Igreja nos lares é o que aparece nas epístolas paulinas como estrutura eclesiástica básica. E foi precisamente essa estrutura que minou o império romano.

Os primeiros templos cristãos de que se tem notícia só apareceram no século 4 da Era Cristã. A abundante vida de Deus, o ensino de Cristo vivo, prático e cheio de revelação, a atmosfera de oração constante e uma comunhão significativa e supridora faziam o ambiente de avivamento que aqueles irmãos viviam. Um contraste com os séculos posteriores.

A Igreja apostólica do século 1

A primeira pregação do Evangelho, no Pentecostes, foi dirigida unicamente aos judeus. Por algum tempo, talvez dois ou três anos, as missões cristãs eram limitadas aos judeus, começando em Jerusalém e daí estendendo-se a toda a Judeia, Galileia e circunvizinhança. Os cristãos não perceberam logo a extensão do propósito divino na salvação do mundo. Como hebreus, reconheciam que Jesus era o Messias esperado pelo seu povo — portanto, o consideravam como Salvador somente dos judeus, apesar de Jesus, por palavras e atos, ter-lhes ensinado coisa diferente.

A perseguição foi o meio pelo qual a Igreja nascente chegou a uma compreensão mais segura do Evangelho que Jesus lhes dera para pregar. Pela perseguição, a Igreja alcançou uma visão mais ampla da obra que Jesus lhe propusera. No processo de desenvolvimento e expansão do Evangelho até os confins da terra, notamos o aparecimento de determinados centros geográficos influentes. O primeiro centro de influência apostólica foi Jerusalém, base dos apóstolos Pedro e João. Eles eram duas das três colunas da Igreja em Jerusalém. Jesus era íntimo desses discípulos, que provavelmente eram os apóstolos das "igrejas da Judeia" (Gl 1:22). A influência de Jerusalém, cujos membros cresceram em muitos milhares, era poderosa e bem fundamentada. A Igreja foi espalhada por causa da perseguição e estava constantemente exposta a sofrimentos por causa da fé. Muitas vezes, foi assolada pelos judeus inimigos do cristianismo. Os cristãos também eram odiados por muitos por serem uma permanente condenação dos costumes e da conduta moral dos pagãos.

Mais tarde, a partir de Nero (54 a 68 A.D.), o governo romano começou a hostilizar o cristianismo, tentando eliminá-lo cruel e vigorosamente. Essa perseguição variava de intensidade à medida que variavam os governos e os imperadores. Durante a segunda metade do século 1, o cristianismo enfrentou o poder oficial como seu maior inimigo. Muitos cristãos simples, líderes famosos, como Paulo, ou inúmeros heróis desconhecidos receberam a coroa do martírio.

A influência judaizante de Jerusalém

Como vimos antes, Jerusalém teve uma influência poderosa, mas nem sempre para o bem. De Jerusalém veio tudo o que era judaizante, uma ênfase legalista que ameaçava as igrejas com um tradicionalismo farisaico e um apego exagerado à Lei de Moisés. Os judaizantes diziam ser a obediência à Lei algo importante na justificação. Esses abusos requereram um posicionamento final por parte dos apóstolos. Assim, reuniram-se em Jerusalém para resolver a questão legalista e pôr fim à influência judaizante nas igrejas gentílicas. Esse encontro dos apóstolos em Jerusalém é chamado por alguns como o Primeiro Concílio Geral da Igreja.

De Jerusalém também vieram os *superapóstolos*, aos quais Paulo chamou de "falsos apóstolos e obreiros fraudulentos" que perseguiram seus passos e subverteram as comunidades com seus ensinos legalistas. A poderosa influência de Jerusalém como um centro apostólico foi finalmente aniquilada pela sua destruição pelo imperador Tito, em 70 A.D. Aquele cerco e destruição veio cumprir literalmente as profecias de Jesus a respeito de Jerusalém em Mateus, capítulo 24.

O erro básico do legalismo judaico era sutil e acabou sobrevivendo à queda de Jerusalém, tornando a reaparecer nos ensinos dos antigos Pais Católicos. Esse erro básico acerca da verdadeira natureza da justificação — se por obras e mérito ou pela graça, mediante a fé — produziu um amargo fruto na Idade das Trevas, e ultimamente continua sendo a causa da irreconciliável diferença entre teólogos católicos e reformados evangélicos.

> **A ESPIRITUALIDADE DE JESUS**
> A chamada para seguir Jesus implica uma resposta imediata. Não há tempo para pensar, para refletir e para resolver pendências. Ao soar de sua voz, cabe-nos uma única resposta: dizer "sim" ou "não" a quem nos chama. Não há meio-termo. Alguém poderia dizer: "Deixe-me pensar, vou resolver alguns problemas, preciso aproveitar a minha vida, quando for mais velho, seguirei", como fez certo discípulo. "E outro de seus discípulos lhe disse: Senhor, permite-me que primeiramente vá sepultar meu pai [...] Segue-me, e deixa os mortos sepultar os seus mortos" (Mt 8:21-22).

Para Paulo e para Lutero, especialmente, a justificação repousava unicamente na imerecida e livre graça de Deus dada aos homens objetivamente em Cristo Jesus, pelos méritos de seu sangue "todo-expiatório". Para os cristãos católicos, mais tarde, a justificação repousava na graça de Deus "subjetivamente ativa dentro dos homens", induzindo-os às boas obras, claramente a obras da Lei. Assim, eles confundiram justificação com santificação, fazendo a justificação depender da santificação; e por aí corromperam o verdadeiro objetivo da natureza graciosa da justificação que divinamente imputa (oferece, dá) a justiça gratuitamente, sem depender de obra humana alguma.

Os ramos brotam e se espalham

No século 1, Antioquia da Síria veio a ser o segundo centro de influência apostólica, por algum tempo concorrendo com Jerusalém. Foi de lá, conforme relatado no livro de Atos (13 e 14), que Paulo (o mestre) e Barnabé (o profeta) foram enviados para a sua primeira jornada missionária à Ásia Menor, onde estabeleceram as quatro igrejas gálatas: Antioquia da Pisídia, Listra, Icônio e Derbe. Nelas eles ordenaram vários presbíteros para cada comunidade, a forma mais simples de governo na Igreja primitiva, sob o comando do próprio Cristo.

Novamente, de Antioquia da Síria, Paulo parte para sua terceira jornada apostólica, na qual a igreja de Éfeso foi fundada. Essa cidade veio a ser o terceiro centro dinâmico de influência. De Éfeso, "todos os que viviam na Ásia ouviram a Palavra do Senhor" (At 19:10) — Ásia significando a Ásia Menor, atual Turquia. Dessa missão apostólica resultou também a fundação de três pequenas comunidades no Vale Licos, Colossos, Laodiceia e Hierápolis, bem como a fundação de outras igrejas históricas da Ásia às quais João dispensou aquele piedoso cuidado e especial interesse, como fica evidenciado em Apocalipse, nas cartas às sete igrejas da Ásia.

Aqueles foram, na verdade, os anos em que a videira de João 15 brotou. Apesar de suas muitas imperfeições e seus complexos problemas, como revela as correções dos apóstolos contidas nos escritos do Novo Testamento, ela era ainda a santa, católica e apostólica Igreja, "edificada sobre o fundamento dos apóstolos e profetas, sendo ele mesmo, Cristo Jesus, a pedra angular" (Ef 2:20).

Templo de Diana (ou Ártemis) na cidade de Éfeso.

O Senhor Jesus deixou clara a necessidade de uma sociedade constituída por seus seguidores a fim de manifestar ao mundo o Evangelho e ministrar os ensinos que lhes dera.

O objetivo era estender o Reino de Deus. Ele não modelou qualquer organização ou plano de governo para essa sociedade. Não indicou oficiais para exercer autoridade sobre os membros de tal organização. Credo algum prescreveu para ela. Nenhum código de regras foi imposto. Não prescreveu ordens ou forma de culto. Apenas deu aos seguidores os atos religiosos mais simples: o batismo com água para perdão de pecados e a Ceia do Senhor, na qual usou um pouco dos elementos mais comuns da alimentação, pão e vinho, como uma comemoração e lembrança dele próprio, especialmente da sua morte para a redenção dos homens. Assim, Jesus fez mais do que dar organização à Igreja: deu vida. Uma característica da Igreja tem sido a presença e a atividade de Jesus Cristo em seu meio. Essa é a verdadeira Igreja católica e apostólica. Podemos considerar que, no século 1, Cristo esteve verdadeiramente presente no meio de seu povo. No dia de Pentecostes, ele veio novamente para derramar seu Espírito. Pelo Espírito, Cristo estava ativo dentro deles, continuando sua obra e revelando seus ensinos através deles, que foram constituídos como seu corpo.

O Kerygma e o Didaquê apostólicos

A mensagem apostólica, como já mencionado, pode ser dividida em duas partes: o *Kerygma* (κήρυγμα) apostólico (ou "proclamação") e o *Didaquê* (Διδαχὴ) apostólico (ou "ensino"). A pregação apostólica não era uma fórmula mental religiosa, mas simplesmente a proclamação do próprio Cristo ressurreto.

O ministério da Palavra era algo vivo, poderoso e impactante. O fato testemunhado da literal ressurreição de Cristo transformou os discípulos amedrontados em testemunhas ardentes e apaixonadas. O simples fato de Cristo estar vivo transformou o zeloso perseguidor Saulo de Tarso num devoto defensor da causa do Nazareno, fazendo dele a mais poderosa personalidade humana na história da Igreja. Então, a ressurreição tornou-se basicamente o apelo apostólico ao mundo. Jesus está vivo e bem vivo na terra!

O ensino apostólico no qual foram fundamentados os novos crentes era simples e prático: era o ensino de Jesus juntamente com um vivo relacionamento com Deus como Pai em oração, de maridos com esposas em amor e comunhão, pais com filhos e empregadores com empregados.

O *Didaquê* de Jesus é centrado na misericórdia, no perdão e na amabilidade. Do mesmo modo, Pedro, Paulo, Tiago e João, os escritores apostólicos, estavam interessados em resultados morais e na vida prática. Havia uma "teologia ortodoxa" bem definida que veio a ser altamente apreciada na Igreja decadente dos séculos seguintes. Entretanto, a era em que a doutrina se tornou uma tradição religiosa,

---

A ESPIRITUALIDADE DE JESUS

O jovem rico, ao encontrar Jesus, levanta uma pergunta existencial de grande importância para a qual ele, mesmo sendo tão rico e de moral religiosa ilibada, não havia encontrado solução. Ele buscava uma resposta que lhe apontasse o caminho da vida eterna. Isso só acontece por intermédio de Jesus Cristo, que lhe desafia a segui-lo com exclusividade. Aquele jovem escolheu outra direção e, tristemente, abandonou no seu início o Caminho que tanto procurava. Partiu sozinho por outra trilha (Mc 10:17).

fria e presunçosa ainda não havia chegado. Essa religiosidade fria veio a ser a mais forte característica da Igreja quando entrou em declínio, como veremos posteriormente.

A experiência apostólica

No livro de Atos não havia segunda nem terceira geração de pessoas que "assumiam" ser cristãs absorvidas pela Igreja. Todo membro do Corpo de Cristo, fosse homem, mulher ou criança, estava ali por causa de uma viva experiência com o Cristo ressurreto. Cristo nasceu dentro de homens pelo poder de seu Espírito derramado. O Espírito interior era a única definição dada para tornar-se um cristão no livro de Atos.

Uma característica desse período era seu aspecto escatológico, com expectativa do fim dos tempos. Por causa do Espírito derramado, havia o "Espírito profético" e total engajamento dos crentes. Para eles, vivendo no Espírito, Cristo estava verdadeiramente "vindo rapidamente", e tal esperança os estranhou para qualquer outra coisa que não fosse o seu Reino celestial. Eles estavam, na verdade, como Abraão, seu pai, "estrangeiros e peregrinos sobre a terra", novamente muito diferentes da Igreja dos séculos que se seguiram.

Essa presença de Deus entre eles era tal que a sombra de Pedro curava e muitos sinais, prodígios, maravilhas, milagres de cura eram realizados pelos apóstolos. Isso impactava as massas e testificava que, de fato, Deus estava no meio deles.

A vida e a adoração apostólica

Enquanto esse estágio espiritual da cristandade primitiva durou, a Igreja era mais um organismo do que uma organização. Os membros tinham uma experiência comum. Eles estavam ligados e eram batizados em um Espírito. Eles tinham uma refeição comunitária, todos participavam juntos do pão, todos tomavam juntos de um mesmo vinho. Não havia nenhum sistema rígido, hábitos não eram impostos a ninguém. Rotina e ordem sacra ainda não tinham chegado. Havia uma larga margem para a espontaneidade e a iniciativa pessoal. Pessoas e dons tinham valor para tudo. A conduta fluía, não era um padrão preestabelecido. Havia lugar para uma variável independente.

A comunhão era mais uma família do que uma denominação, como vemos hoje. Amor, antes do que regras, a guiava. Tudo era único e nada era repetitivo. Nenhum líder dominava as reuniões do grupo acima de Cristo. Nenhum programa era essencial. O pequeno Corpo encontrava-se como uma comunidade do Espírito. E Paulo disse: "Onde o Espírito está, aí há liberdade", sem escravidão e sem rotina rígida. O funcionamento era carismático devido à manifestação dos dons espirituais que os cristãos possuíam. O discipulado era uma forma de investir generosamente nas pessoas, e não o tipo de discipulado que as usa e prende. O clímax daquele tipo de discipulado era a liberdade e a autonomia.

O principal dom era o de profecia, que consistia na expressão de uma mensagem inspirada pelo Espírito por aqueles que tinham uma vida madura em Deus. Essa mensagem normalmente era construtiva e trazia luz. Era "edificante", como Paulo diria. Havia também algo persistentemente presente: uma grande e poderosa força moral. Eles andavam no Espírito e davam à luz os frutos do Espírito: amor, alegria, paz, longanimidade, amabilidade, bondade, fidelidade, humildade, domínio próprio — o qual, como uma força construtiva interior fazia deles um corpo singular, uma comunidade unida.

A característica singular da vida e da adoração apostólica era verdadeiramente a espontaneidade. O Cristo ressurreto estava livre para se manifestar pelo poder do seu Espírito em sua Igreja. Em seu Corpo, ele vivia, se movia e existia livremente. Novamente, um grande contraste com o que veremos desenvolver-se nos séculos seguintes.

A autoridade e a tradição apostólica

Toda a autoridade de uma Igreja vem da tradição apostólica. Sem ela, essa Igreja será apenas uma seita inventando doutrinas esquisitas, estranhas e sem fundamento. Fora da tradição apostólica, portanto não existe nenhuma autoridade para uma Igreja afirmar qualquer coisa, oficializar qualquer ordenação ou mesmo ser identificada como "cristã".

A tradição apostólica ganharia enorme importância nos séculos seguintes, pois seria usada para definir os modelos de doutrina, prática, governo e liturgia da Igreja Cristã nascente. Com a adoção do cânone, essa tradição seria consolidada, pois estabeleceria as Escrituras canônicas como a base a partir da qual a doutrina e o ensino dos apóstolos serão reconhecidos e aplicados.

Essa mesma tradição apostólica se tornaria, nos séculos seguintes, uma amarga disputa entre a Igreja romana e os reformadores do século 16, ambos reivindicando estar em linha com a tradição original dos apóstolos. Para a Igreja Católica Romana, "tradição apostólica" significa ser a única que possui suas raízes originando-se nos próprios apóstolos, tendo, por conta disso, o direito exclusivo de tornar legítimas as práticas questionáveis que foram sendo adicionadas em 2 mil anos de Cristianismo. Essa pretensa tradição, que inclui também todas as decisões dos concílios, estaria, portanto, em pé de igualdade com as Escrituras Sagradas.

Em oposição a isso, os reformadores iriam dizer que as práticas que foram se incorporando à Igreja, bem como muitas decisões de vários concílios ecumênicos, estão em franca oposição às Escrituras canônicas, que representariam a mais pura e original vontade dos apóstolos, sendo, portanto, elas mesmas a maior fonte de autoridade. Segundo os mesmos reformadores, quando se fala em "doutrina dos apóstolos", estamos nos referindo àquilo que foi ensinado por eles e legado à Igreja através exclusivamente da Bíblia. Definir o que é tradição apostólica, portanto, é fundamental para se reconhecer a origem da autoridade da Igreja.

Finalmente, a Reforma adotaria exclusivamente as Escrituras Sagradas pelo princípio de *Sola Scriptura* a fim de estabelecer todo o seu fundamento de autoridade e ensino. Os reformadores descartariam toda aquela pesada lista interminável de rituais, oblações, tradições, liturgias, venerações, costumes, regras e práticas que a Igreja Católica mantém até o dia de hoje.

O governo da Igreja primitiva

Os apóstolos eram responsáveis pelo governo geral da Igreja, mas não havia a figura de um papa ou de um "príncipe" entre eles. Jesus, de propósito, deixou doze homens, e não um substituto. Assim, quando uma controvérsia surgia e afetava toda a Igreja, os apóstolos todos eram convocados para debater o assunto e deliberar sobre o tema. Seu ofício era universal, e seus escritos são até hoje a regra de fé e prática para toda a cristandade. Nunca exerceram sua autoridade divina de uma maneira despótica, mas sempre respeitaram os direitos e as liberdades daqueles sob seu cuidado. Reconheceram até os escravos crentes como sendo membros do mesmo Corpo, exemplo de como Paulo trata Onésimo.

Na Bíblia, no livro de Efésios (4:11), Paulo faz menção de cinco ministérios dados por Deus para treinar, capacitar e enviar os santos. São eles: apóstolos, profetas, evangelistas, pastores e mestres. O livro de Atos faz menção de oito profetas, a saber: Ágabo, Barnabé Simão, Niger, Lúcio, Manaim, Saulo, Judas e Silas. Em certo sentido, todos os apóstolos possuíam o dom de profecia. Eram mestres e pregadores inspirados dos mistérios de Deus. Exerceram grande influência na escala de oficiais. Prediziam eventos futuros, mas seu ministério não foi limitado a isto. Esse dom aparece especialmente nos tempos de grande reavivamento.

Os evangelistas eram pregadores itinerantes. Eram delegados e cooperadores dos apóstolos — homens como Marcos, Lucas, Timóteo, Tito, Silas, Trófimo, Apolo, que podem também ser considerados apóstolos enviados às diversas regiões com essa missão pioneira de estruturar as novas igrejas.

Os presbíteros (πρεσβύτερος) eram os líderes que pastoreavam e governavam cada localidade. Era seu dever ensinar e administrar a congregação sob o seu cuidado. Eram responsáveis pelo culto, administração da disciplina, cuidado das almas e controle da propriedade da Igreja. Eram sustentados pelas ofertas voluntárias da congregação (At 14:23; Tt 1:5; I Tm 5:23; II Tm 1:6). Os "anjos" das sete igrejas do Apocalipse são presbíteros.

Em I Timóteo 3:1-7 temos os requisitos para um bispo ou *epíscopos* (ἐπίσκοπος), cuja função era a de pastorear pastores ou cuidar dos presbíteros locais. Após a morte dos apóstolos e seus discípulos, veremos esses homens de Deus nas principais cidades do Império Romano, assumindo cada vez maior proeminência. As cidades com igrejas mais numerosas e influentes serão chamadas "sedes episcopais" ou "bispados".

A figura e a função dos diáconos (διάκονος) e das diaconisas já surgem a partir do livro de Atos, capítulo 6, que relata a origem do ofício. Eram administradores das mesas (*ágape*) e atendiam as necessidades dos pobres e dos doentes. Precisavam exercer um tipo de cuidado pastoral pelas almas. As qualificações estão descritas em I Timóteo (3:8-13), definindo também a função. Diácono, em grego, significa literalmente "servo". As diaconisas tinham um ofício semelhante ao dos diáconos entre a porção feminina da Igreja. Os sexos eram rigidamente separados, especialmente entre os gregos orientais. O domingo tomou o lugar do sábado como o dia de adoração. De acordo com o *Didaquê* (p. 71), "os judeus jejuavam às segundas e quintas-feiras; os cristãos, nas quartas e sextas-feiras".

Schaff (1952, p. 479,480) ressalta que, "como o domingo comemora a ressurreição do Salvador, foi observado como dia de ação de graças e alegria, pelo menos ao início do século 2, e provavelmente mais cedo, sexta-feira foi observada como dia de arrependimento com oração e jejum em comemoração do sofrimento e morte de Jesus". Sendo assim, é importante ressaltar que tais práticas fortalecem a tradição e a memória até os nossos dias como meios de organização e governo eclesiástico.

O batismo e a Ceia

O batismo por imersão era o modo geral, mas o derramamento de água na cabeça era também praticado. De acordo com Bruce (*apud* Schaff, 1952, p. 466-471), "o *Didaquê* dá caráter geral da prática da Igreja na Síria e na Palestina". O *Didaquê* foi escrito no início do século 2, e nele não se faz menção de Paulo, indicando que pertence aos judeus cristãos. A Ceia (ou Eucaristia), no período apostólico, era celebrada diariamente com uma refeição

A ESPIRITUALIDADE DE JESUS
O Caminho de Jesus é um caminho estreito. Não dá para segui-lo carregando as nossas bagagens pesadas. "Entrai pela porta estreita. Pois larga é a porta, e espaçoso o caminho que conduz à perdição, e muitos são os que entram por ela. Mas estreita é porta, e apertado o caminho que conduz para a vida, e são poucos os que a encontram" (Mt 8:13-14). Jesus mesmo nos aponta a porta de entrada no caminho da fé. "...Em verdade vos digo que eu sou a porta das ovelhas...Eu sou a porta. Todo aquele que entrar por mim, salvar-se á..." (Jo: 7,9).

simples, *ágape*. Com o crescimento da Igreja, entraram vários tipos de abusos (I Co 11:17-34) que causaram a separação gradual entre o *ágape* e a Eucaristia. No decorrer dos séculos 2 e 3, o *ágape* desapareceu gradualmente. Na narrativa do livro *Didaquê* se estabelece o cálice antes do pão.

A disciplina na Igreja

A Igreja militante precisou passar por um longo processo de purificação. Os costumes judaicos e pagãos não foram cortados imediatamente. Algumas igrejas da Galácia caíram da graça, voltando para algumas práticas do judaísmo.

Na igreja de Corinto, Paulo repreendeu o espírito carnal de facções (I Co 3:1-9), o desejo e a cobiça pela sabedoria humana, a participação nas festas pagãs (II Co 6:14-18), impurezas (I Co 5 e 6:12-20), juízo de um irmão perante os incrédulos (I Co 6:1-11) e profanação da Ceia do Senhor (I Co 11:17-34.).

Os meios da disciplina para guardar as relações entre a congregação eram, primeiro, a admoestação, depois a correção pública e, finalmente, quando os primeiros dois eram infrutíferos, a excomunhão, ou seja, a exclusão dos meios da graça e da comunhão com os crentes (Mt 18:15-18; Tt 3:10-11; I Co 5:5). Quando houvesse arrependimento sincero da parte daqueles que pecaram, seriam restaurados à comunhão da Igreja (II Co 2:5-10). Os dois casos mais severos de disciplina na Igreja primitiva foram o castigo de Ananias e Safira e a excomunhão de um membro da congregação de Corinto por causa de adultério e incesto (I Co 5:1). Neste último caso, o excomungado foi aparentemente restaurado.

As Escrituras Sagradas e a tradição oral

Jesus Cristo afirmou claramente a autoridade do Antigo Testamento, e baseado nessa afirmação, a Igreja aceitou essa porção como texto sagrado e inspirado. Para ela, Cristo foi o cumprimento da Lei e dos Profetas, como anteriormente havia sido anunciado. O Evangelho, no início, foi propagado verbalmente, e a Igreja, fundada por intermédio de ensino oral feito pessoalmente pelos apóstolos. Quase todos os livros do Novo Testamento foram escritos pelo menos 20 anos depois da ressurreição de Cristo e da fundação da Igreja, confirmando essa tradição oral.

As testemunhas oculares do ministério de Jesus estavam prestes a falecer. Nas mãos de homens falíveis, a tradição verbal gradualmente perde sua credibilidade, por isso era necessário o registro escrito dos fatos. Havia também o constante perigo da corrupção causada pela influência dos judaizantes — o que, infelizmente, ocorreu, desviando grande parte da Igreja para a prática da salvação por mérito e obras de justiça e a prática do ascetismo.

Assim, para guardar a Igreja e provê-la de uma regra de fé e disciplina pura, foi absolutamente necessário ter a Escritura guardada em livros. Assim, surgiram os 27 Escritos dos Apóstolos ou pelos homens da Idade Apostólica, escritos sob a influência do Espírito Santo, que nos dão um quadro verdadeiro da História da fé e prática do cristianismo primitivo (II Tm 3:16). A coleção desses escritos num cânone não foi completada até o fim do século 4, mas foi iniciada no século 1. Os principais livros — os evangelhos, Atos, treze epístolas de Paulo, I Epístola de João e I Epístola de Pedro — eram de uso geral depois de meados do século 2. Dali para frente, a Igreja usaria exclusivamente os quatro evangelhos, e nenhum outro. Alguns acham que a coleção dos quatro evangelhos foi escrita em Éfeso, depois da publicação do Evangelho de João. De acordo com Schaff (*apud* Bruce 1952, p. 221), "os sistemas teológicos vêm e vão [...] mas nunca poderão ser iguais à Palavra infalível de Deus, que permanece para sempre". Constituem a única regra infalível da fé em Cristo. Os autores ainda afirmam (p. 513, 570-575): "Desta fonte, a Igreja tem bebido da água da vida durante mais de cinquenta gerações, e beberá dela até a consumação dos séculos."

Assim, temos os quatro Evangelhos, Atos dos Apóstolos (o livro histórico), as epístolas contendo o *Didaquê* e, finalmente, o único livro profético do Novo Testamento, o Apocalipse de João.

CAPÍTULO 4
A IGREJA ENTRE OS GENTIOS

"Recusaram-se a submeter-se aos romanos, apesar da crucificação de prisioneiros, quinhentos por dia, e a grande fome que causou a morte de milhares diariamente." **Flávio Josefo**

O ministério do apóstolo Paulo

Era costume naquele tempo usar-se um retrato verbal escrito assim como se fosse para descrever uma fotografia de passaporte: há conservado até os nossos dias um livro apócrifo referente a Saulo na sua meia-idade intitulado "Atos de Paulo e Tecla". Segundo ele, Paulo não era formoso. "Era um pouco reduzido de estrutura, magricela; pernas arqueadas, o nariz era um bico de águia e os olhos escuros que chamejavam, ferozes, por sob carregada sobrancelha. Às vezes, parecia como homem, e às vezes, possui o rosto como anjo."[5]

Assim era descrita a aparência daquele que foi o homem de grande importância para a expansão do Evangelho de Cristo para além de Jerusalém.

Havia três grandes universidades naqueles dias: Atenas, Alexandria e Tarso. Paulo nasceu em Tarso, a sede de estoicismo, sendo judeu pelo nascimento e cidadão romano por direito, tudo sob cultura helenista, o que combinava nele as três nacionalidades do mundo antigo: a grega, a romana e a judaica.

A preparação especializada se estende por muitos anos, incluindo vários métodos de exposição e interpretação das Escrituras. Isso era fundamental para aquele que quisesse se formar no grau de rabino, ou seja, doutor em Teologia. Em suas cartas, Paulo usa esses métodos rabínicos. Ele possuía,

---

5   SCHONFIELD, 1959, p. 1555.

por isso, um zelo semítico, a versatilidade grega e a energia romana. Acima de tudo, era poderosamente ungido por Deus com uma capacitação sobrenatural. Estudou sob a supervisão de um famoso e reconhecido Gamaliel, em Jerusalém. "Era o único erudito entre os apóstolos." Paulo podia discutir com os fariseus como filho de Abraão, da tribo de Benjamim; como filho de Gamaliel, podia falar aos gregos em sua bela língua como força convincente de sua lógica grega; e como cidadão romano, podia viajar a qualquer parte do império romano.

Paulo era, inicialmente, um fariseu, a seita mais rigorosa. Um zeloso observador da lei. Seu fanatismo na perseguição surgiu da intensidade de sua convicção e de seu zelo pela religião de seus pais. Conhecia profundamente as Escrituras em hebraico e em grego (At 22:3).

No seu zelo, tomou parte na perseguição de Estevão (At 7:58) e deleitou-se em sua morte (At 8:1). Na sequência, pediu cartas credenciais do sinédrio para as sinagogas de Damasco a fim de levar presos todos os crentes achados ali e levá-los para Jerusalém. Finalmente, a sua conversão acontece no período de 35 a 37 A.D. (At 9; 22:6-11; 26:12-18).

Todos os dons naturais de Paulo teriam sido em vão se não tivesse essa experiência marcante. Foi batizado por Ananias, um leigo e um daqueles crentes que ele estava procurando levar preso. Dali, começou imediatamente a pregar em Damasco que Cristo era o Filho de Deus. Entre os versículo 23 e 24 de Atos, capítulo 9, mais ou menos três anos se passaram nos quais Paulo visitou a Arábia

> **A ESPIRITUALIDADE DE JESUS**
> Seguir a Cristo implica abraçar sua mensagem, uma prática de vida pautada pelos seus ensinamentos que nos torna semelhantes a ele próprio. Sendo assim, os discípulos do Caminho do Cordeiro experimentam uma transformação existencial, uma metamorfose que os leva a amar a Deus e ao próximo. Amor é o centro das Escrituras Sagradas. Desde Gênesis até Apocalipse, a Bíblia narra a maravilhosa façanha do amor divino, de um Deus que nos criou e não nos abandonou à nossa própria sorte. O caminho de Jesus, portanto é o caminho do amor — primeiro a Deus, e em seguida, ao nosso semelhante. Deus é a fonte desse amor. Deus é amor. Deus amou o mundo de tal maneira que deu seu único Filho no resgate de nossas vidas (Jo 3:16). Movido pelo amor, Jesus nos amou até a morte, e morte de cruz.

e depois, dirigiu-se a Jerusalém (At 9:26-30). Passou quinze dias com Pedro (Gl 1:17:24).

Paulo ficou por três anos na Arábia em oração, em meditação e estudando as Escrituras hebraicas à luz de seu cumprimento em Cristo. Seu retiro foi semelhante aos três anos de preparação dos doze apóstolos na escola de Cristo.

O ministério público de Paulo durou quase um quarto de um século com três grandes viagens missionárias, cinco visitas a Jerusalém e, pelo menos, quatro anos como prisioneiro em Cesareia e Roma. O ministério paulino pode ser dividido nos seguintes períodos:

Anos 40-44 A.D.

Período preparatório. Passou a maioria desse tempo em trabalho missionário em Tarso e Antioquia da Síria.

Anos 45-47 e 50 A.D.

Na primeira viagem missionária, seus companheiros foram Barnabé e Marcos. Comunidades cristãs foram estabelecidas na Ilha de Chipre, Perge, Antioquia da Pisídia, Icônio, Listra e Derbe (At 13 e 14).

O Concílio em Jerusalém (ano 50 A.D.)

Depois da primeira viagem missionária, "foi o primeiro e, em alguns aspectos, o mais importante na história da Cristandade". Paulo e Barnabé foram enviados pela igreja de Antioquia para representar os convertidos gentios. Paulo levou Tito com ele como um exemplo vivo da transformação que o Evangelho produziu entre os gentios.

Pedro estava em Antioquia quando os visitantes de Jerusalém chegaram ao concílio. Antes da chegada dos visitantes, ele comia com os crentes gentios. Depois da chegada deles, retirou-se da comunhão com os gentios e somente comia com os judeus (At 15:1; Gl 2:12). Parece que se esqueceu da lição aprendida em Jope. A mesma coisa surgiu na província da Galácia. A carta aos Gálatas foi escrita nesse período, entre a primeira viagem missionária e o Concílio de Jerusalém. É a primeira carta Paulina existente. Pedro não cria que a circuncisão era necessária para a salvação.

O propósito do concílio foi duplo: resolver o problema da relação entre os apóstolos judaicos e os apóstolos gentios e resolver a questão da circuncisão, definindo a relação entre os crentes judaicos e os gentios. Entre os resultados do concílio, houve o reconhecimento, pelos apóstolos reputados como "colunas da Igreja judaica" — Tiago, Pedro e João —, de Paulo como apóstolo para os gentios, da mesma forma que eles eram para os judeus.

Estenderam a Paulo e a Barnabé a "destra de comunhão" e recomendaram que se lembrassem dos pobres, (Gl 2:7-10). Foi uma decisão completa e final. Atos 15:23-29, o mais velho documento literário, estabeleceu validade apostólica quando Tiago decidiu, de uma vez para sempre, que os gentios não precisavam ser circuncidados para serem salvos.

Anos 50-53 A.D.

Segunda viagem missionária de Paulo com os companheiros Silas, Timóteo e Lucas. Comunidades cristãs foram estabelecidas em Filipos, Bereia, Tessalônica, Atenas, Corinto e Éfeso.

Anos 54-58 A.D.

Terceira viagem missionária de Paulo. Seus companheiros nessa viagem foram Sópatro de Bereia, Aristarco e Secundo de Tessalônica, Caio e Timóteo de Derbe, Lucas e Tíquico e Trófimo da Ásia. Em Éfeso, Paulo passou três anos (At 20:31) e escreveu I e II Coríntios. Em Corinto, passou três meses e escreveu a carta aos Romanos. Chegou a Jerusalém trazendo a oferta para os crentes da Judeia no ano 58 A.D.

Anos 58-63 A.D.

Período dos dois encarceramentos em Cesareia, depois em Roma. Em Cesareia, permanece preso de 58 a 60 A.D., e em Roma, de 61 A.D. até uma data desconhecida de breve liberdade. Em Roma, Paulo escreveu as epístolas aos Efésios, Colossenses, Filipenses, a Filemon e a segunda carta a Timóteo. Provavelmente foi solto no ano 63 A.D. e fez outra viagem ao Oriente, antes do início das perseguições sob Nero.

De acordo com Schaff (1952), Paulo iniciou sua entrada no cristianismo como perseguidor e depois tornou-se um mártir. O Salvador do mundo era carpinteiro; o maior pregador do Evangelho fabricava tendas. No ano 64 A.D., permaneceu entre os romanos. A data exata da sua morte é desconhecida, e acontece certamente por ocasião da chacina perpetrada por Nero, provavelmente no período de 64 a 68 A.D.

> **A ESPIRITUALIDADE DE JESUS**
> No Caminho do Cordeiro de Deus, contemplamos diariamente o modo de ser de Jesus, em quem encontramos nosso próprio modo de viver. Muitas das experiências pelas quais Jesus passou modelam nossa a existência. Antes de iniciar o seu ministério, Jesus foi levado ao deserto para ser tentado. Foi provado em tudo, mas em nada pecou. Durante a vida, passamos por diversas provações. Isso não quer dizer que Deus nos abandonou, que tenha esquecido de nós ou que esteja nos punindo. A "noite escura da alma", no modelo de Jesus, faz parte da construção do caráter e da imagem de Cristo em nós. "Não veio sobre vós tentação, senão humana. E fiel é Deus, que não vos deixará tentar acima do que podeis resistir, antes com a tentação dará também o escape, para que a possais suportar" (I Co 10:13)

A Igreja na cidade de Roma

Não se sabe exatamente quem primeiramente pregou o Evangelho em Roma. É possível, mas não provado, que o Evangelho tenha sido levado até lá pelas testemunhas do milagre em Jerusalém no dia de Pentecostes, entre as quais os visitantes vindos de Roma, entre judeus e prosélitos. Paulo saúda alguns irmãos que se converteram antes dele (Rm 16:7).

A primeira menção histórica do cristianismo em Roma é em relação ao banimento dos judeus no reinado de Cláudio, em 49 A.D. É mencionado pelo historiador Suetônio e confirmado por Lucas (At 18:2). Já pelo ano 54 A.D., a congregação de Roma era bem conhecida em toda a cristandade. Mais tarde, o ministério de Paulo em Roma (At 28:30) junto com seus evangelistas (Cl 4:7-14; Ef 6:21; Fm 24; Fp 2:25-30; 4:18) grandemente influenciou o desenvolvimento da Igreja na localidade.

A língua falada na Igreja era a grega, por isso Paulo escreve a sua Epístola aos Romanos em grego. Toda a literatura antiga da Igreja em Roma foi escrita na língua grega. O Credo Apostólico, na forma adotada pela Igreja lá, foi primeiramente escrito em grego. Os membros da Igreja em Roma consistiam em judeus e gentios prosélitos. Os cristãos viviam espalhados em todas as partes da cidade e realizavam seus cultos em várias localidades. Em Romanos 16, Paulo menciona várias casas que serviam de base para o funcionamento dessa comunidade.

No mesmo ano em que Paulo escreveu sua carta aos romanos, em 57 A.D., Pompônia Graciana, esposa de Aulus Plautius, conquistador da ilha da Britânia, em 43 A.D., foi acusada perante um tribunal doméstico de haver abraçado uma superstição estrangeira, e durante quatorze anos, andava de luto e evitava a sociedade. Ela foi absolvida da acusação. Bem pode ser que a "superstição estrangeira" tenha sido o cristianismo.

Andrônico e Júnias (Rm 16:7) provavelmente foram membros fundamentais da Igreja de Roma. Antes eram membros helenistas da Igreja em Jerusalém. Rufo (Rm 16:13) pode ser o filho de Simão Cireneu que carregara a cruz de Jesus Cristo. Chama-se Simão Níger em Atos 13:1. Pode ser que em Antioquia a mãe de Rufo fosse como uma mãe para com Paulo.

É provável que Pedro tivesse ido a Roma em 63 A.D. Há também evidência de que Pedro e Marcos visitaram Roma por volta dos anos 55 e 60 A.D. Marcos ficou em Roma e escreveu o seu Evangelho. Pedro voltou a Roma e escreveu sua primeira epístola, por volta do ano 63 A.D. "Aquela que se encontra em Babilônia, também eleita, vos saúda como igualmente meu filho Marcos"[6] (I Pe 5:13). A Igreja em Babilônia refere-se à Igreja em Roma.

A coroação de Nero em 54 A.D. provavelmente pareceu uma boa oportunidade para reconstituição da comunidade que foi dispersa como resultado do edito de Cláudio. Áquila e Priscila aparentemente voltaram a Roma, e é provável que Pedro tenha tomado parte no restabelecimento da Igreja em Roma. A maioria dos crentes pertencia à classe baixa, mas havia exceções, de acordo com Filipenses 1:13 e 4:22.

---
6   SCHAFF apud BRUCE, 1952, p. 140.

A perseguição sob Nero

Ao subir ao trono em Roma, Nero tinha uma paixão pelo aplauso popular e tudo fazia para merecê-lo. Por isso era também comediante e ator trágico. Ao consolidar-se no trono, cometeu crime após crime. Assassinou o irmão, Britânico; a mãe, Agripina; duas esposas, Otávia e Pompeia, uma judia temente a Deus; seu professor Sêneca; e muitos romanos de importância. Suicidou-se aos 32 anos.

Efígie do imperador Nero.

Seu ato provavelmente mais trágico e final foi incendiar a capital do império. Foi o mais destrutivo e desastroso incêndio da História. Somente quatro das quatorze regiões da cidade permaneceram sem dano. A cidade ficou em ruínas, e a causa do incêndio é um mistério. O rumor público atribuiu o incêndio a Nero. Para afastar de si as suspeitas e, ao mesmo tempo, para dar novo divertimento a sua crueldade diabólica, ele acusou os desprezados cristãos.

O texto a seguir é um documento datado do I século escrito por Tácito, um romano pagão à época de Nero:

Mas os empenhos humanos, as liberalidades do imperador e os sacrifícios aos deuses não conseguiram apagar o escândalo e silenciar os rumores de ter ordenado o incêndio de Roma. Para livrar-se de suspeitas, Nero culpou e castigou, com supremos refinamentos de crueldade, uma casta de homens detestados por suas abominações e vulgarmente chamados cristãos. Cristo, do qual seu nome deriva, foi executado por disposição de Pôncio Pilatos durante o reinado de Tibério. Algum tempo reprimida, essa superstição perniciosa voltou a brotar, já não apenas na Judeia, seu berço, mas na própria Roma, receptáculo de tudo o que é degradante produzido em qualquer recanto da terra. Tudo, em Roma, encontra seguidores. De início, pois, foram arrastados todos os que se confessavam cristãos; logo, uma multidão enorme convicta não de ser incendiária, mas acusada de ser o opróbrio do gênero humano. Acrescente-se que, uma vez condenados a morrer, sua morte devia servir de distração, de sorte que alguns, costurados em peles de animais, expiravam despedaçados por cachorros, outros morriam crucificados, outros foram transformados em tochas vivas para iluminar a noite. Nero, para esses festejos, abriu de par em par seus jardins, organizando espetáculos circenses em que ele mesmo aparecia misturado com o populacho ou, vestido de cocheiro, conduzia sua carruagem. Suscitou-se, assim, um sentimento de comiseração até para com aqueles homens cujos delitos não mereciam castigos exemplares, tanto mais quando se pressentia que eram sacrificados não para o bem público, mas para satisfação da crueldade de um indivíduo.

O clímax do massacre foi nos jardins imperiais, o lugar atual da Igreja de São Pedro, em Roma. Homens e mulheres crentes cobertos com óleo ou resina, pregados em estacas de pinheiro, foram queimados como tochas para iluminar o circo posto em cena por Nero para divertimento da multidão, enquanto ele mesmo fantasiado tomou parte numa corrida de cavalos, mostrando a sua arte como cocheiro. Queimar vivo era o castigo comum para os incendiários, mas somente um monstro sob a influência do diabo podia inventar um tal sistema horrível.[7]

---
7   SCHAFF, 1953, p. 379.

Paulo e Pedro, de acordo com a tradição, foram mortos em Roma sob Nero por ocasião desse massacre. O cristianismo que tinha chegado à idade de seu fundador parecia agora aniquilado em Roma. Os historiadores pagãos parecem limitar a perseguição à cidade de Roma, mas os escritores cristãos posteriores a estendem às províncias.

Jerusalém é destruída sob Tito

No relato do livro de Marcos (13:12), Jesus faz referência à destruição de Jerusalém, e ao mencionar o templo judaico, diz que não ficaria ali pedra sob pedra. Segundo Schaff (1952, p. 391), "não há outro período na História tão cheio de corrupção e desastre como esses seis anos entre as perseguições sob Nero e a destruição de Jerusalém por Tito". Tácito é outro historiador a descrever a destruição de Jerusalém. A brutal reação romana que varre a cidade do mapa veio em resposta à revolta contra o governo romano, uma rebelião que teve início em Cesareia.

Começou no ano 66, e no mesmo tempo havia uma terrível guerra entre os revoltosos, entre os partidos radicais e conservadores. Os radicais tomaram posse da cidade e introduziram o reino de terror. Mantiveram a esperança messiânica do povo até o fim. Recusaram a submeter-se aos romanos, apesar da crucificação de centenas de prisioneiros, quinhentos por dia, e a grande fome que causou a morte de milhares diariamente. Por exemplo, uma mulher matou e comeu o próprio filho. (JOSEFO, 1956, p. 269-273)

Ouvindo da rebelião, Nero enviou seu mais famoso general, Vespasiano, com um grande número de soldados à Palestina. Conquistou a Galileia com um exército de 60 mil homens. Os eventos em Roma impediram uma vitória completa, pois foi necessário voltar. Nero suicidou-se, e seus generais foram mortos um após o outro.

Tito, filho de Vespasiano, tornou-se general no ano 69 A.D. e continuou a guerra com 80 mil soldados treinados. Ele entrou em Jerusalém, destruiu a cidade, o templo e seus muros. Os líderes dos revoltosos, Simão Bar-Giora e João de Gischala, foram presos e conservados vivos para o cortejo triunfal de Tito em Roma. Depois Simão, principal chefe dos sediciosos, foi executado publicamente, lançado por terra da rocha Torpeia. E João foi condenado à prisão perpétua.

Arco de Tito, em Roma

A destruição do templo e da cidade são descritos com detalhes por Flávio Josefo (Vol. VIII, p. 289-290). Em abril, imediatamente depois da Páscoa, quando Jerusalém estava cheia de estrangeiros, o sítio começou e o templo foi queimado em 10 de agosto do ano 70 A.D. Foi no mesmo dia e mesmo mês em que Nabucodonosor, Rei da Babilônia, destruiu o primeiro templo, no ano de 586 a.C., segundo a tradição. Esse dia ainda é lembrado pelos judeus.

Ainda de acordo com Josefo (1956, p. 333,336), o número de mortes durante o

A ESPIRITUALIDADE DE JESUS
O caminho de Jesus aos poucos se transforma no caminho do discípulo, dos chamados amigos, daqueles que ouviram a sua chamada, daqueles que fizeram a longa jornada da fé, ouvindo, acreditando, pondo em prática a essência do Evangelho. Sem perceberem, os discípulos terminaram, aos poucos, sendo transformados na mensagem do Mestre a ponto de se tornarem um só com ele, assim como ele também é um com o Pai. A verdade de Jesus tornou-se a verdade dos seus discípulos.

cerco foi de 1,1 milhão. Logo depois do cerco, 11 mil pereceram de fome, enquanto 97 mil foram levados cativos e vendidos como escravos ou mandados para o Egito para trabalhar nas minas ou distribuídos pelas províncias, para servirem de espetáculo de gladiadores e combater contra as feras. Os que tinham menos de 17 anos foram vendidos. Tito e Vespasiano celebraram o triunfo juntos. A destruição de Jerusalém tem sido considerada o combate mais comovente de toda a História antiga.

Aélia Capitolina, a Jerusalém pagã romana

Os judeus foram deixados sem sua nação. Décadas mais tarde, a revolta sob o falso Messias Bar-Cokhba, nascido Simão Ben Kosevah, causou uma destruição ainda mais completa de Jerusalém e a devastação da Palestina pelo exército de Adriano no período de 132-135 A.D. Depois disso, houve a expulsão formal dos judeus e a proibição de seu retorno à sua terra. Jerusalém recebeu de Adriano o nome Aélia Capitolina, e passou a ser uma cidade pagã, com templos erigidos aos deuses romanos.

Entretanto, os judeus ainda possuíam a Lei, os Profetas e as tradições, que abraçam até hoje com uma tenacidade indestrutível e com esperança de um grande futuro. Espalhados sobre a face da terra, onde quer que seja, recusando misturar seu sangue com qualquer outra raça, habitando em comunidade distinta, marcada como um povo peculiar em todas as feituras do semblante, em todas as cerimônias da religião, pacientes, sóbrios e laboriosos. Bem-sucedidos em todas as empresas; prósperos, apesar da opressão; zombados, mais respeitados; roubados, mas ricos; massacrados, mas levantando-se de novo, têm sobrevivido à perseguição dos séculos, aptos para continuar a viver até a consumação dos séculos. O objeto do desprezo, por um lado, e o da admiração, por outro, continua maravilhando o mundo. (SCHAFF, 1952, p. 402)

Josefo serve na guerra do início ao fim, primeiro como governador da Galileia e general do exército judaico, depois como prisioneiro de Vespasiano e, por fim, como companheiro de Tito e mediador entre os romanos e judeus. Ele reconheceu que o evento tão trágico era um julgamento divino. Disse ele:

Creio que, se os romanos tivessem demorado sua punição sobre esses vilões, a cidade teria sido engolida pela terra ou destruída por um dilúvio, ou, como Sodoma, consumida pelo fogo dos céus porque esta geração era mais ímpia do que os homens sobre quem caíram esses julgamentos nos tempos anteriores... (SCHAFF, p. 1952, p. 403)

Schaff (1952, p. 403) aponta em sua narrativa que:

Josefo viu a humilhação e a destruição de sua nação e a descreveu sem derramar uma lágrima sequer. Ele foi galardoado pelos romanos. Vespasiano deu-lhe uma casa em Roma, uma aposentadoria anual, a cidadania romana e possessões enormes em Judeia. Tito e Domiciano continuaram estes favores, mas os seus patrícios tornaram amarga a vida dele, amaldiçoando a sua memória.

O efeito da destruição de Jerusalém sobre a Igreja

Os cristãos, lembrando-se da exortação de Jesus, deixaram a cidade em tempo oportuno. A tradição diz que uma voz divina ou um anjo revelou aos líderes a necessidade de fugir. Fugiram para Decápolis, onde Herodes Agripa II lhes deu abrigo. Lá a igreja da circuncisão foi restabelecida. A história dessa igreja não tem mais registro e permanece escondida de nós.

Outra consequência foi a separação definitiva entre o judaísmo e o cristianismo. Dali em diante, os pagãos não podiam considerar o cristianismo como uma mera seita do judaísmo, e sim, uma nova religião.

A separação completa entre a Igreja e o judaísmo não envolveu um afastamento do espírito da revelação do Antigo Testamento. Os crentes apareceram como judeus verdadeiros, filhos espirituais de Abraão.

Quando Jerusalém foi reconstruída como cidade cristã nos tempos de Constantino, seu bispo tornou-se um dos patriarcas. Esse patriarcado, entretanto, era mais por honra do que por realidade. Mais tarde, Jerusalém tornou-se uma mera sombra depois das conquistas dos muçulmanos: "Pedro, o apóstolo aos judeus, e Paulo, o apóstolo aos gentios, completaram sua obra na terra antes da destruição de Jerusalém. Completaram-na para os séculos vindouros."[8]

João e as últimas décadas da Era Apostólica

O apóstolo mais jovem de Jesus era filho de Zebedeu e Salomé, e viveu até o reinado de Trajano, portanto, depois do ano 98 A.D., de acordo com o testemunho unânime dos historiadores. Depois do ano 50 A.D., deixou Jerusalém, e não há mais menção dele no livro de Atos depois do Concílio em Jerusalém.

João, em Éfeso, é o pastor das igrejas da Ásia menor depois da morte de Pedro e Paulo, (Ap 1:4-9,11-20). O martírio deles foi o que o levou a tomar conta das igrejas órfãs, pois não morava em Éfeso antes do ano 63 A.D. Essa cidade, por meio do ministério de Paulo e João, tornou-se o centro principal do cristianismo na última metade do século 1 A.D. e a maior parte do século seguinte.

João era o grande apóstolo do amor, e Jerônimo apresenta-o assim. Sendo já bem velho, era levado ao culto nos braços dos seus discípulos, repetindo muitas vezes a exortação: "Filhinhos, amai-vos uns aos outros", e acrescentando: "Este é o mandamento do Senhor, e se somente isto for feito, basta."[9] Em seus escritos, João deu grande contribuição ao crescimento da vida interior do cristianismo.

> **A ESPIRITUALIDADE DE JESUS**
> O caminho do discípulo não é outro caminho senão aquele aberto por Cristo, confiado e entregue aos seus discípulos, testemunhas de Jesus Cristo por onde quer que fossem. Aqui e acolá, até mesmo além da nossa isolada vila existencial, cabe a nós seguir com a tocha da fé, proclamando o Evangelho de Cristo a toda criatura, sendo semelhantes a Cristo, herdeiros de sua missão. Afinal, fomos transformados nas testemunhas do Cordeiro com a missão de levar adiante o legado da proclamação do Evangelho, que revela ao mundo a pessoa de Jesus Cristo. "Ide, e fazei discípulos de todos os povos, batizando-os em nome do Pai e do Filho e do Espírito Santo [...] E certamente estou convosco todos os dias, até a consumação do século" (Mt 28:18-20).

Não diz nada sobre o governo da Igreja ou assuntos afins, mas fala muito sobre a vida espiritual: a união dos crentes com Cristo e a comunhão íntima dos crentes uns com os outros. Ele é "o apóstolo, o evangelista e o profeta do novo Concerto". João foi exilado sob o governo de Nero e escreveu o Apocalipse em 68 A.D. ou 69 A.D. Depois da morte de Nero, voltou a Éfeso e completou o Evangelho e as Epístolas. Provavelmente 20 anos depois, morreu, durante o reinado de Trajano.

A maioria dos escritores recentes concordam — o que é aceito pelos primeiros cristãos — que ele foi exilado à Ilha de Patmos durante o reinado de Domiciano em 81-96 A.D., onde teve as visões do Apocalipse. As cartas às sete igrejas (Ap 2-3) e as Epístolas (I e II Jo), segundo a maioria dos escritores conservadores, foram escritas durante os últimos anos da vida de João, por volta do fim do século 1 A.D.

A expansão do cristianismo até o fim do primeiro século

O cristianismo avançou rapidamente para todo o Oriente próximo, Europa e norte da África. Pelo fim do século 1, o cristianismo se achava bem estabelecido em muitas cidades da Ásia menor, por toda a Palestina e Síria, na Macedônia e na Grécia, em Roma, Itália, em Alexandria e, provavelmente, na Espanha.

Entretanto, não sabemos com certeza se aqueles do Oriente que estiveram presentes no dia de Pentecostes levaram o Evangelho à sua terra nem se os apóstolos pregaram naquelas regiões. Além dos apóstolos Tiago, Pedro e João, sabemos pouco a respeito dos últimos dias dos demais apóstolos de Jesus.

Havia um grande *campo missionário* para os apóstolos entre os judeus nas terras além do Eufrates, e é provável que alguns tenham ido para lá. A crônica de Arbela, compilada no século 6 e reconhecida como obra de valor por muitos historiadores, afirma que o cristianismo foi introduzido a Adiabene antes do fim do primeiro século: "É interessante que a família real de Adiabene foi convertida ao judaísmo em cerca de 40 A.D. Permaneceram fiéis durante 30 anos, pelo menos. Dois membros da família tomaram parte da guerra dos judeus de 66-70 A.D. do lado dos judeus."[10]

Para Báctria e Índia, o Evangelho foi levado pelos crentes sírios. Um escrito apócrifo chamado Atos de Tomé[11] descreve a visita de Tomé como apóstolo à Índia. É cheio de lendas, mas indica que o Evangelho foi levado àquela região antes de meados do século 3, a data da escrita do livro.

No tempo da conversão de Constantino, no início do século 4, o número de crentes possivelmente chegou a algo na faixa de 10 milhões a 12 milhões, ou cerca da décima parte da população do Império Romano.

O sucesso rápido do cristianismo, segundo o historiador Guibbon, um ateu, que ignorava a ação do Espírito Santo, pode ser atribuído ao zelo religioso, intolerante, mas engrandecido, herdado dos judeus; à doutrina da imortalidade da alma; aos poderes miraculosos atribuídos à Igreja primitiva; à moralidade rígida e pura dos cristãos primitivos; e à unidade e disciplina da Igreja.

> No início, uma seita insignificante e até desprezível aos olhos da mente carnal, odiada e perseguida pelos judeus e os pagãos, abala a sabedoria da Grécia e o poder de Roma, logo implanta o estandarte da cruz nas grandes cidades da Ásia, África e Europa e prova, por si, ser a esperança do mundo.

Podemos acrescentar mais uma, que é a causa principal: a excelência superior e a origem divina da Igreja, que a dotou de viva paixão, unção sobrenatural e ousadia na proclamação do Evangelho.

---

10 SCHAFF, 1952, p. 195.
11 SCHAFF apud BRUCE, 1952, p. 283-289.

CAPÍTULO 5
VENTOS DE ADVERSIDADE, PERSEGUIÇÕES E HERESIAS

"O demônio tem lutado contra a verdade de muitas maneiras, inclusive defendendo-a para melhor destruí-la." **Tertuliano**

O cristianismo, enquanto seita judaica, gozou inicialmente da proteção política romana, que consistia em liberdade para as religiões locais. Entretanto, em função de os cristãos primitivos declararem que havia outro rei além de César — Jesus —, não demorou muito para que a Igreja fosse vista como uma séria ameaça à adoração do imperador do Império Romano. O cristianismo era totalmente incompatível com o sistema político, social, cultural e religioso de Roma.

Assim, a perseguição começou no século 1 A.D., sob Nero (54-68), que falsamente acusou os cristãos de terem incendiado Roma, e continuou sob Domiciano (81-96). Sob o imperador Trajano (98-117), Inácio de Antioquia foi jogado às feras no Coliseu em Roma no ano 115. Simeão de Jerusalém, sucessor de Tiago e um parente do Senhor, foi torturado por muitos dias e finalmente crucificado em 107. O santo Policarpo de Esmirna, discípulo de João, foi queimado na fogueira em 155 pelo imperador Antônio Pio.

Sob Marco Aurélio (161-180), a perseguição continuou por anos e incluiu a decapitação de Justino, o mártir, o apologista de Roma, em 166. Isso mostra, porém, que o sangue dos mártires é semente de vida para a Igreja, pois no ano 180 a Igreja já estava estabelecida em todas as partes do Império Romano e até além de suas fronteiras, ao sul na África e a oeste da Ásia. Era impressionante como aquela Igreja permeava o solo do Império Romano e se alastrava numa multiplicação impossível de ser contida.

A transição para o segundo século

Cinquenta anos após a morte de Paulo, uma cortina cai sobre a Igreja, através da qual tentamos inutilmente ver alguma coisa. Quando, por fim, essa cortina se levanta, achamos uma Igreja muito diferente, em vários aspectos, daquela dos dias de Pedro, João e dos primeiros crentes. Uma mudança drástica ocorreu nas décadas de transição do primeiro para o segundo século da Era Cristã. Enquanto alguns preferem ver nesta mudança um desenvolvimento da vida da Igreja de um degrau de glória para outro melhor, os fatos infelizmente revelam completamente o contrário.

As cartas do Apocalipse de João às sete Igrejas da Ásia, o escrito apostólico final, mostra um movimento de declínio no fim do primeiro século. A descrição de João acerca dessas Igrejas mostra comunidades desesperadamente emaranhadas numa teia de carnalidade, divisão e decadência. Éfeso, que 40 anos antes fora o palco de uma poderosa visitação de Deus, é agora advertida: "Lembra-te, pois, de onde caíste, arrepende-te, e volta à prática das primeiras obras; e se não, venho a ti e moverei do seu lugar o teu candeeiro, caso não te arrependas" (Ap 2:5).

O declínio do segundo século do cristianismo, em visão e prática, deve-se à perda da função apostólica dos primeiros dias. A expectativa do retorno rápido do Senhor se enfraqueceu. O lugar dos dons do Espírito Santo e de ministérios com forte realidade de vida foi substituído por uma nova geração de cristãos, por organizações e autoridades religiosas menos intensas e apaixonadas. Uma liderança forte chegava em substituição ao ministério dos primeiros apóstolos. O mesmo acontece hoje em estruturas onde a autoridade de alguns líderes, às vezes, pode sufocar o funcionamento normal do Corpo de Cristo. A função apostólica foi perdida, fazendo surgir igrejas independentes e à mercê de ensinos errados e líderes carnais.

Não mais apóstolos, mas bispos

Uma outra mudança ocorreu no governo das igrejas. Na Igreja dos apóstolos, espontaneidade era o normal, mas no segundo século, encontramos a triste mudança — a Igreja foi se tornando menos um organismo e mais uma organização. A estrutura começava a substituir a vida com controle, normatização e rigidez.

As igrejas locais nos dias dos apóstolos eram originalmente encabeçadas por um colégio de presbíteros/pastores. Esses pastores locais eram constituídos pelos apóstolos para ministrar e servir, pastoreando o rebanho de Deus e administrando a Igreja. Havia homens que diferiam em maturidade, em autoridade e nas suas habilidades para o serviço. Os mais velhos, maduros e frutíferos, tinham naturalmente maior proeminência. Inicialmente, isso nada tinha a ver com títulos, como mais tarde aconteceria.

Os termos "presbítero" ou "ancião" e "bispo" ou "superintendente" denotam ofícios diferentes no Novo Testamento. Enquanto o presbítero tem a função específica de pastorear e governar uma igreja local, o bispo é um pastor de pastores, e cuida de mais de uma denominação ou região. Os presbíteros aparecem sempre como numa pluralidade, ou como num colégio, em uma mesma congregação. Mesmo em cidades pequenas, como Filipos, o ofício dos presbíteros era ensinar e reger a congregação. Eles eram os "pastores e mestres" (Ef 4:11). Os presbíteros sempre formavam um colégio ou corpo, o presbitério. Eles, sem dúvida, tinham uma relação de igualdade fraternal, mas não de igualdade em autoridade. A maior aproximação à ideia do episcopado antigo pode ser achada na posição única de Tiago, o irmão do Senhor. Mas, na verdade, ele era apenas *primus inter pares*, ou o primeiro entre iguais. Na sua última visita a Jerusalém, Paulo foi recebido pelo corpo de presbíteros, e a eles ofereceu um relatório de seus trabalhos missionários. A autoridade de Tiago era nítida devido, principalmente, à sua íntima relação com o Senhor e sua santidade pessoal. Em função disso, obteve respeito dos próprios judeus.

A instituição do episcopado com um único líder em cada localidade não pode ser vista na era apostólica, mas é certo que ela surgiu no meio do segundo século. Isso já denota decadência, pois mostra a incapacidade dos líderes desse período de se relacionar em pluralidade sem se dividir. A liderança de uma igreja por um grupo de líderes coiguais foi tornando-se inviável e até impossível. Já era, portanto, necessário levantar um líder único e forte. Um bispo.

Claramente vemos que Deus levantou cabeças, líderes com uma autoridade apostólica clara entre muitos irmãos. Assim, mesmo na pluralidade, claramente vemos que alguém tinha a palavra final no governo da Igreja. Um colegiado de homens apenas consegue ter uma só mente, estar ligado em amor, unido em espírito e ter o mesmo propósito enquanto a presença de Cristo e a sua atividade for bem forte entre eles. Se assim não for, surgem os partidos, as facções, as divisões e, finalmente, as denominações. No segundo século, o surgimento do episcopado, infelizmente, demonstra que os dias dos apóstolos haviam acabado.

O gnosticismo

Entre as diversas heresias que vão assolar a Igreja nos primeiros séculos está o gnosticismo. Na sua forma inicial, era uma heresia híbrida, parcialmente judaica e com componentes do misticismo oriental com vários matizes. O gnosticismo era uma teoria muito aproximada do cristianismo e, por isso, muito perigosa. Ao mesmo tempo que se distanciava da doutrina cristã, também negava que Cristo tivesse vivido uma vida física real.

Os ataques feitos pelo gnosticismo são facilmente vistos na igreja de Colossos, à qual Paulo escreve com sua mais forte linguagem. Os erros básicos do gnosticismo são comentados por Paulo nessa carta. Ele combate a noção herética de que Deus era "inacessível". Segundo os gnósticos, só se pode aproximar de Deus por intermédio de uma longa graduação de intermediários celestiais, dos quais Jesus era meramente mais um. Daí explica-se por que essas hierarquias celestiais podiam ser adoradas. A insistência de Paulo é que apenas Cristo é o mediador (Cl 3:11). Nele reside toda a plenitude de Deus, e nele somos completos (Cl 2:9-10). Alguns historiadores são ingênuos o suficiente para crer que a Igreja, com o tempo, exterminou o

> **A ESPIRITUALIDADE DE JESUS**
> O caminho do discípulo é um caminho outorgado por Jesus Cristo aos seus seguidores. Por meio dele, vamos fazendo outros discípulos, abrindo novas fronteiras para o anúncio do Evangelho do Cordeiro de Deus. Nessa missão atemporal, achamos o verdadeiro sentido do próprio Caminho, que é anunciar Jesus Cristo ao mundo até que ele venha. Maranata!

gnosticismo e o superou. Mas isso não é verdade. Toda doutrina de adoração das hostes celestiais com sua longa graduação de intermediários celestiais, incluindo a mãe do Senhor e as centenas de santos, foi simplesmente a presença definitiva dos erros gnósticos dentro do cristianismo decadente, e que até hoje são praticados. Esse pseudognosticismo acabou por afetar a tradição da Igreja e se incorporar a ela na prática.

As tendências ascéticas e legalistas do gnosticismo nasceram do entendimento de que o corpo e qualquer matéria é, em sua essência, mau. Consequentemente, ensinou: "Não toque, não prove, não pegue" (Cl 2:21). Esses pensamentos tornaram-se a semente para a ideia de que o pecado habita no corpo físico. Por isso, ensinavam a "severidade para com o corpo". Mais tarde, no século 4, isso influenciou a Igreja na doutrina do celibato, isto é, o rigor ascético e o voto de se abster totalmente do casamento e do sexo para buscar a perfeita santidade.

Precisamos entender que o gnosticismo veio a ser uma das causas principais da estruturação mais formal da Igreja, pois essa estruturação tinha por objetivo protegê-la dessa heresia. A grande influência gnóstica foi maior no período de 135 a 160 A.D., e continuou com força nos séculos seguintes. O declínio da presença do Espírito abria lugar para essa heresia como uma praga no segundo século, e ameaçou fazer afundar a fé cristã. Isso trouxe à Igreja sua mais grave crise desde a batalha de Paulo contra os judaizantes pela liberdade da lei. A Igreja, em sua tentativa de conter o gnosticismo, desenvolveu uma organização única, mais fechada, e um credo claramente definido que contrastou com a espontânea e simples natureza do cristianismo primitivo.

A origem do gnosticismo

Essa perigosa heresia já existia bem antes do cristianismo com tipos judaicos e tipos pagãos. Havia a versão representando o deus grego Hermes com influência mística dos segredos e das ciências ocultas egípcias. Havia a versão babilônica com uma concepção dualista do universo de origem persa, procedente do zoroastrismo. Outra versão era panteísta e ascética, mas a mais importante delas era uma versão que via o mundo com todos os fenômenos físicos como algo essencialmente mal, e a esfera das ideias como algo espiritual e bom.

Na Era Cristã, começou a se manifestar nos dias de Paulo e João. Muitos acham que o fundador foi Simão, o Mago (At 8). O gnosticismo que surge combate e nega a divindade e humanidade de Cristo presente nos relatos dos textos bíblicos de João 1:14 e 19:34, Timóteo 6:20, I Coríntios 8:1, Romanos 1:22, I João 1:2, 2:2 e 5:6, II João 7 e Colossenses 2:18-19.

Gnosis (γνῶσις) quer dizer "conhecimento" — um conhecimento místico, sobrenatural. Havia uma tentativa de combinar o cristianismo com a filosofia gnóstica através do racionalismo. Era um intelectualismo sobre uma base pagã dualista e uma avaliação exagerada do conhecimento, depreciando a fé. Os gnósticos, segundo essa corrente, eram aqueles que possuíam "conhecimento verdadeiro". Os proponentes do gnosticismo consideravam o cristianismo ortodoxo suficientemente bom para a plebe, mas não para a elite intelectual (os gnósticos). Para tais, havia um cristianismo mais alto e mais verdadeiro.

O gnosticismo é, portanto, o sistema filosófico e religioso mais comum dos séculos 1 a 3, segundo o qual a salvação dependia mais do conhecimento teológico de cada homem do que de sua fé.

Os gnósticos imaginavam-se os únicos possuidores de uma religião esotérica e filosófica que fazia deles homens espirituais genuínos. Olhavam com desprezo os meros homens de alma e corpo. Constituíam uma classe alta na Igreja. Fazendo isso, corromperam a Igreja com diversos elementos estranhos e obscureceram a essência verdadeira do Evangelho.

Eles negavam a encarnação de Cristo e identificavam o mal com a matéria. Qualquer matéria, portanto, era má e seu criador não seria o bom Deus, mas um ser inferior e imperfeito. Para o homem salvar-se, teria de ser liberado do poder do mundo visível e de todos os seus poderes. Os espíritos e o meio pelo qual se alcança essa liberdade é o conhecimento, uma iluminação mística espiritual que põe o adepto em comunhão com o mundo das realidades espirituais.

Com tudo isso, o gnosticismo tentou reduzir o cristianismo a uma filosofia, e os gnósticos diziam que o Deus dos judeus não era um ser supremo porque o mundo é cheio de imperfeições. Portanto, o Supremo Ser não pode ter sido o seu Criador. Assim, haveria um outro ser supremo além do Pai. Eles dividiram a humanidade em três classes: os hélicos ou materiais; os psíquicos com alma; e os pneumáticos, verdadeiros espirituais.

Os hélicos são os absolutamente incapazes da salvação. Os psíquicos são os que possuem uma alma e são capazes de salvação parcial. Os pneumáticos são capazes de uma salvação completa. Há, no homem pneumático, um elemento espiritual, o qual é um peregrino neste mundo e que deseja ser libertado da matéria (corpo) e ascender ao seu verdadeiro lar.

Em geral, os gnósticos rejeitavam o Antigo Testamento e preferiam certos livros do Novo Testamento.

As características comuns a todos os gnósticos eram o "dualismo", um antagonismo eterno entre o Deus, Supremo Ser, e a matéria; a noção estranha do Demiurgo, que era o deus da criação e o próprio Deus, o Supremo Ser; e o docetismo, a consideração do elemento humano de Cristo como uma aparição ilusória — a ideia de Cristo em carne era como um fantasma, o resultado dessa influência gnóstica.

Na ética do gnosticismo havia duas tendências opostas:

- A ideia de que a lei moral não tem valor na dispensação da graça. Por isso, o orgulho espiritual obscureceu o senso do pecado, o qual deu origem ao antinomismo que resultou em sensualidade e perversão.
- O ascetismo mortífero, com ênfase exagerada no pecado, o que levou os gnósticos a considerar a natureza como obra de Satanás, desprezar o corpo como sede do mal e praticar extremas austeridades.

Os líderes importantes do gnosticismo são:

- Simão Mago, fundador, pela tradição.
- Basílides (120-140 A.D.) ensinou em Alexandria durante o reinado de Adriano (117-138 A.D.)

- Valentino ou Valêncio em Roma (135-165 A.D.)
- Satornilo de Antioquia (antes de 150 A.D.)

Em duas escolas principais, Alexandra e Síria, Valentino foi o autor do sistema gnóstico mais influente e mais conhecido. A maior descoberta de obras gnósticas foi a de 1945 no Egito, na região de Nag Hammadi. Treze códices contendo 48 tratados foram descobertos na língua copta, dialeto trazido do grego. Um deles, o Evangelho da Verdade, pertence à escola de Valentino e provavelmente foi escrito por ele mesmo.

Isso tudo solapou os fundamentos históricos do cristianismo, pois o "deus gnóstico" não era o Deus do Antigo Testamento, e em seu Cristo não houve encarnação, morte ou ressurreição. A sua salvação era somente para aqueles capazes de receber iluminação espiritual. Para refutar o gnosticismo, houve uma grande atividade intelectual na Igreja, pois precisavam aprofundar-se nas Escrituras e nas filosofias gregas, o que levou os líderes ortodoxos a apresentar as doutrinas cristãs de maneira mais clara, definida e articulada.

O gnosticismo do tipo sírio

Bettenson (1967, p. 68) faz um relato sobre o gnosticismo sírio. Ele descreve a percepção acerca do mundo:

> Saturnino era de Antioquia. Pensava, como Menandro, que há um Pai absolutamente desconhecido que fez anjos, arcanjos, virtudes e potestades; o mundo, porém, e tudo quanto nele existe, foi feito por anjos em número de sete [...] O Salvador, conforme Saturnino, não nasceu, não teve corpo nem forma, mas foi visto em forma humana apenas em aparência. O Deus dos judeus, segundo ele, era um dos sete anjos; visto que todos os príncipes quiseram destruir seu Pai, Cristo veio para aniquilar o Deus dos judeus e para salvar os que nele mesmo acreditassem; esses são os que possuem uma faísca da vida de Cristo. Saturnino foi o primeiro que afirmou a existência de duas estirpes de homens formadas pelos anjos: uma de bons e outra de maus. Sendo que os demônios davam seu apoio aos maus, o Salvador veio para destruir os demônios e os perversos, salvando os bons. Mas, ainda segundo Saturnino, casar-se e procriar filhos é obra de Satanás.

Essa percepção nos revela como o gnosticismo criou um pensamento dualista entre bem e mal, o que marca o princípio gnóstico.

Gnosticismo do tipo egípcio

Os princípios básicos de Basilides foram divulgados em forma mais poética e popular por Valentino, o mais influente dos mestres gnósticos, por volta de 140 A.D. Bettenson (1967, p. 68) relata que...

> Ensinou que a Mente foi o primogênito do Pai Ingênito. A Razão foi gerada pela Mente e, por sua vez, gerou a Prudência, e esta gerou a Sabedoria e o Poder. Da Sabedoria e do Poder nasceram as Virtudes, os Príncipes e os Anjos, que são chamados também "os Primeiros". Estes fizeram o Primeiro Céu, do qual derivaram outros céus que também geraram outros céus... (perfazendo um total de 365 céus).
>
> Os anjos que presidem sobre o Céu inferior, que é visto por nós, ordenaram todas as coisas que há no mundo, dividindo entre si a Terra e as nações da Terra. Seu chefe é aquele que tem sido crido como o Deus dos judeus. Ele pretendeu sujeitar os demais povos aos judeus, provocando a resistência dos outros príncipes que se coligaram contra ele [...] Então o Pai Ingênito e Inominado [...] enviou sua Mente primogênita, chamado o Cristo, para libertar os que nele cressem dos poderes que fizeram o mundo. Ele apareceu assim entre as nações dos príncipes em forma de homem, e realizou atos de poder. Ele, porém, não sofreu, mas certo Simão de Cirene foi movido a levar a cruz por ele: Simão foi equivocadamente crucificado, tendo sido transfigurado por ele de tal sorte que o populacho o tomou por Jesus. Jesus, entretanto, transmutou-se na forma de Simão, presenciando a agonia de seu sósia e dele escarnecendo. Quem, portanto, reconhecer e reverenciar o crucificado, ainda não deixou de ser escravo e sujeito ao domínio dos que fizeram nossos corpos. Quem, ao contrário, o negar, fica livre deles e conhece a disposição do Pai Ingênito.
>
> Basilides ensina também que a salvação só envolve a alma, pois o corpo é naturalmente corruptível. As profecias, em si mesma, provieram dos príncipes que fizeram o mundo. A lei foi dada pelo príncipe que tirou os israelitas da terra do Egito. Basilides é também indiferente com relação as coisas imoladas aos ídolos, permitindo que fossem usadas sem temor, e igualmente queria que fosse considerada inocente todo tipo de sensualidade.

Os princípios de Basilides nos apontam como e de que maneira a relação do gnosticismo com Cristo foi formada, criando uma percepção equivocada do Cristo Salvador.

Gnosticismo do tipo judaizante

No fim do primeiro século, o gnosticismo judaizante explica a presença e a ressurreição de Cristo de maneira a desqualificar o Cristo homem. De acordo com Bettenson (1967, p. 69),

> ... igualmente, um certo asiático, Cerinto, pensou que o mundo fora feito não pelo Deus Supremo, mas por alguma Virtude muito afastada e separada do príncipe que está acima de todas as coisas, e cuja soberania absoluta não é reconhecida por tal Virtude. Acrescenta que Jesus não nasceu de Virgem, mas que foi filho de José e Maria, à maneira comum, embora seja superior aos demais em justiça, prudência e sabedoria. Após o batismo de Jesus, Cristo desceu sobre ele em forma de pomba, procedendo do Príncipe que está sobre todas as coisas. Depois disso, Jesus revelou o Pai Incógnito, realizando atos de poder. No fim, porém, Cristo retirou-se, deixando Jesus abandonado: o homem acima de Cristo Jesus sofreu sozinho e ressuscitou; porém, Cristo permaneceu impassível, como convinha à sua natureza espiritual.
> Os chamados ebionitas [...] só usam o Evangelho de São Mateus; rejeitam o apóstolo Paulo, chamando-o de apóstata da Lei. Esforçam-se e se sujeitam aos usos e costumes da lei e à maneira de viver judia. Veneram Jerusalém como se fosse a casa de Deus.

Marcião e o marcionismo

Ele nasceu em Sinope, Ponto, na Ásia Menor, onde foi um rico armador de barcos, e foi a Roma em cerca de 139 A.D. Lá uniu-se à Igreja Cristã, fazendo uma contribuição de uma quantia vultosa em dinheiro.

De acordo com autores como Walker (1918), Latourette (1954), Schaff (1952), Burckland (2010) e Muirhead (1951), após um tempo, Marcião percebeu como o legalismo judaico era nocivo para a Igreja e o ligou à aceitação do Antigo Testamento e seu Deus. É, por isso, considerado o primeiro reformador da Igreja.

Seus ensinos e pontos de vista atraíram um grande grupo de seguidores, mas, depois de alguns anos, provavelmente em 144 A.D., foi excomungado da Igreja. A partir daí, reuniu seus seguidores numa igreja separada e compilou para seu uso um cânone de livros sagrados compostos das epístolas de Paulo, com exclusão das pastorais, e o Evangelho de Lucas despojado de todas as passagens que implicam que Cristo considerava o Deus do Antigo Testamento seu Pai, ou em qualquer forma relacionada com o Antigo Testamento. Foi a primeira tentativa conhecida de se formar um cânone autorizado do Novo Testamento. Os membros das suas igrejas foram proibidos de se casar. Cônjuges precisavam se separar. O martírio era estimado. Houve um grande número de igrejas dessa seita a oriente do império. Existiam igrejas até o século 5.

Marcião possuía tendências gnósticas, mas não era propriamente um gnóstico. Para os gnósticos, a salvação era a libertação do espírito em relação à matéria. Era alcançada pelo ensino da verdade revelada, apresentada na forma de mistérios, e a qual, pelos diferentes graus, libertariam o possuidor e o trariam de novo ao reino do espírito puro. Já para Marcião, o espírito do homem também pertence ao reino do mal — não somente o corpo, como os gnósticos criam. O propósito de Marcião foi livrar a Igreja do legalismo; já o dos gnósticos foi combinar o cristianismo com a Filosofia. Mas ambos negavam a encarnação e rejeitavam o Antigo Testamento. Segundo esse entendimento, o Deus do Antigo Testamento é seguidor do Demiurgo. Os judeus crucificaram a Cristo, o qual proclamou um novo reino e a libertação do domínio daquele deus.

Paulo era o único apóstolo que havia entendido o Evangelho. Todos os demais haviam caído nos erros do judaísmo. Para ele, na era de Cristo, a Lei judaica fora abolida. Ele declarou que a Igreja havia

> **A ESPIRITUALIDADE APOSTÓLICA**
> A espiritualidade apostólica é a espiritualidade da imitação de Cristo, da modelagem de vida e do seguimento missional do Cordeiro de Deus por meio dos discípulos, testemunhas oculares de Jesus Cristo. O apóstolo Paulo escreveu à igreja de Corinto, chamando atenção para o seguinte: "Tornem-se meus imitadores, como eu o sou de Cristo" (I Co 11:1).

obscurecido as Boas Novas e considerou a si mesmo um delegado para proclamar a verdade na sua pureza e simplicidade. Para esse fim, Marcião compôs uma coleção das cartas de Paulo, extirpando delas tudo o que ele considerava edições corruptas de escritores posteriores. Acrescentou a elas o Evangelho de Lucas *revisado*.

Marcião, com sua doutrina, era mais perigoso do que o próprio gnosticismo, pois apartou o cristianismo de seus fundamentos históricos tão completamente quanto os gnósticos. Tudo isso parecia mais razoável porque feito em nome de um protesto contra o legalismo judaico. Para o tal protesto, havia muitas justificativas, mas as consequências constituíam um grave desvio da fé ortodoxa.

Montano e o montanismo

O montanismo foi um movimento puramente cristão. Nisso era contrário ao gnosticismo. O movimento começou em meados do século 2, durante o reinado de Antônio Pio e Marco Aurélio. O fundador foi Montano de Ardabau, próximo à Frígia, na Ásia Menor. De acordo com Walker (1918), uma tradição que vem de Jerônimo diz que Montano foi sacerdote da deusa pagã Cibele antes de sua conversão. Já no seu batismo, Montano "falou em línguas estranhas" e começou a profetizar, proclamando a si mesmo como um instrumento pelo qual o Espírito Santo falava. Duas profetisas se uniram a ele, Prisca e Maximila. Elas abandonaram os maridos. Maximila morreu em 179 A.D. Prisca e Maximila eram consideradas pelos bispos como endemoninhadas, mas suas tentativas de expulsá-las foram frustradas. Montano, Prisca e Maximila, ainda segundo o autor, "afirmavam servir de boca para o Espírito, afirmavam que o fim do mundo estava para chegar e que a Jerusalém Celestial estava para se estabelecer na Frígia, para onde todos os crentes deviam seguir". Os seguidores foram exortados a praticar estrito ascetismo: celibato, jejuns e abstinências da carne. Muitos foram atraídos pelo ascetismo. O montanismo foi uma reação contra o racionalismo gnóstico e o declínio espiritual na Igreja. Através dele, havia uma esperança renovada da volta imediata de Cristo e a viva consciência da constante inspiração do Espírito Santo, característica da Igreja apostólica que havia quase desaparecido. Os cultos com glossolalia (dom de línguas), profecias, visões e uma expectativa escatológica estavam presentes no movimento montanista. Infelizmente, como muitos dos movimentos do século 20, também teve seus excessos e fanatismo. Eusébio comenta que os montanistas introduziram um novo tipo de profecia "contrária ao tradicional". Montano e suas profetisas permaneceram como reformadores no meio do estagnante e formal cristianismo do segundo século. A principal característica dessa doutrina era o exagero da verdade, e não uma heresia propriamente. Conservava a esperança pela volta de Cristo, mantinha a consciência da inspiração constante do Espírito Santo e representava um reavivamento forçado do ministério dos profetas. Suas elocuções foram mal compreendidas. O conteúdo principal das profecias focava a proximidade do forte julgamento de Deus relacionada às perseguições e com a esperança do milênio. O jejum e outras práticas ascéticas eram leis para serem observadas pela Igreja.

O montanismo concordava com a Igreja quanto aos pontos essenciais da fé: a inspiração das Escrituras e a Trindade Pai, Filho e Espírito Santo.

Foi arraigado no cristianismo, e não no paganismo, e seu erro consistia no exagero das ideias cristãs, não no afastamento delas. O montanismo foi muito popular na Ásia Menor. Os bispos, vendo sua autoridade ameaçada, convocaram sínodos que aconteceram a partir de 160 A.D., nos quais o montanismo foi condenado.

Depois de 170 A.D., foi levado a Roma, e por muitos anos perturbou aquela Igreja. Em Cartago, atraiu Tertuliano, o mais eminente dos montanistas. Tendo o montanismo constituído grande ameaça ao cristianismo organizado e

> **A ESPIRITUALIDADE APOSTÓLICA**
> A imitação da qual se fala aqui não é o exercício de técnica espiritual para se chegar a um fim desejado, ao contrario, é um processo de vida que tem começo, meio e fim. No caso dos primeiros discípulos, começou com a chamada de Jesus para segui-lo. Os discípulos, ainda que adultos, tornaram-se como discípulos aprendizes do Mestre, sendo instruídos e formados nos seus ensinamentos, e somente mais tarde se tornaram apóstolos. A essa altura da vida, os discípulos, transformados pela mensagem do Evangelho, passaram de aprendizes a mestres na missão confiada por Jesus.

institucionalizado, foi formalmente condenado pelos sínodos de vários bispos da Ásia Menor. Ameaçados, os bispos jogaram fora tudo o que era genuíno mover do Espírito Santo no montanismo e entraram num formalismo ainda mais estruturado. Seus seguidores subsistiram até os tempos de Agostinho.

CAPÍTULO 6
OS PAIS DA IGREJA

"Nossos apóstolos designaram pessoas, como nós, a fim de dar direção para que, quando morressem, outros homens escolhidos e aprovados os sucedessem no ministério." **Clemente, Bispo de Roma**

Os chamados Pais da Igreja, em geral, eram discípulos dos apóstolos, e foram os primeiros mestres da Igreja. Tendo os apóstolos como pais espirituais, esses homens constituíram o elo entre os apóstolos e os apologistas. Tornaram-se a segunda geração de líderes levantados por Deus em sua Igreja.

Eles consideravam a vida nova em Cristo como a única vida verdadeira e única digna de ser registrada. Não revelaram nenhum conhecimento da filosofia pagã. Eram obreiros práticos e de mais valor à Igreja do que doutores e filósofos. A característica principal dos seus escritos é "a piedade profunda e vigorosa". São escritos que mostram um amor profundo a Deus e aos homens e exortam a uma vida de santidade, tendo Cristo como exemplo.

Reunidas, as obras desses Pais da Igreja constituem um volume que equivale a duas vezes o Novo Testamento. Em comparação com as Escrituras canônicas do Novo Testamento, elas ocupam um lugar secundário quanto à força original, a profundidade e a plenitude do Espírito. Todavia, mostram o espírito dos dias apostólicos quanto à fé simples, o amor fervoroso e a fidelidade ao Senhor. Ocupam-se mais com a tradição verbal dos apóstolos do que com seus escritos.

Todavia, dão testemunho de valor à veracidade dos escritos apostólicos pelas referências feitas a eles e pela semelhança entre suas reminiscências e os fatos dos Evangelhos e as doutrinas do Novo Testamento. As epístolas de Barnabé, Clemente, Policarpo e o Pastor de Hermas foram lidas nos cultos públicos em muitas igrejas. Algumas foram incluídas nos escritos importantes, juntamente com a Bíblia. No entanto, sua autoridade era sempre subordinada à autoridade dos evangelhos e às epístolas apostólicas. Todos, exceto o Pastor de Hermas e o *Didaquê*, foram escritos na forma de epístolas, segundo o modelo de Paulo.

Clemente, bispo de Roma

Era um discípulo de Pedro. "É o mais antigo e o melhor entre os escritos pós-apostólicos, ambos em forma e em conteúdo."[12] A carta evangélica de Clemente à Igreja de Corinto, na qual ele pede sua unidade, foi publicamente lida nas assembleias da Igreja primitiva, de acordo com o historiador Eusébio, e incluída numa antiga coleção do cânone das Escrituras. Nessa carta de Clemente, vemos que a Igreja continuava regida por um colégio de presbíteros. Ele escreve: "Apenas deixem o rebanho de Cristo em paz, com os seus anciãos que são colocados sobre ele" (I Epístola de Clemente aos Coríntios 22:14).

Representação de Clemente, bispo de Roma.

―――――
12   SCHAFF. 1952 - 1953, pg. 642.

Mais tarde, reconheceu apenas dois ofícios básicos na igreja, "os bispos e diáconos" (I Epístola de Clemente aos Coríntios 19:5-6). Ele usa "bispo" e "presbítero" para o mesmo ofício. Ele chamou esses líderes da Igreja de "sacerdotes" (I Epístola de Clemente aos Coríntios 20:24), e por isso foi um dos primeiros a fazer distinção entre os "clérigos" e os "leigos", um claro desvio do entendimento apostólico do sacerdócio de toda a igreja (I Pe 2:5).

As duas maiores contribuições da carta de Clemente são seu fervoroso apelo à autoridade dos escritos de Paulo em seu clamor pela unidade, o que marca o início da formação do cânone do Novo Testamento e também o vestígio deixado sobre a existência de sucessores para os apóstolos, mais tarde mal interpretado como "sucessão apostólica única", que deu origem à reivindicação do bispo de Roma para o seu primado universal.

No fim, Clemente simplesmente escreve: "Da mesma maneira, nossos apóstolos souberam por nosso Senhor Jesus Cristo que surgiriam contendas por causa do ministério. Por isso, tendo uma perfeita presciência disso, designaram pessoas como nós a fim de darem direção para que, quando morressem, outros homens escolhidos e aprovados os sucedessem no ministério" (I Epístola de Clemente aos Coríntios 19:16-17).

Talvez Clemente de Roma seja a mesma pessoa mencionada por Paulo em Filipenses 4:3, o terceiro pastor na igreja da cidade de Roma. O escrito I Epístola de Clemente aos Coríntios (93-97 A.D.) é atribuído a ele, ainda que sua autoria não esteja positivamente provada. É dirigida "pela Igreja de Deus que reside em Roma à Igreja de Deus que reside em Corinto". Em sua carta, Clemente testemunha claramente as doutrinas da Trindade, da divindade de Cristo, da salvação pelo sangue de Jesus, da necessidade de arrependimento, da santificação pelo Espírito Santo, da unidade e das virtudes

> **A ESPIRITUALIDADE APOSTÓLICA**
> Imitar a Cristo é tornar-se um com ele. É andar com ele, comer com ele, estar com ele, fazer nosso trabalho com ele e, se preciso for, morrer com ele. Imitar, portanto, fala de uma existência assimilada, amalgamada, vida comprometida e interconectada com a maneira de ser de Cristo. Como disse Paulo: "Porque, quem conheceu a mente do Senhor, para que possa instruí-lo? Mas nós temos a mente de Cristo!" (I Co 2:16).

cristãs — humildade, caridade, longanimidade, paciência e perseverança. Sua teologia é paulina, e somente três ordens de oficiais são mencionadas nessa epístola, a saber: bispos, presbíteros e diáconos. A data se situa no período de 93-97 A.D. É claro que é escrita depois da morte de Paulo e Pedro, pois registra o martírio deles.

Inácio, bispo de Antioquia da Síria

No fim do primeiro século e no início do segundo, morreu como mártir em Roma, lançado aos leões no Coliseu. Segundo a tradição, foi discípulo de João, o apóstolo.

Em seu ministério, expressa muito bem "a glória do martírio, a grandeza do episcopado e a aversão para com a heresia e os cismas". Em sua viagem a Roma como prisioneiro em Jesus Cristo, escreveu sete epístolas à várias igrejas. Atualmente, essas epístolas se acham em três formas:

- A "longa", composta de doze epístolas escritas em grego, considerada como a mais completa falsificação do quarto, quinto ou sexto século. Evidentemente, foram falsificadas em defesa da Igreja hierárquica dos séculos posteriores, que tentava, através disso, estabelecer o predomínio do bispo de Roma.
- A "breve", composta de sete epístolas escritas em grego, geralmente aceita como verdadeira.
- A "versão siríaca", composta de três epístolas bem resumidas.

A importância principal dessas epístolas se acha na ideia de que o bispo é o representante visível de Cristo. Por isso, se tornaram famosas entre os católicos e os prelados.

As epístolas de Inácio são colocadas na seguinte ordem por Eusébio e Jerônimo:

- Aos Efésios.
- Aos Magnesianos.
- Aos Tralianos.
- Aos Romanos.

- Aos Filadelfos.
- Aos Esmirneus.
- A Policarpo, bispo de Esmirna.

As três primeiras foram escritas em Esmirna e as últimas, em Trôade. Ele introduziu a expressão "Igreja católica" ou "universal", a organização ortodoxa episcopal na qual ele viu a continuação do ministério da encarnação. Em simplicidade apostólica, ela é inferior à de Clemente e Policarpo, e apresenta maior contraste às epístolas do Novo Testamento.

Representação de Inácio, bispo de Antioquia.

Policarpo, bispo de Esmirna

Policarpo, nascido por volta do ano 69 A.D., foi um discípulo de João, o apóstolo, depois de Inácio, e também professor de Irineu. Fez uma viagem a Roma por volta do ano 154 A.D. para resolver uma disputa sobre a Páscoa. Foi morto durante a perseguição sob o imperador Antônio Pio no ano 155 A.D., aos 86 anos.

Policarpo foi a última testemunha do século de João, o apóstolo. Era fiel à tradição apostólica. Chamou Marcião de "o primogênito de Satanás". Escreveu a Epístola de Policarpo aos Filipenses em aproximadamente 155-156 A.D., que consiste, em maior parte, em citações de textos das Escrituras. Possui quatorze capítulos curtos, e tem sido publicada desde 1633. Trata-se do único documento dele que existe atualmente.

Representa a Igreja como sendo administrada pelos presbíteros e diáconos, e não faz menção das tendências hierárquicas da época. "De todos os escritos dos Pais Apostólicos, a Epístola de Policarpo é menos original, mas mais próxima, em espírito, das epístolas pastorais de Paulo, e mais cheia de reminiscências do Novo Testamento."[13]

O martírio de Policarpo

Bettenson (1983, p. 38-40) reproduz em seu livro o momento do martírio de Policarpo:

> Ao penetrar no recinto, uma voz celestial retumbou: "Bom ânimo, Policarpo, mostra-te viril." Ninguém percebeu quem tinha falado, mas irmãos nossos presentes ouviram a voz. Enquanto avançava Policarpo, o tumulto atingia o paroxismo: Está preso Policarpo.
> Finalmente, em presença do procônsul, este lhe perguntou se era Policarpo. E ouvida a afirmativa, tentou persuadi-lo com perguntas e exortações a deixar sua fé: "Considera tua idade" e semelhantes coisas, como é de praxe nos lábios dos magistrados. Como acrescentasse: "Jura pelo gênio do César, retrata-te; grita: abaixo os ateus!" Policarpo, muito gravemente, olhando para os pagãos que enchiam as escadarias do estádio e acenando para eles, suspirou e exclamou: "Abaixo os ateus!" O procônsul insistiu: "Jura, e te soltarei. Insulta a Cristo." Policarpo respondeu: "Oitenta e seis anos há que sirvo a Cristo. Cristo nunca me fez mal. Como blasfemaria contra meu Rei e Salvador?"
> O procônsul instou: "Jura pela fortuna de César, já que decides ignorar quem sou." "Escuta minha declaração", disse Policarpo: "Eu sou cristão! Se desejas saber o ensino cristão, dá-me um dia e escuta-me." Disse então o procônsul: "Persuade o povo." Policarpo retrucou: "Na tua presença

---
13 SCHAFF, 1952, p. 669.

parecer-se-ia justo explicar-me, porquanto aprendemos a prestar aos magistrados e autoridades estabelecidas por Deus a consideração que lhes é devida, na medida em que não contrariem nossa fé."
O procônsul disse: "Tenho feras a meu dispor; se não te retratas, entregar-te-ei a elas." Ao que respondeu Policarpo: "Ordena! Quando nós, cristãos morremos, não passamos do melhor para pior; é nobre passar do mal para a justiça." Disse ainda o procônsul: "Se não te retratas, mandarei que te queimem na fogueira, já que desprezas as feras." Disse então Policarpo: "Ameaças-me com o fogo que arde uma hora e se apaga. Conheces tu o fogo da justiça vindoura? Sabes tu o castigo que devorará os ímpios? Não demores! Sentencia teu arbítrio!"
Policarpo deu estas e outras respostas com alegria e firmeza, e seu rosto irradiava a divina graça. O interrogatório perturbou não a ele, mas ao procônsul. Este acabou mandando seu arauto proclamar por três vezes, no meio do estádio, que Policarpo se confessara cristão. Então a turba pagã e judia não mais conteve sua ira e vociferou: "Eis o doutor da Ásia, o pai dos cristãos, o destruidor dos deuses, que, com seu ensino, afasta os homens dos sacrifícios e da adoração." Enquanto tumultuavam, alguém solicitou ao asíarco Filipe que soltasse um leão contra o ancião. Filipe recusou, visto já ter terminado com os jogos. "Neste caso, ao fogo com ele!" Cumprir-se-ia a visão extática dos dias precedentes, quando o ancião viu sua almofada ardendo e anunciou: "Hei de ser queimado vivo."
O desenlace precipitou-se. O povo amontoou lenha e ramos apanhados nas lojas e nos banhos públicos, distinguindo-se, como de costume, os judeus. Nem bem aprontada a fogueira, Policarpo despiu suas vestimentas, tirou sua cinta e tentou descalçar-se: ordinariamente não o fazia, porquanto os fiéis rivalizavam entre si para o ajudar a tocar seu corpo; tanta era sua santidade que, antes de seu martírio, já era objeto de veneração. Arranjou-se logo algo para o prender à fogueira; os carrascos pretendiam pregar seus membros, mas ele lhes disse: "Deixai-me livre: aquele que me deu forças para não temer o fogo, forças me dará para permanecer nele sem a ajuda de vossos pregos."
Não o pregaram; ataram-no simplesmente. Atado aí, mãos para trás, Policarpo parecia uma ovelha escolhida na grande grei para o sacrifício. Levantando os olhos, exclamou: "Senhor Deus onipotente, Pai de Jesus Cristo, teu Filho predileto e abençoado, por cujo ministério te conhecemos; Deus dos anjos e dos poderes, Deus da criação universal e de toda a família dos justos que

vivem em tua presença; eu te louvo porque me julgaste digno deste dia e desta hora, digno de ser contado entre teus mártires e de compartilhar do cálice de teu Cristo, para ressuscitar à vida eterna da alma e do corpo na incorruptibilidade do Espírito Santo. Possa eu, hoje, ser recebido na tua presença como uma oblação preciosa e aceitável, preparada e formada por ti. Tu és fiel às tuas promessas, Deus fiel e verdadeiro. Por essa graça e por todas as coisas, eu te louvo, bendigo e glorifico em nome de Jesus Cristo, eterno e sumo sacerdote, teu Filho amado. Por ele, que está contigo, e o Espírito Santo, glória te seja dada agora e nos séculos vindouros. Amém!" Depois de Policarpo proferir esse amém, os carrascos acenderam a fogueira e a chama alçou-se alta e brilhante. Nesse momento, presenciamos um sinal e nossa vida foi poupada quem sabe para relatar este milagre [...] O fogo tomou a forma de uma abóbada ou de uma vela inchada pelo vento e rodeou o corpo do confessor. Policarpo estava de pé não como carne que queima, mas como pão que se doura ou como ouro ou prata que se purifica. Sentíamos um perfume delicioso como de incenso ou arômatas preciosos.

Hermas, bispo da Igreja de Roma

Seu escrito O Pastor de Hermas foi provavelmente escrito por volta de 115-140 A.D., segundo Walker (1967). A data que Muirhead (1951) aponta sobre o escrito é 139-140 A.D., e Schaff (1952) aponta o período de 92-101 A.D. Porém, as divergências de datas não interferem no fato de se ter um documento escrito revelando alguns preceitos necessários à Igreja cristã da época. É a mais velha alegoria cristã. Tem sido comparada a *O Peregrino*, de João Bunyan. Tem sido também comparada com a *Divina comédia* de Dante, sendo, no entanto, muito inferior em qualidade literária, e também a teologia é bem diferente.

É dividida em três livros:

- "As visões"[14] — quatro visões e revelações. O objetivo das visões é chamar Hermas e, através dele, a Igreja ao arrependimento.
- "Os Doze Mandamentos."

---

14   MUIRHEAD, 1951, p. 92.

- "As Dez Parábolas" — seu conteúdo combate grande número de transgressões, mostrando que a vida cristã tinha se corrompido muito: traição, blasfêmia, covardia, hipocrisia, calúnia, malícia, mundanismo, imoralidade, sedição e ensino falso.

Hermas lembra Savonarola, o qual sinceramente afirmava que a Igreja era corrupta e mundana, que uma grande perseguição estava próxima, durante a qual a Igreja seria purificada, e que ainda havia tempo para arrependimento. Afirmava ainda que ele, Hermas, era divinamente comissionado para ser pregador do arrependimento.

A teologia de Hermas considera o cristianismo uma nova lei e dá muita ênfase à prática e à ética. Neste sentido, é mais semelhante a Tiago e diferente de Paulo. Segundo ele, o batismo nas águas é indispensável à salvação. Todavia, acreditava no arrependimento e na fé. A obra foi escrita totalmente para a edificação da Igreja e revela muito sobre a vida cristã desse período.

Barnabé

A Epístola de Barnabé é anônima e omite qualquer referência ao autor. Também não faz menção do nome nem da residência dos leitores. Apesar do fato de não ter sido escrita a uma certa congregação, é certo que foi escrita a uma classe de crentes vivendo sob o risco de recair no judaísmo.

O conteúdo é principalmente doutrinário, e possui essencialmente o mesmo objetivo da Epístola aos Hebreus, mas muito inferior quanto à profundidade, à originalidade e à unção. "A carta confronta os judeus e menciona os erros no que diz respeito à Lei mosaica." O autor

> **A ESPIRITUALIDADE APOSTÓLICA**
>
> A formação de Cristo em nós é em um processo de conversão contínuo no pensar e no sentir de Cristo. É um mover-se ao encontro de sua natureza e essência divino-humana. É também um conhecimento que não se adquire através de informação, mas de uma caminhada, de uma partilha. Procede da experiência pessoal de transformação constante na imagem de Cristo através de uma vida inteira seguindo o Mestre. A cada dia nos assemelharemos a ele e pareceremos um pouco mais com Cristo.

não entende o judaísmo no seu sentido próprio — não entende os escritos mosaicos e proféticos no seu verdadeiro sentido espiritual. Mas possui uma concepção alegórica do Antigo Testamento, como Fílon, até ao ponto que parece negar o sentido literal e histórico. Ele afirma que o sacrifício, o jejum, a observância do sábado e o culto do templo nunca foram a vontade de Deus. Diz que os crentes, e não os judeus, são os donos verdadeiros do Antigo Testamento e das Escrituras.

Entretanto, o valor da Epístola está em confirmar os principais fatos e as doutrinas dos Evangelhos. Testifica acerca da observância geral do domingo em comemoração à ressurreição de Cristo e cita paralelos a várias passagens bíblicas de vários livros — Mateus e outros evangelhos, epístolas de Paulo, I Pedro, Apocalipse, o Pentateuco, Salmos, Isaías. Mas também cita passagens de livros apócrifos, como o livro de Enoque.

Foi considerada obra de Barnabé por Clemente da Alexandria. Eusébio e Jerônimo também a consideraram obra de Barnabé. A evidência interna indica um escritor pós-apostólico. Aparentemente, o autor era um convertido judaico de Alexandria chamado Barnabé, julgando sua certa familiaridade com o Antigo Testamento e, aparentemente, com Fílon e seu método alegórico na interpretação do Antigo Testamento. Sua epístola foi primeiramente conhecida e estimada no Egito. Foi escrita depois da destruição de Jerusalém, provavelmente antes do fim do primeiro século, ou, pelo menos, antes da reconstrução de Jerusalém sob Adriano (120 A.D.)

Papias, bispo de Hierápolis na Frígia

Papias era discípulo de João e amigo de Policarpo. De acordo com a tradição, sofreu martírio em Pérgamo no mesmo tempo em que Policarpo foi martirizado em Esmirna. Fez com zelo uma coleção de tradições verbais dos apóstolos e seus discípulos acerca dos discursos e das obras de Jesus, as quais ele publicou em cinco livros sob o título Explicação dos Discursos do Senhor. Esses livros, que existiram até o século 13, foram perdidos, exceto alguns fragmentos preservados por Ireneu e Eusébio. Papias prova o seu grande valor ligando-o às tradições dos apóstolos no segundo século. Ele é testemunha importante da inspiração e da credibilidade do Apocalipse, e é uma de suas mais antigas testemunhas.

O ensino dos doze apóstolos ou Didaquê

A data é 70-100 A.D. Outros calculam 130-160 A.D. O ensino é dividido da seguinte maneira:

- Ensinos Morais do capítulo 1 ao 6.
- Manual de Catecúmenos com ensino sobre o Batismo, capítulo 7. Ensina que o batismo deve ser praticado por imersão trina, Pai, Filho e Espírito Santo, depois do ensinamento do catecismo. Só permite aspersão no caso de falta de água. Ensinos sobre o jejum, que deve ser praticado duas vezes por semana, às quartas e sextas-feiras, e também exige a oração dominical três vezes por dia, contidos no capítulo 8.
- Instruções sobre a Eucaristia. Diz que deve ser administrada somente aos crentes batizados, capítulo 9.
- Ensinos sobre o modo como devem ser tratados os apóstolos e profetas, nos capítulos 11 e 13.
- Ensinos ou Doutrina sobre o dia do Senhor como dia do culto cristão, capítulo 14.
- Ensinos sobre bispos e diáconos, que devem ser eleitos pela Igreja e estimados tanto quanto os apóstolos e profetas, capítulo 15.
- O último capítulo contém exortações à vigilância em vista da vinda do Senhor.

O *Didaquê* foi conhecido pelos pais gregos, mas somente descoberto e publicado por Bryennios em 1883. É um escrito preparado por um judeu cristão no fim do segundo século para ser usado numa comunidade cristã judaica. É o mais velho e o mais simples manual da Igreja, daí a sua autoridade.

A Igreja do segundo século

A reação da Igreja às heresias, ao martírio e ao declínio da paixão inicial veio em várias direções. Uma delas foi uma tentativa mais formal de definir sua doutrina e seu credo; a outra veio por apologistas que defendiam publicamente a fé cristã, tentando explicá-la aos pagãos e exortando a Igreja ao retorno à chama inicial do cristianismo.

Um desses importantes defensores da fé foi Irineu de Lyon (130-200 A.D.), que nasceu em Esmirna, Ásia menor. Ele é um importante elo entre a Igreja do Novo Testamento e a Igreja do segundo século. Quando menino, esteve sob os cuidados de Policarpo, bispo de Esmirna, discípulo de João, o apóstolo. Irineu foi enviado a Lyon na Gália antiga, onde hoje é a França, como missionário, sendo logo elevado a presbítero. Em 178 A.D. se tornou bispo. Seu principal trabalho literário foi um tratado contra todas as heresias escrito em 185 A.D., em defesa do cristianismo e contra o gnosticismo.

A Igreja do segundo século já era muito diferente daquela Igreja dos dias dos apóstolos. Era uma igreja sofredora e peregrina em meio a muitas perseguições, mas também cheia de testemunhos maravilhosos de perseverança, milagres e vitória. Deus levantou incontáveis heróis, irmãos e irmãs incógnitos que não apenas mantiveram a chama da glória da presença de Deus na Igreja, mas também a estenderam e levaram aos mais distantes rincões do velho Império Romano. Era uma Igreja viva, atuante e missionária em meio à sistemática perseguição. Ser cristão naqueles dias significava ter a certeza de ser um cidadão do Céu e estar preparado a perder os bens, a família e até a vida por amor do Senhor.

CAPÍTULO 7
AS PERSEGUIÇÕES SOB O IMPÉRIO ROMANO

"Se alguém renunciar ao cristianismo e mostrar a sua sinceridade, suplicando aos nossos deuses, alcançará o perdão pelo seu arrependimento." **Trajano**

Afirmando ser a única religião universal e atraindo mais convertidos entre os gregos e romanos do que entre os judeus, o cristianismo era considerado pelas autoridades romanas como um perigo para a religião do Estado. A recusa dos crentes em prestar homenagem ao imperador e sua estátua, tomar parte das festividades idólatras, sua aversão ao serviço militar e a sua íntima comunhão uns com os outros em frequentes reuniões os levou a se tornar suspeitos do crime imperdoável de conspiração contra o Estado. "*Hostes Caesarum et populi Romani*" — "Estes são inimigos dos Césares e do povo romano."

O povo comum, com suas ideias politeístas, irritava-se com os crentes, que eram adoradores de um só Deus, considerando-os ateus e inimigos dos deuses e da humanidade. Qualquer calamidade, como grande fome, seca ou peste, era atribuída à ira dos deuses pela negligência dos seus cultos pelos crentes. No norte da África

> **A ESPIRITUALIDADE APOSTÓLICA**
> Ninguém se coloca na caminhada sem que Jesus mesmo o chame primeiro. Por isso, o desejo de mudar a vida, de se tornar uma pessoa melhor e até mesmo se santificar para ser como como Cristo não acontece a partir de nossa iniciativa. É preciso ouvir seu chamado. Ao soar de sua voz, os discípulos não pensaram duas vezes: deixaram seus barcos, deixaram suas redes, deixaram suas casas, deixaram tudo para seguir incondicionalmente aquele que disse: "Vinde após mim" (Mt 4:19).

surgiu o provérbio: "Se Deus não mandar chuva, a culpa é dos cristãos." Quando havia qualquer calamidade, a população gritava: "Abaixo os ateus, lancem os crentes aos leões." Eram acusados de canibalismo devido à sua observância da Ceia do Senhor e acusados de imoralidade nas suas reuniões secretas. Às vezes, as perseguições eram iniciadas pelos sacerdotes, artífices, mercadores e outros que recebiam seu sustento pelos cultos idólatras e se sentiam prejudicados pelo decréscimo dos seus lucros.

As grandes perseguições

Além da memorável e horrenda perseguição sob o imperador Nero, considerada uma das maiores chacinas da História, houve uma sequência de importantes perseguições por parte do Estado romano e seus imperadores. Veja aqui as de maior impacto.

Sob Domiciano (81-96 A.D.)

Irmão de Tito e filho de Vespasiano, reinou 15 anos e foi assassinado em 96 A.D. Gostava de ser chamado "nosso senhor e deus". Não era um homem tão popular quanto seu pai e seu irmão. Reconhecendo que tinha inimigos no senado romano, executou um bom número de senadores.

O mais importante foi o primo do imperador Flávio Clemente, o cônsul, no ano 95 A.D. Ele e a esposa Domitila foram acusados de serem ateus. Este ateísmo parece ter sido uma mistura de judaísmo e ateísmo — certamente, o cristianismo. Há uma prova arqueológica de um cemitério cristão descoberto na Via Ardeatina, em Roma, chamado o Cemitério de Domitila. As inscrições provam que a terra pertencia a Flávia Domitila. Data do início do segundo século, e continuava a ser usada até o século 4.

Clemente foi morto junto com outros, e Domitila foi banida para a Ilha de Pandataria. O tratamento que esse casal recebeu tornou-se mais interessante à vista do fato de que Domiciano designou os dois filhos mais moços deles como seus herdeiros. Não se sabe o que aconteceu a esses filhos porque desapareceram da História. O cristianismo não era mais limitado à classe baixa da população romana, como o foi no tempo de Nero.

O ciúme contra os descendentes de Davi, que os ligava a Jesus, de acordo com a tradição, levou os inimigos a tentar destruí-los. Trouxe da Palestina a Roma dois bisnetos de Judas, o irmão de Jesus, viu a sua pobreza e a simplicidade rústica e ouviu sua explicação do Reino de Cristo como sendo invisível e para ser estabelecido na vinda do Senhor. Durante o reinado de Domiciano, João foi banido para Patmos, Timóteo foi martirizado e Clemente foi morto. Finalmente, durante o reinado de Nerva, de 18 meses, a Igreja ficou isenta de perseguição. Domitila e João foram restaurados do banimento.

Sob Trajano (98-117 A.D.)

Deixou os crentes tranquilos durante algum tempo, mas sendo levado a suspeitar deles, renovou a perseguição. Reviveu as leis rígidas contra os clubes secretos por causa das suas frequentes reuniões. Em 112 A.D., Trajano enviou Plínio à província de Bitínia para ser governador. Plínio transferia ao imperador qualquer caso duvidoso. A correspondência entre Trajano e Plínio revela a atitude de Trajano para com os crentes. Em uma das cartas, diz:

Estátua de Trajano em Roma.

Não se deve andar à procura dessa gente; se alguém renunciar ao cristianismo e mostrar a sua sinceridade, suplicando aos nossos deuses, alcançarão o perdão pelo seu arrependimento [...] Documentos anônimos que lhes são apresentados nunca devem receber sua atenção em qualquer caso. São um precedente mau, e não dignos do século atual. (KNIGHT, 1955, p. 20)

Entre os mártires importantes sob Trajano está Inácio de Antioquia. Foi enviado a Roma em cerca de 115 A.D. e lançado às feras na arena. Quando Inácio chegou à Roma, foi conduzido à arena, e na presença da multidão que enchia o teatro, tranquilamente esperou a morte. Quando o guarda dos leões veio soltá-los da jaula, o povo quase enlouqueceu, batiam palmas e gritavam com uma alegria brutal; mas o velho mártir conservou-se firme. "Sou", disse ele, "como o trigo debulhado de Cristo que precisa ser moído pelos dentes das feras antes de se tornar em pão."[15] O medonho espetáculo acabou depressa. Seus ossos foram levados a Antioquia como tesouro inestimável. Isso foi no ano 107 A.D. Inácio desejava selar seu testamento com seu próprio sangue.

Simeão, bispo de Jerusalém, foi acusado pelos judeus fanáticos e crucificado no ano 107 A.D. Tinha 127 anos. A Síria e a Palestina sofreram forte perseguição sob Trajano.

Sob Antônio Pio (138-161 A.D.)

O mais notável mártir no reinado de Antônio Pio foi Policarpo, bispo de Esmirna, em 155 ou 156 A.D., além de inúmeros outros crentes fiéis.

A ESPIRITUALIDADE APOSTÓLICA

A prontidão da caminhada não veio acompanhada do conhecimento do trajeto. Pouco ou quase nada sabiam os discípulos, o que iriam experimentar, tampouco que surpresas os aguardavam pelo caminho. O que importava, então, era seguir o Mestre, e isso podiam fazer. O restante dependia do próprio Jesus que os chamara. Ainda que possa parecer, não é um ato de irresponsabilidade nem um salto no escuro, mas uma resposta livre e consciente. É, também, uma resposta imediata e irresistível à voz de Jesus Cristo. Ninguém até então falara como ele; ninguém tampouco falou semelhantemente depois dele. Seguir a Cristo, portanto, é a única opção plausível quando se tem uma consciência do real sentido da vida e da existência humana.

Sob Marco Aurélio (161-180 A.D.)

Era justo, benigno e simpático, filósofo estoico bem instruído. Considerava o cristianismo uma superstição absurda e fanática. Fechou os ouvidos às apologias dirigidas a ele em prol dos crentes perseguidos. Provavelmente nunca leu qualquer palavra delas nem do Novo Testamento.

Busto do imperador Marco Aurélio.

O ano de 166 A.D. foi calamitoso (*annus calamitosus*), com pragas, fome, inundação, invasão bárbara além do Danúbio. Os que desprezavam o cristianismo acusavam os crentes de serem a causa. A mais notável perseguição de seu reinado começou na Gália, afetando as igrejas de Lyon e Viane, do Vale do Ródano.

Entre os mártires notáveis estão o bispo de Lyon, aos 90 anos. Uma heroína da ocasião foi uma moça chamada Blandina. Sua fidelidade serviu de estímulo para todos. Seus atormentadores ficaram exaustos na tentativa de fazê-la renunciar a Cristo e admitir que as acusações contra os crentes fossem verdadeiras. "Sou cristã", ela respondeu, "e não há maldade em nosso meio."

Justino Mártir foi morto em Roma no ano 166 A.D. Ele nasceu na Síria, era filósofo, mas sempre procurava mais luz. Um dia, andando pela praia a meditar, encontrou um homem velho que lhe explicou a falência da Filosofia e o aconselhou a ler as Escrituras Sagradas. Justino obedeceu a esse conselho e, por meio das Escrituras, achou a salvação. Escreveu dois livros: *Apologia*, para auxiliar os filósofos, e *Diálogos*, para convencer os judeus. Por isso, foi mais odiado. Foi acusado pelos filósofos perante o prefeito Rústico e condenado a morrer na quarta perseguição. Marco Aurélio era o imperador. Justino deu um testemunho tão brilhante na hora de sua morte que muitos se converteram.

Sob Sétimo Severo (193-211 A.D.)

Conhecido como "imperador-soldado", o primeiro de uma sucessão de imperadores militares, em 202 A.D. publicou um decreto proibindo o povo de se tornar judeu ou cristão. É o primeiro édito imperial proibindo a conversão ao cristianismo. A perseguição no Egito foi tão forte que muitos pensavam que fosse um sinal da vinda do último anticristo. Houve perseguição também em outras partes do império. Entre os mártires estão Leônidas, o pai de Orígenes que foi morto decapitado em Alexandria. Orígenes ainda moço queria acompanhar seu pai e morrer com ele. Foi impedido de ir porque sua mãe escondeu suas roupas.

Busto de Sétimo Severo, imperador de Roma

Em Cartago, duas mulheres da seita dos irmãos montanistas foram lançadas às feras na arena. Uma era Perpétua, uma distinta senhora que resistiu às súplicas de seu pai envelhecido e o apego a seu bebê nos braços. "Sacrificou os sentimentos profundos de uma filha e de uma mãe ao Senhor, o qual morreu por ela." "Poupa os cabelos brancos de seu pai, poupa o teu filhinho, oferece um sacrifício pela prosperidade do imperador", disse o procurador Hilariano. Mas ela respondeu: "Não oferecerei sacrifício algum."

A outra era uma escrava chamada Felicidade. As duas foram atadas juntas na arena, dando testemunho da fé cristã. Não se fez acepção de pessoas, não há classes, uma mulher distinta e uma escrava morrendo juntas pela fé.

Sob Máximo ou Maximino (235-238 A.D.)

Assassinou Alexandre Severo, o imperador que antes dele tratava os cristãos com bondade. Por causa desse terrível ódio a Alexandre Severo, mudou tanto quanto possível a política, e assim começou de novo a perseguição. O seu primeiro édito ordenava que fossem mortos os principais homens da Igreja. Não está claro se ele se referia a todo clero ou só aos bispos. Deu livre curso à plebe que se insurgia contra "os inimigos dos deuses", os cristãos. A turba foi estimulada também naquele tempo por um terremoto. Este imperador era um bárbaro que saqueava, inclusive, os próprios templos pagãos.

Sob Décio Trajano (249-251 A.D.)

No ano 250 A.D., publicou um édito reabilitando e impulsionando a religião do Estado. "Os cristãos não se submeteram ao decreto, por isso sofreram o confisco dos seus bens, exílio, prisão, trabalho nas minas, tortura, execução pelo fogo, animais ferozes e espada." Foram seus mártires os bispos Fabiano de Roma, Babilas de Antioquia e Alexandre de Jerusalém.

O édito de 250 a.D. obrigava todos a sacrificar aos deuses do Estado e obter um certificado dizendo que haviam realizado tal sacrifício. Durante as perseguições de Décio, Orígenes foi lançado numa masmorra, carregado com correntes, torturado e condenado à fogueira. A morte do imperador e o término da perseguição impediu o seu martírio no fogo, mas, quando libertado, morreu devido ao tratamento cruel que recebera na prisão no ano 253 ou 254 A.D.

Uma carta de Cipriano, bispo de Cartago, a seu amigo Donato (*Ad Donatum*) no ano 250 A.D., durante a perseguição sob Décio Trajano, diz:

> O mundo parece alegre, Donato, quando o vejo deste lindo jardim à sombra dessas vinhas. Mas, se eu subisse numa grande montanha e olhasse as extensas terras, você sabe muito bem o que eu veria: bandidos nas estradas, piratas nos mares, homens sendo assassinados nos anfiteatros para agradar as multidões, miséria, egoísmo e crueldade sob todos os tetos. É realmente um mundo mau, Donato. Um mundo terrivelmente mal. Apesar disso, encontrei pessoas pacíficas e santas. Elas descobriram uma alegria que é mil vezes melhor do que qualquer prazer desta vida de pecados. Elas são desprezadas e perseguidas, mas não se importam. Elas venceram o mundo. Estas pessoas, Donato, são os cristãos — eu sou um deles.

Sob Dioclesiano (284-305 A.D.)

A mais violenta das perseguições. Espalhou-se por todas as partes do império. A esposa e a filha dele eram cristãs. Foram obrigadas a sacrificar aos ídolos do Estado.

É interessante notar que a morte de todos os imperadores perseguidores foi horrível. Nero e Diocleciano suicidaram-se. Domiciano, Máximo e Aureliano foram assassinados. Décio morreu miseravelmente durante uma emboscada. Seu corpo foi presa de abutres e animais ferozes. Valeriano foi preso por Sapor, rei da Pérsia. Serviu de tamborete onde o monarca subia para montar o seu cavalo. Depois de sofrer durante sete anos, foram-lhe arrancados os olhos e foi esfolado vivo. Galério, um dos maiores perseguidores,

---

A ESPIRITUALIDADE APOSTÓLICA

A partir do momento que se diz "sim" ao chamado de Cristo para segui-lo, inicia-se aí o longo processo construtor e transformador de nossa vida na imagem daquele que nos chamou. Sua mensagem, seu projeto e até mesmo sua vida passam a ser relevantes para a nossa vida também, assumindo nossa missão no Reino. Como disse Paulo: "Ai de mim, se não pregar o Evangelho" (I Co 9:16).

foi acometido de uma doença horrível que o condenou a um contínuo sofrimento.

Os dois tipos de perseguidos: os confessores e os apóstatas

As ondas de perseguições causaram muitas controvérsias nas Igrejas. Havia entre os perseguidos aqueles que, diante das ameaças, confessaram a Cristo perante os magistrados pagãos, mas não foram executados. Havia os mártires, aqueles que sofreram todos os tipos de abuso e, finalmente, enfrentaram a morte. Nesse ambiente, houve também alguns irmãos, entre esses confessores e mártires, que desejavam muito ser martirizados e não foram. Tertuliano fala de um grupo de cristãos em Éfeso que suplicava do governador o martírio. Depois de executar alguns, mandou ir embora os outros, dizendo: "Miseráveis criaturas, se verdadeiramente quiserem morrer, temos abismos e cordas de enforcar suficientes."

Nem todos os crentes, entretanto, perseveravam firmes em face da perseguição. Muitos negaram a fé, "preferindo a vida terrena à celestial". Durante a perseguição diocleciana, uma nova classe de apóstatas surgiu, a dos traidores, os quais entregavam as Escrituras Sagradas para serem queimadas e negavam a fé.

Três foram os tipos de apóstatas:

- Aqueles que ofereceram incenso aos deuses (*sacrificati*).
- Aqueles que obtiveram falso testemunho da sua volta ao paganismo (*libellum*). Tertuliano relata com indignação que houve congregações que recorreram ao suborno para evitar a perseguição dos magistrados.
- Aqueles que entregaram os livros sagrados, traidores (*lapsi*). Geralmente esses apóstatas foram imediatamente excomungados, e em muitas igrejas foram recusados à restauração.

Nesse ambiente terrível, uma vez que os períodos de perseguição terminavam, era muito difícil reintegrar aqueles que haviam traído a fé. Em geral, as igrejas se recusavam a receber de volta os apóstatas.

Éditos de Tolerância

A perseguição sob Diocleciano, Máximo e Galério foi a última desesperada luta em favor do paganismo romano. A velha religião do Estado ficou completamente exausta. Diocleciano, no ano 303, proclamou três éditos, cada um mais forte do que o anterior. O quarto, por Máximo, no ano 304, obrigava a destruição dos locais de reunião cristãos, que as Escrituras fossem queimadas, que todos os cristãos fossem privados de todos os direitos civis e públicos e, sem exceção, sacrificassem aos deuses. A perseguição diocleciana foi a mais forte e durou mais tempo no Oriente sob o domínio de Galério e seu sobrinho, Máximo Daza. Galério proclamou um quinto édito de perseguição no outono, ano 308. Mandou que todos os homens, em conjunto com suas esposas, servos e filhos, sacrificassem e provassem os sacrifícios, e que todas as provisões nas feiras fossem aspergidas com o vinho do sacrifício, considerado impuro pelos crentes. Introduziu um reino de terror para os cristãos e não havia alternativa, a não ser apostasia, fuga ou morte pela fome.

Eusébio, que era testemunha ocular dessa perseguição em Cesareia, Tiro e no Egito, testifica que locais de reunião cristãs foram destruídos, as Escrituras foram queimadas, os pastores foram torturados e despedaçados nos anfiteatros, mas os cristãos cantavam hinos de louvor em honra do Deus poderoso até o último suspiro.

Galério, genro de Diocleciano e o verdadeiro autor da perseguição diocleciana, findou a horrível matança antes de sua morte com um édito em conjunto com Constantino e Licínio, no ano 311, dando permissão aos crentes para realizar seus cultos públicos na condição de que "nada fosse feito por eles contrário à disciplina". Aumentou o édito com a seguinte instrução aos crentes: "Depois dessa manifestação de graça, devem orar ao seu Deus pelo bem-estar dos imperadores, do Estado e por si mesmos, para que o Estado possa prosperar em todos os aspectos e para que eles mesmos possam viver sossegadamente em casa."[16] O cristianismo, durante esses séculos, permaneceu firme contra a oposição combinada do fanatismo

.....
16   SCHAFF, 1952, p. 44.

judaico, da filosofia grega e do poder romano, e finalmente triunfou sobre eles somente por forças puramente morais e espirituais. Não houve outra religião que pudesse triunfar assim. De acordo ainda com Schaff (1952, p. 70), "o martírio dos primeiros três séculos ainda permanece como um dos grandes fenômenos da História, e uma evidência da indestrutível natureza divina do cristianismo". Em todos os tempos, os cristãos têm sofrido perseguições, mas a diferença entre a perseguição dos primeiros três séculos e aquelas que se seguiram reside no fato de que em nenhum outro período da História foi negada a existência legal do cristianismo. Nesse período tão difícil, ser cristão era também um crime político. Para Schaff (1952, p. 80), "a importância do martírio antigo não depende tanto do número de vítimas ou da crueldade dos seus sofrimentos, mas no resultado final, ou seja, o triunfo da religião cristã".

As catacumbas

As catacumbas foram escavadas para os enterros regulares, e não, como muitos pensam, para abrigo dos cristãos durante as perseguições. Foram o resultado de tolerância, e não de perseguição. Construídas durante os primeiros três séculos de nossa era, nelas as cerimônias fúnebres eram realizadas. Serviam como um lugar de refúgio para os perseguidos que ali podiam realizar seus cultos particulares ou para um pequeno grupo de pessoas. Nunca serviram como lugar regular dos cultos durante as perseguições porque eram pequenas demais. A maior só podia acomodar vinte ou trinta pessoas. O uso devocional delas começou no período niceno. Quando deixaram de ser cemitério, tornaram-se lugares famosos para os peregrinos.

> **A ESPIRITUALIDADE APOSTÓLICA**
> Imitar a Cristo não é assumir a sua identidade nem sua autenticidade. João Batista, a voz do que clamava no deserto, parecia-se com Cristo, mas não era o Messias. Em resposta às dúvidas dos judeus de Jerusalém, respondeu: "Ele confessou e não negou: declarou abertamente: Não Sou o Cristo!" (Jo 1:20). A aparência pode até gerar dúvidas, confundir e levantar perguntas, mas ninguém, por mais que se pareça com Cristo, nunca será ele próprio. João não hesitou em dizer a verdade: "Eu sou a voz do que clama no deserto: endireitai o caminho do Senhor" (Jo 1:23).

Catacumba da Via Latina, em Roma.

Pequenas capelas foram construídas para a comemoração da memória dos mártires. São Jerônimo conta que, quando era aluno, no ano 350, junto com seus companheiros, iam todos os domingos aos sepulcros dos apóstolos e mártires. Na era atual, a investigação das catacumbas é um departamento importante da Arqueologia Cristã. A mais velha e mais conhecida é aquela chamada São Sebastião que fica na Via Ápia, ao Sul, um pouco mais de 3 quilômetros distante das muralhas da cidade de Roma. De acordo com a tradição, Paulo e Pedro foram sepultados ali. O valor das catacumbas está em mostrar a pureza, a simplicidade e a piedade da Igreja primitiva. Representam um quadro do cristianismo do período anterior ao niceno. Os símbolos e quadros mais característicos nas catacumbas são o bom pastor, o peixe e a videira, representando a ideia de Cristo e sua salvação como o único conforto nesta vida e na morte. Proclamam em símbolos e palavras a convicção da imortalidade da alma e da ressurreição do corpo. Essa é a principal lição doutrinária. Derramam luz sobre a expansão do cristianismo e a origem da arte cristã. Mostram que o número de crentes em Roma era maior do que muitos pensam. Não mostram o catolicismo romano nem o protestantismo moderno, mas o cristianismo pós-apostólico. Os quadros, os símbolos e as inscrições concordam com a literatura antenicena.

As catacumbas refutam a existência de várias doutrinas e práticas papais dos primeiros séculos da Igreja. Os próprios arqueólogos católicos romanos trouxeram à luz essa refutação.

Não parece ter sido costume geral colocar datas em sepulturas. Muitas delas, porém, dão os nomes dos cônsules romanos da época. A pedra mais antiga contendo a data consular parece ter sido erigida no ano 71 A.D. Outras datam dos anos 107 e 111 A.D. "As catacumbas são testemunhas vivas contra o romanismo, e provam que esse sistema não é puro nem primitivo."[17]

Mas isso não quer dizer que nenhum cristão foi enterrado nas catacumbas antes dessa data.

Withrow diz que, das 11 mil inscrições existentes, somente 1.384 possuem datas dos primeiros séculos (71 A.D.) até a primeira parte do século 6. Em geral, nada dão sobre o lugar do nascimento ou a pátria do falecido. "No índice do epitáfio de Squine, de 5 mil, somente 45 mencionam a nacionalidade. A razão pode ser porque a verdadeira pátria do crente está nos céus" (Hb 11:10,14-15). Milhares de sepulturas nada mais contêm do que um nome e algum símbolo de fé em Cristo ou de esperança na ressurreição. Poucas pessoas de alta cultura aceitaram a Cristo nos primeiros séculos da Igreja, e muitos não sabiam ler as inscrições. Portanto, para distinguir as sepulturas, usavam pinturas, símbolos ou sinais. Às vezes, indicavam a profissão por meio de um símbolo.

Os símbolos cristãos mais comuns eram:

- O peixe, formando as iniciais de Jesus Cristo, Filho de Deus, Salvador em grego.

......
17 SCOTT, 1923, p. 186.

- O monograma composto por X (Khi) e P (Rô), as duas letras iniciais do nome grego de Cristo. A letra grega Alfa (Δ) representando Cristo, que é o princípio de tudo.
- A pomba e o ramo de oliveira, simbolizando a paz.
- A cruz com duas linhas em cruz recordava toda a história da Paixão nos símbolos primitivos. A âncora, simbolizando esperança e segurança.

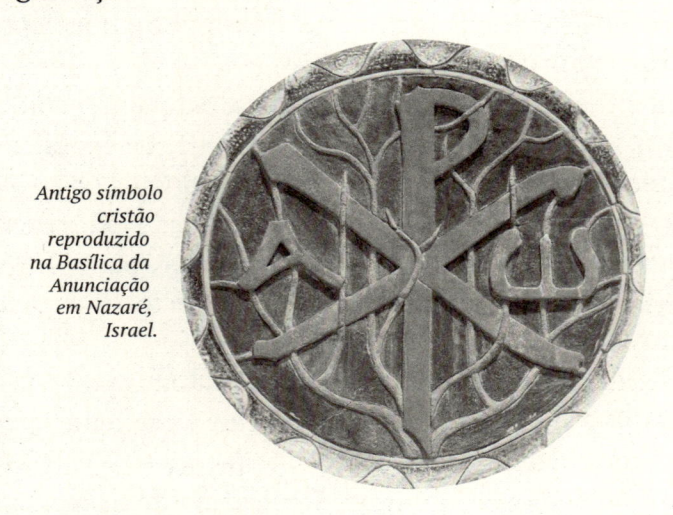

Antigo símbolo cristão reproduzido na Basílica da Anunciação em Nazaré, Israel.

As catacumbas representam o grande drama da redenção desde a queda do homem até a sua restauração por meio do homem maior, Jesus Cristo. Roma subterrânea é maior em extensão do que a moderna dos Césares. Segundo Scott (1923, p. 77), "calcula-se que as catacumbas concedam espaço para perto de 4 milhões de sepulturas". Trata-se de uma cidade muito antiga, cuja população passava de 1 milhão de pessoas.

Os apologistas

Os apologistas do segundo século eram escritores cristãos que defenderam a fé cristã contra as falsas acusações e calúnias lançadas pelos inimigos da Igreja. A Ceia do Senhor foi mal interpretada como canibalismo, e a afeição e o amor entre os crentes foram confundidos com imoralidade. A verdadeira Igreja foi sempre destinada a ser mal interpretada e caluniada. Quando ela é aplaudida e popular, pode estar em decadência.

Com as pesadas perseguições, constantes ameaças do império e do paganismo contra os cristãos, tornou-se necessário articular de forma clara, convincente e lógica todos os argumentos da fé cristã. Os apologistas dirigiram seus escritos aos imperadores romanos na tentativa de mudar a atitude deles para com o cristianismo. Apelavam principalmente à inteligência. Alguns dos escritos foram dirigidos aos judeus e aos filósofos gregos.

A literatura começou no reinado de Adriano, no segundo século da Era Cristã. O argumento central da apologia (ou defesa da fé) era combater as acusações falsas contra os crentes, a atitude hostil do governo romano para com os cristãos e tentar mudar a opinião dos imperadores para com o cristianismo.

As apologias mais importantes são a de Quadrato, provavelmente um cristão de Atenas. Apresentou, aproximadamente no ano 125 A.D., uma defesa do cristianismo ao imperador Adriano. Somente fragmentos desse escrito existem atualmente. Outro foi Aristides, filósofo ateniense cristão, que dirigiu apelo semelhante ao imperador Antônio Pio por volta do ano 140 A.D. Em maior parte, ocupa-se com a exposição da ideia cristã de Deus e de Cristo e do plano de salvação, comparando-os com as religiões pagãs.

Para Newman (1903, p. 24), é "a defesa mais nobre do cristianismo jamais escrita". É assim que podemos considerar sobre a importância dos apologistas. Justino Mártir escreveu a mais famosa dessas defesas, *Apologia*, provavelmente em Roma, cerca de 153 A.D. Foi dirigida ao imperador Antônio Pio. Um pouco mais tarde, provavelmente durante sua visita a Éfeso, escreveu seu *Diálogo com Trifo*, defendendo a causa cristã contra as oposições dos judeus. Taciano, discípulo de Justino Mártir, combinou os quatro evangelhos num escrito chamado

> **A ESPIRITUALIDADE APOSTÓLICA**
> João Batista não era o Cristo, mas se parceria com ele. Somos formados nessa aparência ou semelhança, e não há como ofuscar tamanha verossimilhança, a ponto de as mulheres do Sinédrio acharem que Pedro se parecia com Jesus: "Você também estava com Jesus, o galileu [...] Este homem estava com Jesus, o Nazareno [...] Certamente você é um deles! O seu modo de falar o denuncia" (Mt 26:69,71,73).

Diatessaron. Melito, bispo de Sardes, escreveu e dirigiu sua apologia a Marco Aurélio provavelmente em 177 (A.D.) Somos devedores a Melito pela primeira lista cristã das Escrituras hebraicas. As expressões "os livros antigos", "os livros da Antiga Aliança" implicam que a Igreja possuía um cânone do Antigo Testamento.

Pouco se sabe a respeito de Atenágoras. Sua defesa foi composta em 177 (A.D,) e seguiu até o dia atual. Foi dirigida a Marco Aurélio e Cômodo. A apologia se divide em três partes: mostra que os crentes não devem ser condenados sem um julgamento justo quando são inocentes de todo crime; apresenta argumentos pela veracidade do cristianismo; e descreve a adoração e o culto dos cristãos.

O último dos mais importantes apologistas foi Tertuliano de Cartago, que escreveu no fim do século 2 dirigindo-se aos governadores romanos na defesa do cristianismo.

O conteúdo das apologias

Havia três principais pontos de vista apresentados nas apologias:

- Os argumentos defensivos contra as objeções dos judeus. Por exemplo, em resposta à acusação de que o cristianismo é uma apostasia da religião judaica, os apologistas afirmavam que as cerimônias e os ritos da Lei mosaica eram temporários e símbolos do cristianismo, e que os preceitos no Decálogo eram guardados, no profundo sentido espiritual, somente pelos cristãos.
- Em resposta à acusação de que a forma de servo de Jesus de Nazaré e sua morte na cruz contrariou a ideia do Messias apresentado no Antigo Testamento, eles insistiram que a aparição do Messias devia ser considerada num aspecto duplo, primeiro como servo, depois na sua glória.
- Contra as objeções do paganismo, por exemplo, o ataque contra os milagres no cristianismo foi refutado pela indicação de um elemento semelhante à mitologia pagã. À acusação de imoralidade e de vícios secretos, eles podiam responder com indignação justa,

sendo que o Novo Testamento contém a moralidade mais nobre e pura, e a conduta dos crentes era muito melhor do que a dos pagãos.

Houve também argumentos agressivos que apresentaram evidências contra o judaísmo e o paganismo. Nesses, as profecias do Antigo Testamento, bem como os símbolos, são cumpridos em Cristo, como a destruição de Jerusalém, na qual o judaísmo foi condenado e o cristianismo, vindicado pelo próprio Deus.

Entre os argumentos positivos como demonstração da divindade da nova religião estão o cumprimento das profecias e os tipos ou símbolos do Antigo Testamento cumpridos no Novo Testamento; a apresentação dos eventos miraculosos; uma apresentação do efeito moral do cristianismo sobre os seus aderentes; a expansão rápida do cristianismo; a natureza razoável e lógica da fé cristã.

Finalmente, as apologias concordam com tudo o que é verdadeiro e afirmam que a verdade não depende necessariamente da faculdade racional do homem.

Avaliação dos apologistas

O propósito imediato dos apologistas falhou. Os imperadores não mudaram sua atitude para com os crentes. Sua tentativa de provar a natureza razoável do cristianismo também falhou. Entretanto, fizeram algo muito positivo para o cristianismo internamente, pois seus escritos deram origem a uma Teologia Sistemática como resultado, por exemplo, dos escritos de Justino Mártir. O trabalho dos apologistas mostra que o cristianismo estava alcançando alguns elementos intelectuais da sociedade e a sua obra obteve grande valor nos círculos cristãos porque

> **A ESPIRITUALIDADE APOSTÓLICA**
> A imitação de Cristo é oriunda de uma vida totalmente imersa nele e em seus ensinamentos e princípios, que aos poucos vão tomando conta de nós, do nosso consciente, do nosso pensar e de nossa visão, até se tornarem intrínsecos à nossa maneira de viver. Tornam-se igualmente nossos valores de vida, às vezes imperceptíveis a nós mesmos. Nesse novo modo de ser, desempenhamos um viver diário prático e, consequentemente, pautado pelo modelo de Jesus Cristo.

fortalecia suas convicções quanto à nobreza da causa que defendiam com tanto zelo.

Um escrito apologético: Epístola a Diognetus

O texto abaixo é anônimo e foi escrito em meados do século 2. Tal documento nos revela percepções sobre os cristãos:

> Os cristãos não são distinguidos do resto da humanidade pela nacionalidade, pela língua ou pelo costume. Não moram em cidades à parte que sejam suas próprias nem falam um dialeto diferente nem praticam um modo de viver extraordinário. Nem ainda possuem qualquer invenção descoberta pela inteligência ou estudo de homens engenhosos. Nem são mestres de um dogma humano, como alguns são. Eles moram em cidades dos gregos ou bárbaros segundo cai a sorte de cada um e seguem os costumes locais quanto a veste, comida e outros detalhes da vida diária.
> Todavia, a Constituição de sua própria forma de governo é notável e paradoxal. Eles moram nas suas cidades, mas somente como peregrinos; carregam sua parte em todas as coisas como cidadãos, mas sofrem as adversidades como estrangeiros. Toda terra estrangeira é seu lar e todo lar, estrangeiro [...] Vivem na terra, mas sua cidadania está nos céus [...] Eles amam a todos e são perseguidos por todos [...]Em uma palavra, o que a alma é para o corpo, os cristãos são para o mundo. A alma permeia todos os membros do corpo, e os cristãos estão espalhados por várias cidades do mundo. Como a alma habita o corpo, mas não é do corpo, assim os cristãos habitam no mundo, mas não são do mundo [...] A alma é fechada no corpo, todavia sustenta o corpo; assim os cristãos estão fechados no mundo, todavia sustentam o mundo. A alma imortal, em si mesma, habita num tabernáculo mortal; assim os cristãos peregrinam no meio de coisas corruptíveis enquanto esperam a incorruptibilidade que está nos céus. A alma torna-se mais forte quando é maltratada quanto à comida e bebida; assim os cristãos, quando perseguidos, aumentam cada dia mais.

CAPÍTULO 8
A ANTIGA IGREJA CATÓLICA

"Todas as igrejas têm de concordar com Roma porque lá a tradição apostólica tem sido fielmente preservada, como nas outras igrejas apostólicas." **Irineu**

A popularidade do gnosticismo, os ensinos de Marcião e o movimento montanista obrigaram os cristãos a desenvolver uma organização mais firme e dar mais ênfase à classificação e formulação da sua fé. O resultado foi uma Igreja mais fortemente consolidada, que é geralmente chamada "antiga Igreja Católica". Suas características se desenvolveram entre os anos 160 e 190 A.D.

No fim do século 2, a palavra "católico" foi mais e mais aplicada à Igreja, significando, ao mesmo tempo, universal e ortodoxa. O motivo dessa reação vinha do desejo de unir todos os crentes numa comunhão comum; a preservação, transmissão e expansão do Evangelho na sua pureza para que os homens pudessem entrar na vida abundante que ele oferece e, finalmente, unir todos os crentes num Corpo de Cristo visível. Para fazer isso, resolveram voltar aos ensinos de Cristo e determinar seu caráter, seus ensinos, descobrindo o que foi dito pelos apóstolos, os discípulos íntimos de Cristo, os quais foram comissionados por ele para perpetuar e transmitir os seus ensinos. Infelizmente, por outro lado, isso representou um maior afastamento da simplicidade e da vida original do cristianismo primitivo. Além disso, o que era organismo vivo foi se tornando uma organização rígida.

Três foram os meios usados para determinar essas questões:

- Descobrir as linhas dos bispos que vinham diretamente como sucessores dos apóstolos, os transmissores dos ensinos apostólicos.

- Decidir quais foram os escritos dos apóstolos ou aqueles que continham seus ensinos e formular uma coleção autorizada.
- Formular claramente e brevemente os ensinos dos apóstolos num credo para que os crentes, até os indoutos, pudessem entender a significação da fé cristã, especialmente nos pontos nos quais a Igreja diferenciava-se do gnosticismo e do marcionismo.

Os resultados foram uma forte organização episcopal, o estabelecimento de uma "sucessão apostólica", a definição do Cânone do Novo Testamento e o Credo Apostólico.

O Credo Apostólico

Alguma forma de instrução antes do batismo era comum em meados do século 2. Foi desenvolvida em Roma, aparentemente, no período de 150-175 A.D., numa explicação da fórmula batismal de Mateus 28:19. É a forma mais antiga do Credo Apostólico. Todas as igrejas no Ocidente receberam este credo de Roma, e na época de Tertuliano, é o que se ensinava. É considerado como um sumário da doutrina apostólica mais simples. De acordo com Walker (1918, p. 61), sua forma original é a que se segue:

> Creio em Deus pai, Todo-Poderoso, e em Cristo Jesus, seu Filho Unigênito, nosso Senhor, que nasceu do Espírito Santo e da virgem Maria, foi crucificado sob o poder de Pôncio Pilatos e sepultado; ao terceiro dia, ressurgiu da morte, subiu ao Céu e está sentado à destra do Pai, donde virá para julgar os vivos e os mortos; e no Espírito Santo, na santa Igreja, no perdão dos pecados e na ressurreição da carne.

As palavras principais do Credo Apostólico e o mandamento de Jesus aos seus discípulos após sua ressurreição são uma expressão clara dos ensinos dos apóstolos. O estabelecimento do Credo Apostólico não foi um erro. Naquelas poucas palavras — Pai, Filho e Espírito Santo — há um sumário do que era central para o cristianismo naqueles dias. Na forma proposta, é pós-apostólica, mas seu conteúdo e espírito ainda são apostólicos. É o único credo ecumênico do Ocidente, como o Credo Niceno é o único credo do Oriente. É produto de inspiração e zelo doutrinário.

O estabelecimento do cânone e o conceito das "Escrituras Sagradas"

A palavra "cânone" vem da palavra grega *kanon* (κανών), significando uma "vara de medir" ou "uma regra". Essa é a palavra dada pelos pais da Igreja primitiva àquele conjunto dos primeiros escritos apostólicos que seriam a "vara de medir" ou a "regra" pela qual se avaliaria todas as outras revelações e os escritos, especialmente aqueles dos gnósticos cismáticos. Por causa da circulação de certos evangelhos e epístolas gnósticas, Irineu insistiu que o teste da validade de qualquer escrito "inspirado" seria se ele foi ou não escrito pelos apóstolos ou por homens muito próximos deles. A esses escritos, Irineu chamou "Escritura". Tertuliano refere-se a esses mesmos escritos como o "Novo Testamento", que ele considera como igual ao Antigo em relação à inspiração divina.

Por volta do ano 200 A.D., a cristandade ocidental já tinha reconhecido um cânone neotestamentário basicamente incluindo Mateus, Marcos, Lucas, João, Atos, I e II Coríntios, Efésios, Filipenses, Colossenses, Gálatas, I e II Tessalonicenses, Romanos, Filemon, Tito, I e II Timóteo, Judas, I e II João e Apocalipse de Pedro. No entanto, desenvolvimento na sua forma final, como conhecemos hoje, deu-se no ano 400 na parte latina da Igreja, e um pouco mais tarde no lado grego.

Havia três critérios requeridos para que um livro fosse incluído no cânon do Novo Testamento:

1. Era necessário que o livro tivesse sido escrito por um apóstolo ou por um discípulo direto dos apóstolos.
2. Que tivesse circulação universal, isto é, estivesse presente em todas as igrejas.
3. Que tivesse aceitação universal, isto é, fosse aceito e lido em todas as igrejas.

Desde o início, a Igreja considerava o Antigo Testamento como Escritura Sagrada. Os evangelhos e as cartas de Paulo eram considerados de muito valor, e eram lidas nas assembleias cristãs, mas, no começo, não tinham autoridade bíblica. Por exemplo, Clemente de Roma (93-97 A.D.) cita continuamente o Antigo Testamento como a Palavra divina e frequentemente usa as palavras do Novo Testamento, mas em nenhum lugar as considera divinas.

A primeira menção ou designação de uma passagem dos Evangelhos como Escritura foi por volta de 131 A.D. por Barnabé, e uma citação das cartas de Paulo por Policarpo, cerca de 110-117 A.D. Parece que a autoridade dos quatro evangelhos já era aceita na última parte do século 2. Escrevendo nesse tempo e reconhecendo que alguns duvidaram da inspiração do Evangelho de João, Irineu afirmou fortemente que há quatro evangelhos, não mais e não menos. Parece que os evangelhos foram os primeiros livros que conseguiram um reconhecimento pleno, e então, as cartas de Paulo. A primeira sugestão da formação do cânone do Novo Testamento se encontra no livro bíblico de II Pedro 3:15.

Já observamos que Marcião foi o primeiro a fazer sua coleção dos escritos cristãos, o Evangelho de Lucas e algumas cartas de Paulo revisados de acordo com suas próprias convicções. Todavia, o cânone herético de Marcião implicava a existência de um cânone ortodoxo já naquele tempo.

Pelo ano 200 A.D., o cristianismo ocidental possuía um cânone do Novo Testamento incluindo Mateus, Marcos, Lucas, João, Atos, I e II Coríntios, Efésios,

> **A ESPIRITUALIDADE APOSTÓLICA**
>
> A dinâmica da imitação é envolvente e transformadora. Inicia-se com a chamada para seguir Jesus. Requer imediato rompimento das redes que nos amarram, abre-nos a visão para uma nova possibilidade de ser. Um olhar para frente não deixa espaço para retroceder ao ponto de partida. Imitar a Cristo é abrir-se ao desconhecido, abraçar o inusitado, praticar uma vida pautada pela presença do Mestre, usufruindo sua intimidade. É um caminhar diário, sempre ao seu lado, observando a maneira como ele realiza sua obra. É engajar-se com ele na proclamação do Evangelho, experimentando contradições, contemplando muito além do que se pode imaginar e ver na realização de sua missão a nós confiada.

Filemon, Tito, I e II Timóteo, Judas, I e II João, Apocalipse e o chamado Apocalipse de Pedro. No Oriente, o desenvolvimento do cânone foi um pouco mais devagar. A primeira lista que chegou a nós dos 27 livros, que inclui somente aqueles que aparecem em nosso Novo Testamento, é uma carta escrita por Atanásio, bispo de Alexandria, no ano 367. Foi muito tempo depois disso que houve uma lista universalmente aceita por todos os líderes da Igreja.

A primeira definição expressa do cânone do Novo Testamento na forma que existe hoje veio de dois sínodos realizados no norte da África em 393, em Hipona, e 397, em Cartago, na presença de Agostinho, que influenciou profundamente as questões teológicas de seu século. Parece que, naquele tempo, a Igreja chegava a ser quase unânime a respeito do número de livros canônicos, portanto não foram necessários a ratificação e o decreto formal de um Concílio Geral. Na Igreja Oriental, o Concílio de Laodiceia, em 363, aceita uma lista dos livros do Novo Testamento, exceto de Apocalipse. Tertuliano foi o primeiro a usar a expressão Novo Testamento.

A sucessão apostólica

No último quarto do século 2, Irineu afirmou claramente e fortemente a razão para a sucessão apostólica. Na sua mocidade, tinha estado com Policarpo, bispo de Esmirna, o qual, de acordo com ele, foi instruído pelos apóstolos. Chegando a Gália, Irineu tornou-se bispo de Lyon. Escreveu um tratado sobre as heresias, descrevendo-as e refutando-as por meio do que ele considerava a fé verdadeira. Insistia que os apóstolos tinham transferido fielmente e exatamente o que Cristo lhes ensinara, não como os hereges afirmavam, misturando-o com ideias estranhas. Enfatizava que os apóstolos nomearam bispos como sucessores, os quais foram entregues às igrejas.

Esses bispos receberam dos apóstolos os verdadeiros ensinos de Cristo. Foram seguidos por outros numa linhagem contínua os quais garantiam o ensino apostólico puro. Sugeriu que podia dar uma lista de todos os bispos de todas as igrejas, mas, por falta de espaço, escolheu a Igreja de Roma, que, disse ele, foi organizada por Paulo e Pedro. Eles então nomearam Linus.

Linus foi seguido por eles numa linhagem contínua até o 12º, o qual foi bispo, enquanto o livro estava sendo composto. Essa perigosa ideia tem um lado muito problemático. Depois que as tradições pagãs começaram a ser introduzidas na Igreja e legitimadas pelos concílios, esta tornou-se refratária a qualquer reforma sob o argumento dessa presumida "autoridade apostólica".

Essa mesma autoridade, no futuro, negaria os fundamentos das mesmas Escrituras Sagradas estabelecidos por ela. Para todas as igrejas que procedem da Reforma, a verdadeira autoridade apostólica vem exclusivamente das Escrituras Sagradas. São elas que possuem a origem direta no ensino dos apóstolos e sustentam a tradição mais antiga e pura, portanto, legítima. É incoerente falar em tradição quando, na verdade, há um acúmulo de práticas completamente contrárias à pureza original do cristianismo. Não se pode, portanto, chamar de tradição apostólica todo o entulho pagão, o folclore, as práticas supersticiosas e os absurdos que foram sendo adicionados posteriormente.

Contra os gnósticos, Irineu escreveu, no ano de 185 A.D., que os apóstolos não começaram a pregar antes de receber "perfeito conhecimento" do Evangelho. Sua doutrina está nos evangelhos de Mateus e João, escritos diretamente por eles, os apóstolos. O Evangelho de Marcos contém a mensagem de Pedro e o de Lucas, a de Paulo.

Segundo Irineu, nos evangelhos nada há que dê apoio ao gnosticismo. Mas, mesmo assim, o gnosticismo respondia que, além desse ensino público dos evangelhos, havia a instrução de uma viva voz, uma "sabedoria entre os perfeitos" da qual apenas o gnosticismo era herdeiro. Isso Irineu negou. E dizia que, se tivesse existido essa instrução particular, os apóstolos teriam transmitido aos seus sucessores no governo da Igreja.

Nessas igrejas fundadas pelos apóstolos, o ensino apostólico tinha sido perfeitamente preservado, e a sua transmissão foi garantida pela sucessão perfeita dos bispos, de acordo com Walker (1918, p. 60). "Ide, pois a Roma, ou a Esmirna, ou a Éfeso, e ouvi o que se ensina nessas igrejas. Não há neles nada de gnosticismo. Todas as igrejas têm de concordar com Roma porque lá a tradição apostólica tem sido fielmente preservada, como nas outras igrejas apostólicas."

Eusébio, o historiador, fornece listas de bispos de várias igrejas. Tudo isso nos mostra que a convicção dos líderes da Igreja foi a de que a sucessão de bispos numa linha reta dos apóstolos era a garantia de que o Evangelho havia sido conservado e transmitido para a preservação da Igreja Católica. Tertuliano afirma que somente aquelas igrejas são válidas, onde a fé tem sido conservada pura pela sucessão de bispos, originando nos apóstolos.

Cipriano, bispo de Cartago, diz que há uma só Igreja, que o episcopado fundado sobre a rocha por Cristo reside na Igreja e a Igreja no bispo, e aquele que não concorda com o bispo não faz parte da Igreja. Cipriano afirma que aquele que não é membro da Igreja visível não é cristão, e fora da igreja não há salvação.

Nesses mesmos escritos diz-se que se deve preservar tudo o que foi ensinado pelos apóstolos nas Escrituras Sagradas. Isso provocará uma clara contradição no futuro entre essas Escrituras e as tradições pagãs que vão sendo assimiladas na Igreja Católica Romana. Portanto, a palavra "ortodoxia" será vista de modo diferente no futuro entre católicos e protestantes. Um escritor fez um sumário da diferença entre Igreja Apostólica e a antiga Igreja Católica: "Por volta do ano 50 A.D., pertencia à Igreja todo aquele que havia recebido o batismo e o Espírito Santo e chamava a Jesus 'Senhor'; por volta do ano 180 A.D., todo aquele que reconhecia a regra da fé ou credo, o cânone do Novo Testamento e a autoridade dos bispos."[18] Assim, como resultado da luta contra o gnosticismo, marcionismo e montanismo, surgiu a antiga Igreja Católica com sua organização episcopal, com sua sucessão apostólica, uma regra

> **A ESPIRITUALIDADE APOSTÓLICA**
> Foram poucos anos de convivência dos discípulos com Jesus. Apenas três anos de caminhada. Mesmo assim, porém, foi intensa, na qual aprenderam todo o necessário para a missão. Na caminhada, formaram-se apóstolos. Nesta estrada, aprenderam um pouco de tudo que precisavam saber, mesmo que por ensaio e erro. Foram lapidados em colunas para a formação de uma Igreja prevalecente jamais pensada.

.....
18 WALKER, 1918, p. 60.

definitiva da fé, o Credo Apostólico, e o Cânon autorizado, o Novo Testamento. Aquela era a Igreja de Jesus Cristo vivendo todas essas contradições, pressões, dificuldades e perseguições.

Infelizmente, o argumento da sucessão apostólica com o objetivo de manter a tradição original dos apóstolos e das Escrituras canônicas será evocado mais tarde pelo romanismo a fim de justificar todo tipo de práticas estranhas, não ortodoxas e chamar de tradição o que nem de longe se praticava nas igrejas do primeiro século.

A tendência de distinção entre clérigos e leigos

As fontes historiográficas para a História do cristianismo do segundo século são basicamente as correspondências e os escritos dos homens chamados "pais pós-apostólicos". Entre eles destacamos Policarpo, Clemente e Inácio. A tendência de distinção entre clero e o laicato já aparece claramente nos seus escritos, o que infelizmente interfere no sacerdócio de cada crente e acabará sendo sufocado cada vez mais pela Igreja.

O entendimento de Policarpo (110-117 A.D.) acerca do governo da Igreja é o mesmo de Clemente. Ele também sugere a obediência aos escritos e à "sabedoria do ungido e célebre Paulo". Tal apelo tornou-se o próximo fundamento para a formulação de um cânone dos escritos do Novo Testamento. Ele, como Clemente, reconhece apenas diáconos e anciãos na Igreja, entretanto também os chama mais tarde de "sacerdotes" (Epístola aos Filipenses 2:13), indicando, assim, uma sutil distinção entre clérigos e leigos. Inácio (110-115 A.D.) diferiu amplamente de Clemente e Policarpo. Ele defendeu o episcopado, ofício de um único bispo que seria um irmão principal dentro de cada igreja, como o melhor meio de manter a saúde e unidade da Igreja face ao assalto das heresias que a dividiam. Inácio queria que o "episcopado" tivesse um incontestável controle sobre as igrejas locais. Ele não viu isso em nenhuma outra igreja além de sua própria, mas, mesmo assim, enfatizou as virtudes do episcopado monárquico, ou seja, um bispo único, tão forte quanto possível.

Aos efésios, Inácio escreve que "sejam sujeitos ao seu bispo, no caso Onésimo, que escolhera entre outros anciãos e a quem ele mesmo atribuiu supremacia como bispo sobre os demais". Esse era, sem dúvida, um grave desvio do entendimento apostólico.

Ainda em outra matéria, Inácio escreve aos efésios revelando sua forte convicção a respeito dos sacramentos de "nosso Deus Jesus Cristo [...] nascido e batizado, que, através de sua paixão, pôde purificar a água para a lavagem do pecado" (Epístola aos Efésios 4:9). Ele depois ordena aos efésios: "Obedeçam [...] a seu bispo e o presbitério com inteira afeição; partam o mesmo pão, o qual é o remédio contra a imoralidade; nosso antídoto para que não morramos, mas vivamos para sempre em Cristo Jesus" (Epístola aos Efésios 4:16). Em matéria de Cristologia, Inácio vê Jesus como o "inseparável Espírito de Deus" (Epístola aos Magnesianos 4:12), "o qual procede de um Pai, e existe em um, e está de volta a um" (Epístola aos Magnesianos 2:11), ele próprio, "o Pai, antes de todas as eras, apareceu no fim a nós" (Epístola aos Magnesianos 2:5). Inácio, como Barnabé, afirma que no cristianismo "não se observa os sábados, mas guarda-se o dia do Senhor, no qual também nossa vida é elevada por ele" (Epístola aos Magnesianos 3:3).

Inácio, escrevendo a Esmirna, foi o primeiro a chamar a igreja de "Igreja católica" (Epístola aos Esmirneus 3:4), significando "a igreja universal". Ele depois adverte aos esmirneus que "não é lícito, sem o bispo, batizar nem celebrar a Santa Comunhão". Assim, ele veio a ser o primeiro a fazer tão ampla distinção entre o "clero", apenas alguns escolhidos, e os "leigos", a massa de crentes. A ênfase de Inácio no "bispo único" era tão fora do espírito do cristianismo primitivo que alguns historiadores da Igreja atualmente questionam a autenticidade desses documentos. O aparecimento mais gradual dessa distinção entre clero e laicato começou já a ocorrer no fim do primeiro século.

No início do segundo século, as igrejas locais possuíam anciãos e diáconos que apascentavam e dirigiam o trabalho da congregação. O ensino, a pregação e a ministração dos sacramentos eram conduzidos pelo "homem que tinha o dom" na congregação. Um ancião podia tanto ensinar e pregar quanto ministrar os sacramentos, mas ele o fazia não porque era "ancião", mas porque era reconhecido como tendo "o dom". Porém, a falta geral de confiança nos dons especiais do Espírito, um desejo de mais ordem e uma urgente proteção contra as heresias resultaram na transferência gradual da pregação, do ensino e da ministração dos sacramentos ao "homem com o dom", ou seja, para "o ancião". As funções oficiais eram agora executadas apenas pelo ancião. O ministério da palavra e os sacramentos tornaram-se oficiais, mais uma clara distinção entre clero e laicato.

Durante os séculos 2 e 3, outra importante mudança aconteceu. Ao invés de o governo estar com um grupo de anciãos, as igrejas locais foram encabeçadas por um único homem, para o qual o nome "bispo" foi exclusivamente reservado. A presença do bispo agora era essencial para a validade de qualquer ato da congregação. De fato, sem o bispo não havia igreja, e qualquer pessoa que desejasse tornar-se cristã precisava sujeitar-se ao bispo. Fora dessa Igreja, a Igreja dos bispos, não havia salvação. É a Igreja Episcopal, sem apóstolos, nas mãos de um único homem.

A homens como Inácio, que, em suas próprias palavras, amou e serviu pessoalmente a Jesus Cristo, podemos atribuir, entretanto, algumas sementes de erro que surgiram numa honesta tentativa de conter o gnosticismo. Contudo, esses desvios cresceram nos séculos seguintes e produziram um fruto muito amargo. Talvez na ausência do Espírito Santo, isso era o melhor que aqueles homens poderiam fazer naquelas circunstâncias. Aqueles homens permaneceram como folhas verdes num tempo de seca e pouca luz.

> **A ESPIRITUALIDADE APOSTÓLICA**
> Os discípulos não foram escolhidos porque estavam prontos pra seguir a Cristo, pelo contrário: eram homens simples, de pouco conhecimento e de nenhuma experiência ministerial. Mas a abertura e a prontidão de seu coração em dizer "sim" a Jesus abriu para eles as portas para que sua formação discipular acontecesse.

CAPÍTULO 9
OS TEÓLOGOS DO OCIDENTE E DO ORIENTE

"Não é possível que tenha Deus por Pai aquele que não tem a Igreja por sua mãe. A Igreja é constituída por bispos, e todos os atos da Igreja são controlados por esses líderes. Aquele que não está com o bispo não está na Igreja." **Cipriano**

Os Pais Católicos Primitivos (175-325) apresentam duas teologias já a partir dos séculos 2 e 3, com uma clara diferença no pensamento teológico entre a mentalidade grega e a romana ou latina — um prelúdio da divisão final entre as igrejas gregas e as igrejas latinas que aconteceria posteriormente.

A teologia latina, representada principalmente por Tertuliano e seu sucessor, Cipriano, ambos de Cartago, no norte da África, tendia a ser mais prática, tratando da Igreja e da salvação, sendo também mais hostil ao gnosticismo e a filosofias mundanas em geral. Por outro lado, a teologia grega, representada pela escola alexandrina de Clemente e Orígenes, foi mais filosófica e idealística, tratando mais com as doutrinas de Cristologia e a encarnação, procurando interpretar o gnosticismo à luz da ortodoxia cristã.

A divisão dos escritos patrísticos em três períodos é normalmente feita, para fins didáticos, desta forma:

- Período anteniceno: corresponde ao período anterior ao concílio ecumênico de Niceia (324). Compreende os escritos surgidos entre o século 1 e o início do século 4.
- Período niceno: imediatamente posterior ao concílio ecumênico de Niceia (324). Geralmente compreende os escritos surgidos entre o início e o fim do século 4.
- Período pós-niceno: corresponde ao período entre os séculos 5 e 8.

A Escola Latina

Um dos maiores representantes da chamada patrística antenicena é Tertuliano (155-225 A.D.) Ele nasceu em Cartago de pais pagãos em 150 A.D., e é chamado o "pai da Teologia latina". Estudou Direito em Roma e ali praticava sua profissão. Era bem instruído em Filosofia e História e fluente no grego. Converteu-se entre 190 e 195 A.D., provavelmente em Roma, e começou a estudar com zelo a literatura cristã ortodoxa e as heresias. Logo depois da sua conversão, voltou a Cartago onde tornou-se bispo, e permaneceu ali até a sua morte (222-225 A.D.) No começo, mantinha comunhão com a Igreja, mas, durante a perseguição sob Sétimo Severo (202 A.D.), começou a aderir ao montanismo. Em 207 A.D., rompeu com a Igreja Católica, a qual criticou até sua morte.

Em função de sua queixa quanto ao declínio moral da Igreja de Roma e a exigência de proeminência sobre toda a cristandade, Tertuliano foi se afastando dela. Depois disso, uniu-se à puritana e ortodoxa seita carismática dos montanistas na passagem do segundo para o terceiro século. Ao mesmo tempo, começou sua extensiva carreira literária de defesa apologética e ortodoxa do cristianismo. Ao unir-se ao montanismo, Tertuliano não pode ser considerado um herege, pois essa comunidade de irmãos mantinha todos os fundamentos da ortodoxia. O que se fazia de exceção era uma abordagem mais profética e carismática da vida cristã.

Em seus trinta tratados, ele escreveu ordenadamente, de uma maneira vívida e firme, sobre a fé cristã. Escreveu contra os pagãos, os judeus e as injustiças do império contra o cristianismo. Escreveu sarcasticamente contra a heresia gnóstica, defendendo a Igreja dos apóstolos como a única e verdadeira, dizendo que somente ela contém o depósito da verdade apostólica. Do ponto de vista montanista, ele igualmente atacou os "mornos" católicos. Escreve ainda sobre oração, penitência, paciência, batismo e também sobre a cristologia trinitariana. Ele enfatiza os temas tratados por Paulo: pecado e graça, estabelecendo os fundamentos para a posterior teologia do grande pensador do norte da África: Agostinho, bispo de Hipona.

O cristianismo latino começa a aparecer na literatura no fim do século 2 no norte da África, em Cartago. A primeira menção latina da Bíblia, a

Itala, veio do norte da África. Essa Bíblia foi a base da Vulgata por Jerônimo, que é a Bíblia admitida pela Igreja Católica Romana como sua versão autorizada. A Igreja Apostólica era predominantemente judaica; a Igreja antenicena, grega; a Igreja pós-nicena, romana.

Tertuliano começou sua atividade literária em 197 A.D., a qual continuou até o ano 220 A.D., e foi o primeiro escritor eclesiástico de proeminência a usar o latim. Seu método foi semelhante àquele usado por um advogado no tribunal, e nem sempre era justo para com os seus oposicionistas. Possui obras polêmicas como *Sobre a prescrição dos hereges*. Apresentou o princípio fundamental da Igreja no trato das heresias. Escreveu três livros contra o herege Marcião. O maior foi escrito no ano 208 A.D.

Nesse livro, ele defende a unidade de Deus como o Criador de todas as coisas, a integridade das Escrituras e a harmonia entre o Antigo e o Novo Testamento. Além disso, escreveu vários folhetos: "Sobre o batismo"; "Sobre a alma"; "Sobre a carne de Cristo"; "Sobre a ressurreição da carne"; "Contra Hermógenes"; "Contra Práxeas" — uma definição clara da Trindade em três pessoas e a divindade e humanidade de Cristo, escrito durante seu período montanista.

Sua produção literária é importante em relação à doutrina do batismo, à Escatologia e à Cristologia. Entre suas obras práticas ou ascéticas estão *Sobre a criação*; *Sobre a penitência*; e *Sobre a paciência*. Há também as obras montanistas ou anticatólicas: *De Pudicitia*, contra a restauração daqueles que se desviaram durante as perseguições; *De Monogamia* e *De Exhtatione Castitatis*, acerca do segundo casamento; *De Culto Feninarun*,

> **A ESPIRITUALIDADE APOSTÓLICA**
> Fizeram um pouco de tudo, pediram fogo do céu, por pouco não mataram o jovem epilético, quase morreram de pavor na tempestade do mar, brigaram por posições de destaque e queriam controlar fenômenos espirituais. Mas também fizeram com maestria a obra que lhes fora confiada. Curaram enfermos, expulsaram demônios, anunciaram o Evangelho ao mundo de sua época, sacrificaram a própria vida por meio de um amor comprometido com Jesus Cristo e sua Igreja. De ouvintes e assistentes, tornaram-se praticantes. Os discípulos formados na escola do Mestre assumiram sua missão e foram muito além de sua minúscula terra para alcançar o mundo de então.

uma discussão sobre a roupa feminina; *De Jejunis*, um apelo para o jejum intenso; *De Corona Militis*, sua justificação de um soldado cristão que fora demitido do exército.

Ele cria na salvação ou admissão à Igreja pelo batismo. "É nosso saneamento de água no qual, sendo lavados os pecados de nossas cegueiras anterior, somos feitos livres para a vida eterna." Tertuliano possuía uma profunda percepção do pecado original, um claro entendimento acerca do pecado e da graça, da justiça imputada e transmitida, do perdão dos pecados e do poder para fazer o bem.

Quanto à penitência, ele entende que há sacrifícios voluntários para expiação dos pecados cometidos depois do batismo. A salvação é baseada na graça, mas ainda o homem tem muito para fazer. O Espírito Santo e Jesus Cristo são subordinados ao Pai, mas "todos são um por unidade de substância". Deve-se a Tertuliano a palavra "Trindade" — em latim, *Trinitas* — e também a definição de divindade como sendo uma substância (no latim, *substantia*) em três pessoas (no latim, *personae*). O cristianismo, segundo ele, é essencialmente o conhecimento de Deus. Está baseado na razão e na autoridade. Essa autoridade reside na Igreja, que preserva a ortodoxia (as igrejas válidas são aquelas que concordam quanto à fé com aquelas fundadas pelos apóstolos, nas quais a tradição apostólica tem sido mantida pela sucessão dos bispos). Há em Jesus uma pessoa, mas duas naturezas — a divina e a humana. Jesus é Deus e homem.

Outro representante da Escola Latina é Cipriano de Cartago. Ele nasceu em 200 A.D. e foi degolado em 14 de setembro de 258 A.D. Converteu-se a Cristo aos 46 anos. Em obediência literal aos ensinos do Evangelho, vendeu seus bens luxuosos, dando o

Mosaico representando Cipriano em igreja ortodoxa grega.

dinheiro aos pobres. Dois anos após seu batismo, tornou-se presbítero, e logo depois disso, foi eleito bispo de Cartago.

No seu batismo, ele escreveu: "Pelo auxílio da água regeneradora, a sujeira de minha maneira de viver foi lavada. Logo que bebi o Espírito, fui transformado, pelo segundo nascimento, em um novo homem." Cipriano teve o montanista Tertuliano como seu mestre por intermédio de seus escritos, ainda que esses dois homens talvez nunca tenham se encontrado pessoalmente.

Apenas dois ou três anos depois de sua conversão, foi escolhido bispo do episcopado de Cartago, e ali serviu até sua morte. Escapou da perseguição de 250 A.D. sob Décio e foi decapitado durante a perseguição sob Valeriano, em 258 A.D. Quando sua condenação foi pronunciada ele disse: "Graças a Deus"; "ajoelhou-se em oração, atou a faixa sobre seus olhos com as próprias mãos, deu uma moeda de ouro ao carrasco e morreu na dignidade e serenidade de um herói."[19] O aniversário de sua morte, em 14 de setembro de 258 A.D., foi comemorado durante muito tempo. Há cinco sermões de Agostinho escritos em memória de Cipriano, que foi considerado o mais importante bispo do século 3.

Durante uma peste em 252 A.D., mostrou-se um pai no cuidado de órfãos, viúvas, pobres e doentes. Apesar de sua alta concepção da dignidade de um bispo, ele respeitou profundamente os presbíteros e membros de sua congregação e recebeu conselho deles.

Suas obras tratam da unidade da Igreja em *Magna carta*, da antiga Igreja Católica. Escreveu 81 epístolas que nos apresentam um quadro da vida na Igreja daqueles dias; *De Lapsis*, contra a leve disciplina penitencial; *Sobre a graça de Deus* (246 A.D.); *Sobre o "Pai Nosso"* (252 A.D.); *Sobre a moralidade* (252 A.D.); *De Habitu Virginum*, contra o mundanismo e as vestes mundanas das virgens consagradas; *Martírio*, uma chamada ao martírio. Sobre o episcopado, Cipriano cria que o bispo é o representante de Cristo nas coisas espirituais. É a coluna da Igreja. O bispo está na Igreja e a Igreja no bispo. Se alguém não estiver de acordo com o bispo, ele não pertence

---

19   SCHAFF, 1952, p. 845.

à Igreja nem é um cristão. Os bispos são os portadores do Espírito Santo, o qual passou de Cristo aos apóstolos, e dos apóstolos aos bispos pela ordenação, numa linhagem contínua. Mas, apesar de sua crença a respeito do bispo, os presbíteros ainda ocupam um lugar de importância, na sua opinião. Nos assuntos principais, Cipriano sempre consultava os presbíteros, pedindo seu conselho. Por exemplo, no Concílio de Cartago (398), uma decisão de um bispo era invalidada quando não tinha aprovação do baixo clero. Também declarou que, na ordenação de um presbítero, todo o presbitério junto com o bispo deveria impor as mãos sobre o candidato.

Acerca da unidade, Cipriano cria que a Igreja é uma só — foi fundada por Cristo sobre a rocha, Pedro, e mantida assim por uma contínua sucessão de bispos. A Igreja é a única comunidade de cristãos visível e ortodoxa. Quem não está na Igreja não é crente. "Não há salvação fora da Igreja"; "não pode ter mais a Deus por seu Pai aquele que não tem a Igreja por sua mãe."

A Igreja é baseada na unidade dos seus bispos. Referiu-se a Roma como a Igreja principal. Entretanto, Cipriano claramente negou a supremacia da jurisdição romana e a existência de um tribunal infalível para a decisão de controvérsias doutrinárias, e protestou contra a identificação da Igreja em geral com a Igreja de Roma.

Cipriano permanece como uma incógnita na História da Igreja: ao mesmo tempo que demonstra zelo e amor pela Igreja, torna-se instrumento para afastá-la do modelo apostólico do primeiro século. A sua posição exagerada em favor do episcopado é indefensável à luz da Igreja primitiva e das Escrituras Sagradas.

Sobre a Santa Ceia ou Eucaristia, Cipriano havia chegado ao pleno desenvolvimento dessa doutrina como um "sacrifício oferecido a Deus" por um sacerdote.

> Porque se Jesus Cristo Nosso Senhor é Deus, é ele mesmo o sumo sacerdote de Deus Pai, e se ofereceu a si mesmo em sacrifício ao Pai, e se ordenou que isso se fizesse em comemoração dele, certamente o sacerdote que imita o que Cristo fez cumpre verdadeiramente o ofício de Cristo; e oferece, então, um verdadeiro e pleno sacrifício na Igreja quando procede a oferecê-lo de

acordo com o que vê que Cristo mesmo ofereceu. Um salvamento no qual Jesus Cristo está verdadeiramente presente. Um sacrifício oferecido a Deus por um sacerdote e que inclina Deus a ser benevolente com os vivos e os mortos. (WALKER, 1918, p. 35, 99)

Assim, os pontos principais da concepção católica da Santa Ceia e da missa já estavam delineados por volta do ano 253 A.D. Cipriano era favorável ao batismo infantil e afirmava que o batismo ministrado por um herege era inválido. A forma de batismo por imersão era a forma comum, mas Cipriano e outros davam apoio ao batismo por derramamento ou aspersão.

A maior influência de Cipriano sobre o pensamento do século 3 foi no desenvolvimento do catolicismo episcopal. A crença de que todos devem estar sujeitos a um *epíscopos* para que esteja na única Igreja universal foi defendida por ele em reação aos cismáticos de seus dias, ainda que ele mesmo nunca tenha atacado nominalmente seu venerado mestre, o montanista Tertuliano.

Em perfeito contraste com a mentalidade apostólica do primeiro século, Cipriano escreve: "Não importa quem seja e qual é seu caráter. Não é possível que tenha Deus por Pai aquele que não tem a Igreja por sua mãe [...] A Igreja é constituída por bispos, e todos os atos da Igreja são controlados por esses líderes [...] Aquele que não está com o bispo não está na Igreja." Ainda que Cipriano tenha considerado o bispo romano como *"primus inter pares"* — primeiro entre iguais — e a Igreja romana como a mais alta em dignidade, resistiu à tentativa de Estêvão, bispo de Roma, de tomar as igrejas sob sua autoridade.

Os bispos romanos tiveram ainda uma longa caminhada pelos séculos, reivindicando para si a posição de única cabeça da Igreja Católica.

> **A ESPIRITUALIDADE APOSTÓLICA**
> Imitar a Cristo implica esvaziar-se de saberes, muitas vezes obstáculos para o conhecimento de sua pessoa. Implica um rompimento de tradições e fórmulas religiosas velhas e ultrapassadas. Exige mudança de paradigmas para então contemplar a verdadeira natureza da proclamação do Evangelho, que é, em si, transformadora de tudo o que há, promovendo uma nova vida em Cristo Jesus, a vida jamais experimentada.

A Escola Grega

Entre os grandes centros representantes da Escola Grega estava Alexandria. Essa metrópole foi uma das principais cidades do Império Romano fundada por Alexandre, o Grande, no século 4. Era também um centro de comércio e de cultura helenista, e havia ali uma das grandes bibliotecas do mundo. Em Alexandria, os pensadores cristãos consideravam a filosofia grega um recurso a ser usado, e os grandes entre eles tornaram-se especialistas no seu uso. Havia ali, portanto, um importante centro de estudos e uma sede da vida cristã intelectual. Seu propósito era a instrução de candidatos para o batismo nos princípios da fé cristã, mas tornou-se famosa por meio de dois de seus renomados líderes: Clemente e Orígenes.

Clemente de Alexandria

Nasceu em cerca de 150 A.D. de pais pagãos, provavelmente em Atenas, e cresceu no ambiente de cultura e pensamento helenista. Tornou-se presbítero da igreja de Alexandria, por volta de 189 A.D., e reitor da escola catequética. Ali ele trabalhava pela conversão dos gregos e instrução dos crentes até ser obrigado a sair por causa da perseguição sob Sétimo Severo, em 202 A.D. Depois de sair de Alexandria, vai para Antioquia e, em seguida, para Jerusalém, em 211 A.D., com seu discípulo, o bispo Alexandre. Morreu antes do ano 220 A.D., quase ao mesmo tempo da morte de Tertuliano. Não se sabe se ele voltou a Alexandria ou não.

Representação de Clemente de Alexandria.

Essas duas armas de ataque — o cânone dos escritos apostólicos como a verdade final e o reconhecimento da verdadeira Igreja como a única Igreja dos apóstolos — foram destinadas a tornar-se as armas mais fortes e a saída contra a ameaça da heresia gnóstica com as suas "revelações e confusões". Clemente "foi o pai da filosofia cristã de Alexandria", considerada "grega". Sua teologia foi uma mistura de elementos cristãos com os elementos platônicos, estoicos e filônicos. Seus escritos principais, compostos durante sua residência em Alexandria, incluem a *Exortação aos gregos*, que mostra a extravagância do paganismo e procura levar o pecador ao arrependimento e à fé; *O pedagogo*, um tratado sobre a conduta cristã e também valiosa fonte de informações sobre os costumes da época; *A Stromata* ou *Miscelâneas*, uma coleção de notas não bem organizadas sobre os profundos pensamentos cristãos. Além dessas principais obras, ele também escreveu um tratado sobre o uso correto das riquezas. Atribui-se a Clemente o mais antigo hino que possuímos. É um cântico de louvor ao Logos como Mestre e Senhor da raça humana.

De acordo com Clemente, a filosofia dos gregos foi uma preparação para o Evangelho. Serviu para conduzir os gregos a Cristo como a Lei, para os judeus. Ele repudiou os gnósticos, mas afirmou que havia um *gnosis* — conhecimento cristão que vem por meio da fé, e não pela razão. A fé é suficiente para a salvação, mas aquele que acrescenta conhecimento à sua fé tem algo mais elevado.

Deus é conhecido somente por meio do Logos. O Logos é eterno, e sempre tem existido. Cristo é o Logos, a Palavra, a qual é o Deus santo, o Guia de toda a humanidade e Instrutor dos cristãos. O Logos derramou o sangue para salvar a humanidade. Parece que ele não considerava Jesus como verdadeiro homem, mas somente na forma humana porque escolheu aparecer assim. Sua ideia de Jesus parece quase docética. Cada indivíduo tem livre arbítrio e tem liberdade para escolher rejeitar a Deus. Depois do arrependimento inicial da conversão, somente mais um arrependimento adicional é possível para um pecado grave.

Orígenes

Foi o sucessor de Clemente na escola de Alexandria. Nascido de pais crentes provavelmente por volta do ano 185. Quando era menino confundia seu pai com suas perguntas sobre a Bíblia. Quando tinha um pouco menos de dezessete anos seu pai foi martirizado e os bens da família, confiscados sob a perseguição de Sétimo Severo.

Representação de Orígenes de Alexandria.

Orígenes queria martírio, e só foi impedido pela firmeza de sua mãe, que escondeu toda a sua roupa, obrigando-o a ficar em casa. Quando tinha 18 anos, tornou-se reitor da escola em Alexandria e foi confirmado pelo bispo. Vivia uma vida ascética, diminuindo as horas de sono e entregando-se exclusivamente à escola catequética e ao estudo das Escrituras e à filosofia grega.

Para evitar qualquer possibilidade de mal ao ensinar às mulheres catecúmenas, fez de si mesmo um eunuco. Fez uma viagem a Roma, à Arábia, mais tarde à Grécia e à Palestina. Na Palestina, foi ordenado presbítero por dois bispos amigos dele. O bispo de Alexandria considerou essa atitude como desrespeito para com sua jurisdição, e por essa razão, foi banido de sua Sé. Depois disso, sua sede foi Cesareia, na Palestina. Ali estabeleceu uma escola, escrevia, ensinava e ocasionalmente viajava. Foi encarcerado e torturado durante a perseguição sob Décio Trajano. Foi libertado, mas seu estado era grave. Morreu logo depois, aos 70 anos. Foi sepultado em Tiro. Era um excelente professor que profundamente influenciou os seus alunos.

Orígenes não pode ser considerado ortodoxo no sentido católico nem no sentido protestante. Foi condenado em 543, no Concílio de Constantinopla. Ele cria que nas Escrituras há três níveis de sentido: o sentido histórico; o segundo, que seria a alma das Escrituras, que edifica aqueles que a percebem; e o sentido escondido, o qual pode ser expresso por alegoria. Este último sentido é somente para os perfeitos. Cria que há um só Deus, o Pai e Criador de todas as coisas. Que Jesus Cristo, o Deus-homem, foi a encarnação do Logos, coeterno com o Pai, mas subordinado ao Pai, num sentido precursor do arianismo. Jesus Cristo verdadeiramente nasceu de uma virgem, não foi um fantasma, como muitos dos gnósticos afirmavam.

Acreditava que Jesus Cristo ressuscitou e ascendeu ao Pai. Acreditava que o Espírito Santo é associado em honra e dignidade com o Pai e o Filho, e não foi criado. Ensinava que os homens recebem sua existência do Pai, sua natureza racional do Filho e sua santidade do Espírito Santo. O Salvador, o Deus-homem, revelou aos homens o que Deus verdadeiramente é. Cria que houve uma criação antes daquela mencionada em Gênesis: um mundo no qual habitavam seres espirituais e racionais aos quais Deus tinha dado livre arbítrio. Alguns desviaram-se de Deus, outros não. Para castigar os que tinham caído, Deus criou o mundo visível atual. Ensinava que todos os espíritos caídos seriam restaurados, mas, antes disso, seriam castigados para purificá-los das suas imperfeições causadas pelo pecado. Finalmente, todos, incluindo o Diabo, seriam salvos. Além desta época e deste mundo, haverá outra época e outro mundo no qual o crescimento de almas nascidas de novo por meio de disciplina vai continuar, e os importantes terão mais oportunidade para arrepender-se.

Os aspectos mais problemáticos daquilo em que Orígenes acreditava estão

> **A ESPIRITUALIDADE APOSTÓLICA**
>
> Quando Jesus enviou os discípulos em missão, disse-lhes explicitamente: "Nada leveis convosco para o caminho, nem bordões, nem alforje, nem pão, nem dinheiro; nem tenhais duas túnicas" (Lc 9:3). Essas coisas pesam muito e tornam a viagem difícil, a ponto de nos impedir a real percepção do sentido do seguir a Cristo em missão. Ele nos diz: "Tomai sobre vós o meu jugo [...] o meu jugo é suave e o meu fardo é leve" (Mt 11:29-30).

na pré-existência da alma humana; no pecado original, cometido num estado pré-existente; a salvação de todas as criaturas, incluindo os demônios e o Diabo; e a subordinação do Filho ao Pai e do Espírito Santo ao Filho.

Escreveu *Hexapla*, que é uma edição do Antigo Testamento em que apresentou, em colunas paralelas, o texto hebraico em caracteres hebraicos e em caracteres gregos, e quatro diferentes traduções gregas, incluindo a Septuaginta (LXX). O propósito do *Hexapla* foi o aperfeiçoamento da Septuaginta e sua defesa contra a acusação de ser incorreta.

Escreveu também *Comentários*, que abrange quase toda a Bíblia com exposições de livros inteiros e aplicações práticas das Escrituras para a congregação. Esses comentários abrangeram quase todos os livros do Antigo Testamento.

De Principais, de antes de 231 A.D., é um escrito dogmático sobre as doutrinas fundamentais da fé cristã — a primeira grande apresentação sistemática do cristianismo. Seus pensamentos e métodos, desde esse tempo, estava relacionado ao desenvolvimento da dogmática grega. É composto de quatro livros. No primeiro, trata dos seguintes assuntos: Deus, Cristo e o Espírito Santo; no segundo: a criação e a encarnação, a ressurreição e o julgamento; no terceiro: a liberdade — uma defesa contra o gnosticismo; e no quarto: as Escrituras Sagradas, sua inspiração e autoridade e a interpretação.

Escreveu *Contra Celso*, uma obra apologética, por volta de 246-248 A.D., em resposta à *Crítica* de Celso contra o cristianismo. Além dessas obras, escreveu sobre outros assuntos, como a oração, o martírio e muitos sermões.

Escritores gregos na Igreja Latina

Os dois mais importantes latinos são Irineu e seu discípulo Hipólito, de educação e instrução orientais, mas obras e relações eclesiásticas pertencentes ao Ocidente. Escreveram em grego. Irineu nasceu entre 115 e 125 A.D., provavelmente em Esmirna. Foi discípulo de Policarpo. Disse ele: "O que ouvi dele, eu escrevi não em papel, mas no coração, e pela graça de Deus constantemente o trago à minha memória." Foi enviado a Gália, atual França, como missionário. Durante a perseguição sob Marco Aurélio, era presbítero lá. Foi eleito bispo de Lyon em 178 A.D., e ali trabalhou na obra missionária e na evangelização. Não ouvimos mais dele depois do ano 190 A.D. Foi sepultado embaixo do altar da Igreja de São João, em Lyon.

Irineu é firme na ortodoxia e contra a heresia gnóstica. Um mediador entre a Igreja Oriental e a Igreja Ocidental. É um inimigo de todo erro e heresia, e em geral é o mais ortodoxo dos teólogos antenicenos. É o primeiro que faz completo uso do Novo Testamento. Mostra a unidade entre o Antigo e o Novo Testamento, em oposição à separação deles pelos gnósticos. Ele também faz uso de todos os evangelhos e a maioria das epístolas, em oposição ao cânone de Marcião. Fala muito sobre a Igreja visível, a sucessão apostólica e os sacramentos. Podemos achar nele a influência de Policarpo e João. Por exemplo: "O verdadeiro caminho a Deus", diz ele em oposição ao *gnosis* falso, "é o amor." A sua concepção de Cristo é paulina.

Estátua em igreja francesa representando Irineu.

A obra mais importante de Irineu é sua refutação ao gnosticismo em cinco livros compostos entre os anos 177-190 A.D. É chamada *Contra as heresias*. Explica cuidadosamente o sistema do gnosticismo como foi ensinado por Valentino. É uma refutação filosófica e lógica do gnosticismo — uma apresentação da teologia católica em oposição à posição gnóstica. Trata da unidade entre o Antigo Testamento e o Novo Testamento, e ataca a escola de Marcião. O quinto livro sobre Escatologia trata da ressurreição e do milênio.

Escreveu uma epístola sobre a unidade de Deus e a origem do mal dirigida a Florinus, um amigo e colega durante algum tempo, presbítero de Roma, mas que foi deposto por causa da apostasia e adesão à heresia gnóstica. É também o autor de um relatório da perseguição do ano 177 A.D. enviado pelas igrejas de Lyon e Vienne às igrejas na Ásia Menor e Frígia.

Hipólito foi, sem dúvida, um dos mais instruídos e eminentes doutores e teólogos de seu tempo, e sua obra só foi descoberta e divulgada em 1851. Foi um advogado da Cristologia do Logos, e último teólogo de importância em Roma que tenha usado o grego nos seus escritos, em vez de latim.

Seus seguidores erigiram à sua memória a primeira estátua cristã conhecida. Ele se opôs às doutrinas dos monarquistas e foi acusado por Calixto, bispo de Roma, de ser adorador de dois deuses, por isso separou-se de Calixto e tornou-se o líder de uma igreja rival em Roma. É considerado o primeiro antipapa — uma posição que mantinha até seu banimento, durante a perseguição em 135 A.D., sob o imperador Maximino.

Sua obra mais importante, *Philosophumena* ou *Refutação de todas as heresias*, foi escrita aproximadamente nos anos 223 a 235 A.D., depois da morte de Calixto. Essa obra ocupa o segundo lugar entre os escritos polêmicos da Igreja antenicena, atrás do tratado de Irineu. Revela muita luz sobre as heresias antigas, o desenvolvimento da doutrina da Igreja, a história da Filosofia, a condição da Igreja em Roma no século 2 e dá testemunho da vivacidade do Evangelho de São João.

Novaciano, o antipapa

De caráter imaculado, era provavelmente italiano, e não se conhece nada a respeito de seu nascimento ou morte. Era adulto quando se converteu. Recebeu o batismo por aspersão no leito de enfermidade e nunca foi confirmado, mas, mesmo assim, chegou a ter grande autoridade.

Serviu como correspondente oficial da Sé romana durante a vaga causada pelo martírio de Fabiano, em 21 de janeiro de 250 A.D., até a eleição de Cornélio, em março de 251 A.D. Depois da perseguição sob Décio, muitos cristãos em toda parte do império abjuraram a fé. Surgiram nas igrejas duas opiniões a respeito da restauração dessas pessoas.

Cornélio, bispo de Roma, e a maioria do clero favoreciam a readmissão dessas pessoas sem cerimônia ou disciplina. Novaciano era contra isso, e insistia num arrependimento sincero e no rebatismo. Foi eleito antipapa pela minoria e consagrado por três bispos italianos. Novaciano e seus seguidores foram excomungados, mas o movimento se espalhou por todo o império. Apesar de perseguido, manteve sua crença até o fim. De acordo com a tradição, Novaciano morreu como mártir.

Entre as obras principais da Novaciano está *Liber de Trinitate*, sobre Trindade, em 31 capítulos, composto em 256 A.D., em que concorda com a ideia de Tertuliano sobre o trinitarianismo subordinado. Enfatizou que Cristo é verdadeiro Deus e verdadeiro homem. De acordo com Walker (1918), essa foi a mais valiosa contribuição de Novaciano. Escreveu a Epístola de *Cibus Judicis* com sete capítulos, dirigida à sua congregação de um lugar de retiro durante a perseguição. Era uma tentativa de provar que as leis mosaicas a respeito de comida não têm domínio sobre os crentes, e que Cristo substituiu a temperança e a abstinência pela proibição de animais imundos, com a exceção de carne oferecida aos ídolos.

Os monarquistas ou antitrinitarianos

A última década do século 2 e a primeira e a segunda décadas do século 3 foram épocas importantes na discussão cristológica, especialmente na cidade de Roma. Em parte, essa nova discussão cristológica surgiu como resultado indireto do montanismo, movimento que deu muito valor ao Evangelho de São João. Alguns oposicionistas do montanismo na Ásia Menor, em sua reação contra seus ensinos, chegaram ao ponto de negar o Evangelho de João e sua doutrina do Logos.

No início do século 3, havia três cristologias diferentes em Roma. Aqueles que afirmavam a doutrina do Logos — a encarnação; e os monarquistas em duas escolas, a dinâmica e a modalista. A dinâmica afirmava que Cristo era o Filho de Deus pela adoção; ou negavam a divindade de Cristo ou a explicavam como um novo poder. A modalista (patripassianos) afirmava que Cristo era meramente uma manifestação temporária de Deus. Identificaram o Filho com o Pai.

Entre os líderes dos monarquistas dinâmicos está Teodato de Bizâncio. Em

> **A ESPIRITUALIDADE APOSTÓLICA**
> Paulo pregava o Evangelho com determinação: "Porque, se anuncio o Evangelho, não tenho de que me gloriar, pois me é imposta essa obrigação; e ai de mim, se não anunciar o evangelho!" (I Co 9:16).

cerca de 190 A.D., ele foi a Roma e ensinou que Jesus era homem nascido de uma virgem sobre quem desceu o Cristo divino (Espírito Santo) no seu batismo — crença de adoção. Alguns de seus seguidores negaram a Jesus qualquer título de divindade; outros afirmaram que Cristo tornara-se divino na sua ressurreição. Teodato foi excomungado por Vítor, bispo de Roma (189-198 A.D.) Paulo de Samosata, bispo de Antioquia de 260 a 272 A.D., considerava o Logos como um atributo impessoal de Pai. Dizia ele que Jesus foi um homem único no sentido de ter nascido de uma virgem, e foi cheio de poder de Deus pelo Logos de Deus. "Mediante essa inspiração interior, Jesus estava unido a Deus por amor em vontade, mas não era de uma substância com o Pai." Por meio dessa união, Jesus foi ressuscitado dentre os mortos e recebeu um tipo de divindade delegada.

Cristo foi considerado como uma emanação da divindade como corrente que corre da fonte ou como os raios de sol. Paulo de Samosata foi o primeiro que usou a palavra *homoousios*, isto é, da mesma substância.

Outro nome dado aos monarquistas modalistas ou sabelianos foi patripassianos, do latim *pater* (pai) e *passio* (sofrimento). Noeto — provavelmente de Esmirna — ensinou na sua região natal, entre os anos 180-200 A.D., que "Cristo era o próprio Pai, e assim o próprio Pai teria nascido, sofrido e morrido". Essas opiniões foram levadas a Roma por um seguidor de Noeto chamado Práxeas. Era oposto ao montanismo. Sabélio foi o mais notável líder da escola modalista. Ensinou em Roma, em 215 A.D. Sua cristologia foi semelhante à de Noeto. Para ele, Pai, Filho e Espírito Santo são um só, o mesmo. São os três nomes do Deus único que se manifestou de formas diferentes, segundo as circunstâncias. Como o Pai, ele é o legislador do Antigo Testamento; como Filho, é encarnado; e como Espírito Santo, é o inspirador dos apóstolos. Mas é o mesmo e único Deus que assim aparece nessas relações sucessivas, segundo os diversos papéis que representa.

Foi excomungado, mas ganhou muitos seguidores no Oriente. Influenciou o desenvolvimento do que veio a ser a Cristologia ortodoxa. Sua absoluta identificação do Pai, do Filho e do Espírito Santo foi rejeitada, mas implicava uma igualdade que finalmente triunfou sobre a doutrina da subordinação. O grande defensor da Cristologia do Logos foi Hipólito. As ideias de Noeto e Sabélio foram combatidas por Hipólito, as de Práxeas, por Tertuliano e as de Berilo, por Orígenes.

A heresia maniqueísta

Sua origem está em Mani da Pérsia, que é considerado o fundador. Ele começou sua pregação na Babilônia em 247 A.D. e foi crucificado em 276 ou 277 A.D. Ele viajou para a Índia e à China, retornando em 270 A.D. à Pérsia, onde atraiu muitos seguidores para as supostas doutrinas que Deus lhe revelara. Houve ali uma disputa amarga com os mágicos locais. Ele foi julgado e condenado por ter corrompido a velha religião.

O maniqueísmo era uma religião composta de elementos dualistas, panteístas, gnósticos e ascéticos combinados com uma fantástica filosofia da natureza. Recebia elementos de zoroastrismo, budismo, judaísmo e cristianismo. Era semelhante ao gnosticismo. Afirmava um antagonismo eterno entre o reino da luz e o reino das trevas. Em essência, o homem é o cárcere material do reino do mal, em que se encontra prisioneira uma porção do reino da luz. O "Pai de bondade" enviou vários mensageiros, entre os quais Jesus e o próprio Mani, para libertar o homem dessa servidão.

Segundo os seus ensinos, a salvação baseia-se no reto conhecimento da verdadeira natureza do homem e do desejo de retornar ao reino de luz, complementado com a rejeição ascética radical a tudo que pertence ao âmbito das trevas, especialmente os desejos físicos. Era um dualismo perfeito e absoluto. Sua cristologia era inteiramente docética. Rejeitava completamente a ideia da encarnação.

Os maniqueus (ou maniqueístas) eram divididos em duas classes: os Perfeitos, que praticavam o absoluto ascetismo e rejeitavam o casamento, sendo sacerdotes, mediadores entre Deus e os homens; e os Ouvintes, que gozavam de um pouco mais de liberdade, e por meio de contribuições aos perfeitos, podiam participar da sua santidade.

Quanto à sua moralidade, a perfeição dos eleitos ou perfeitos consistia na pureza em palavras e no consumo de certos alimentos. Abstinência de toda carne e bebidas fortes e restrição ao regime vegetal, especialmente azeitonas, sendo o óleo da azeitona a comida da luz. Os ouvintes providenciavam a comida para os perfeitos. O propósito moral era tornar-se completamente livre das coisas mundanas, livrar a alma das cadeias da matéria e a renúncia e destruição da natureza física.

Havia uma organização bem rígida cujo núcleo era composto de doze apóstolos, entre os quais Mani, e seus assessores ocupavam o lugar principal (semelhante a Pedro e o Papa). Oficiais secundários: 72 bispos, correspondendo aos setenta discípulos de Jesus. Presbíteros. Diáconos. Evangelistas itinerantes.

A adoração maniqueísta consistia de quatro orações diariamente. O adorador sempre virava para o sol ou a lua como sede de luz. Guardava-se o domingo em jejum em honra do sol, que era, para eles, o mesmo que o Redentor. Havia também jejuns semanais, mensais e anuais. Comemoravam em março o dia do martírio do seu mestre Mani. Os sacramentos eram mistérios dos eleitos, por isso sabemos pouco a respeito deles. Celebravam um tipo de Santa ceia com pão sem vinho, pois Cristo para eles não tinha sangue. Não observavam os dias sagrados da Igreja.

Sua literatura consiste em *Epístola fundamento*, escrita por Mani. Nessa epístola, descreveu suas doutrinas principais. Começa com as seguintes palavras: "Mani. O apóstolo de Jesus Cristo, pela providência de Deus Pai. Estas são as palavras de salvação da sede eterna e viva." Escreveu muitos outros livros, mas todos foram perdidos. O maniqueísmo foi perseguido pelos imperadores romanos, começando com Diocleciano, em 287 A.D., e depois pelos imperadores cristãos. Mas apesar da perseguição, permaneceu até o século 6.

> **A ESPIRITUALIDADE APOSTÓLICA**
>
> O que identifica nossa aparência com Cristo não é uma falsa constatação de semelhança, como uma imagem distorcida da realidade. Antes disso, é registro de uma autenticidade de vida adquirida, constante caminhada da fé, pelo tornar-se um com Cristo, de quem projetamos a imagem onde estivermos. Paulo expressou: "E todos nós, com o rosto desvendado, contemplando, como por espelho, a glória do Senhor, somos transformados, de glória em glória, na sua própria imagem, como pelo Senhor, o Espírito." (II Co 3:18).

CAPÍTULO 10
A IGREJA AO FIM DO PERÍODO ANTENICENO

"Na verdade, procurei conhecer todas as doutrinas, mas acabei por abraçar a doutrina dos cristãos, embora ela não seja aceita por aqueles que vivem no erro." **Justino, o Mártir**

O efeito da luta contra o gnosticismo e o montanismo foi o desenvolvimento dos bispados como centros da unidade, testemunhas da tradição apostólica e portadores da sucessão apostólica. Esse poder dos bispos crescia cada vez mais. Os dons do Espírito dos crentes apostólicos e pós-apostólicos tornaram-se uma mera tradição, em vez de uma realidade vital.

A luta contra o montanismo, entre outras razões, tinha feito tais dons ser considerados com suspeita. Finalmente esses dons tornaram-se possessão oficial apenas do clero, especialmente dos bispos. Infelizmente, os dons do Espírito Santo e os sacramentos da Igreja passaram a ser vistos como meros rituais frios de posse dessa Igreja institucionalizada que ia rapidamente perdendo a glória dos primeiros séculos.

Nesse período anteniceno, os oficiais da Igreja eram os bispos com dominante posição designados para guardar e defender a fé. Tinham direito de determinar o que era heresia. Eram os dirigentes do culto. Podiam decidir quando o pecador devia ser excomungado e quando mostrava arrependimento suficiente para ser restaurado. Diz Cipriano, cerca de 259 A.D: "A fundação da Igreja é a unidade dos bispos."

Os bispos tornaram-se os superintendentes das congregações das aldeias circunvizinhas que foram formadas pelas congregações das cidades. Eram chamados bispos de uma diocese. Os bispos das cidades grandes e politicamente influentes ganharam proeminência sobre os outros. No século 4, o desenvolvimento do sistema de bispos metropolitanos já estava completo.

Os presbíteros eram os conselheiros do bispo e pastoreavam as igrejas. Com a permissão do bispo, eles ministravam os sacramentos e pregavam. Quando o número de congregações aumentava numa cidade, um presbítero era colocado como dirigente de cada uma delas. Não havia número fixo de presbíteros.

Os diáconos eram responsabilidade direta dos bispos. Eram seus assistentes no cuidado dos pobres e nas questões financeiras. Ajudavam no culto e na ministração da disciplina. Em Roma, eram sete diáconos.

Quando o bispo Fabiano (236-250 A.D.) adotou a divisão civil da cidade de Roma e estabeleceu quatorze distritos de caridade, nomeou mais sete subdiáconos. No tempo de Cipriano, existiam subdiáconos em Cartago. Mais tarde, era regra geral das igrejas. Havia também a função de acólitos — muito pouco é conhecido a respeito da sua responsabilidade, exceto que ajudavam nos cultos e no trabalho de amparo aos necessitados. Havia os exorcistas, cujo serviço era expulsar espíritos imundos.

No tempo de Cipriano, o ofício do "leitor" era considerado como um passo preparatório para o ofício de presbítero. Os zeladores tornaram-se especialmente importantes quando se fez costume de não admitir senão os batizados para oficiar as partes mais sagradas do culto. Guardavam as portas para que os catecúmenos (aqueles que estavam ainda sendo preparados para o batismo nas águas) não entrassem. Só se encontravam diaconisas no Oriente, e eram reconhecidas, em certo sentido, como parte do clero. Sua tarefa era cuidar das mulheres, especialmente as enfermas. Havia, por fim, a função para as viúvas, cujas responsabilidades envolviam oração e socorro aos enfermos. Eram muito estimadas, mas não consideradas como propriamente parte do clero.

Uma carta do bispo Cornélio de Roma escrita por volta de 251 A.D. revela as seguintes funções naquela igreja: havia um bispo, 46 presbíteros, sete diáconos, sete subdiáconos, 42 acólitos, 52 exorcistas, leitores e zeladores. Todos eram sustentados pelas ofertas da congregação, que era de grande monta, tanto em termos de gênero quanto de dinheiro. Por volta de metade do século 3, esperava-se que o alto clero desse seu tempo integral à obra. Todavia, alguns bispos participavam de negócios seculares. O baixo clero podia também ocupar-se em trabalhos seculares.

Doutrina e prática

Os catecúmenos eram aqueles novos crentes que estavam sendo preparados para receber o batismo nas águas. A instrução catequética durava dois ou três anos, dependendo da escola. Havia exceções dessa regra. Por exemplo, pessoas de bom caráter e inteligentes eram batizados sem demora. Também os concílios permitiam o batismo imediatamente nos casos de doença.

Os catecúmenos eram considerados meio-cristãos. Era permitido a eles assistir a todas as atividades, exceto a celebração dos sacramentos. O *Didaquê* contém, nos primeiros seis capítulos, um manual para catecúmenos que é baseado no Sermão da Montanha.

A cerimônia do batismo seguia o período de instrução e era o ritual de admissão da Igreja. Para Justino Mártir, o batismo efetuava "a regeneração e a iluminação". Para Tertuliano, transmitia a vida eterna. O batismo lavava a pessoa de todos os seus pecados cometidos antes. Podia ser recebido uma vez só. Os líderes cristãos do século 3 mantinham a antiga fórmula de batismo no nome de Cristo. Em Roma, essa forma de batismo era considerada válida desde o tempo do bispo Estevão 254-257 A.D. É provável que só o batismo de adultos fosse considerado válido até depois da segunda metade do século 2. O batismo infantil não se tornou universal até o século 6. A primeira menção ao batismo de crianças data de 195 A.D., de autoria de Irineu. O método de batismo por imersão era o modo geral, e a fusão (o derramamento de água na cabeça da pessoa três vezes) era também aceito. Na época de Tertuliano já havia sido desenvolvido um ritual elaborado. A cerimônia iniciava-se com o candidato renunciando ao diabo e todas as suas obras. Então, seguia-se a imersão tripla. Ao sair do batistério, o batizando experimentava uma mistura de leite e mel como símbolo de sua condição de bebê recém-nascido em Cristo. Depois de batizado, era ungido com óleo, e a imposição das mãos do batizante era prova de recepção do Espírito Santo. Em Tertuliano temos a primeira menção de um "padrinho de batismo".

O culto público de 150 a 400 A.D.

O culto era dividido em adoração dos catecúmenos e adoração dos fiéis. A adoração dos catecúmenos consistia na leitura das Escrituras, pregação, oração e cânticos. Era aberto para os catecúmenos e para os penitentes. A adoração dos fiéis consistia na observância da Santa Ceia e toda a liturgia que a acompanhava.

Antes de começar a segunda parte, todos os catecúmenos saíam por ordem do diácono e as portas eram fechadas ou guardadas. Havia, então, leitura das Escrituras do Antigo Testamento com aplicações práticas e exortações. Também havia leitura do Novo Testamento e, em algumas congregações, dos escritos dos Pais Apostólicos, por exemplo, a Epístola de Clemente de Roma e a Epístola de Barnabé.

O sermão era uma exposição das Escrituras e uma exortação ao arrependimento e a uma vida de santidade. No fim desse período, o privilégio de pregar pertencia somente ao clero, especialmente ao bispo. A oração continha uma invocação, intercessão pelos aflitos, os necessitados, os desviados e os prisioneiros, petição pela conversão dos pagãos, uma confissão do pecado e oração pelo perdão, e terminava com uma oração pela unidade da Igreja e uma doxologia. Geralmente, para orar, eles ficavam de pé com os braços estendidos. Os cânticos consistiam em salmos e hinos. Entre os

> **A ESPIRITUALIDADE APOSTÓLICA**
> Para Jesus, os discípulos não eram sombras dele nem servos — muito mais que isso, eram amigos escolhidos com quem partilhava valores comuns. Aos amigos, Jesus Cristo partilhou sua obra, seu ministério e o sentido de sua vida sacrificial. "Já não vos chamo servos, porque o servo não sabe o que faz o seu senhor; mas chamei-vos amigos, porque tudo quanto ouvi de meu Pai vos dei a conhecer" (Jo 15:15). E foi aos amigos que Jesus abriu o coração, mostrando-lhes a sua angústia de alma: "A minha alma está profundamente triste, numa tristeza mortal. Fiquem aqui e vigiem comigo" (Mt 26:38).

hinos usados estavam o *Magnificat* de Maria, o *Benedictus* de Zacarias, o *Glória in Excelsis* do exército dos céus, o *Nunc Dimittis* de Simão, entre muitos outros.

A eucaristia era a culminação do culto, e consistia em duas partes principais: a oblação, com as ofertas da congregação para a Santa Ceia e para o benefício do clero e dos pobres; e depois acontecia a Santa Ceia propriamente dita. As duas ações eram acompanhadas pela oração. Os elementos consistiam em pão comum e vinho misturado com água.

Dias e festas sagradas

O domingo era o dia principal de cultos. A quarta-feira e a sexta-feira eram os dias de jejum. O grande evento do ano era a Páscoa. O período antes da Páscoa era passado em jejum, em memória dos sofrimentos de Cristo. Não havia uma regra rígida para o número de dias de jejum. A véspera da Páscoa era o tempo predileto para o batismo. Os mártires eram comemorados com uma celebração da Santa Ceia anualmente no aniversário de sua morte. O Pentecostes durava 50 dias. Era um tempo de alegria.

A doutrina do pecado e do perdão

De acordo com Tertuliano, os pecados mortais eram sete: idolatria, blasfêmia, homicídio, adultério, fornicação, falso testemunho e fraude. No tempo de Hermes e Justino Mártir, já era geral a crença de que o batismo limpava todos os pecados prévios. Há exemplos suficientes entre outros autores para indicar que pecados sérios eram perdoados na Igreja, até mesmo a restauração dos apóstatas.

CAPÍTULO 11
A CONVERSÃO E A INFLUÊNCIA DE CONSTANTINO

"Pareceu-nos justo que todos, os cristãos inclusive, gozem da liberdade de seguir o culto e a religião de sua preferência." **Constantino e Licínio**

Pelos 75 anos anteriores ao famoso Primeiro Concílio de Niceia, em 325, a Igreja Cristã sofreu sua mais grave e mais severa perseguição pelos imperadores romanos. Sob Décio, os cristãos e seus líderes foram aprisionados, torturados e mortos. Os lugares onde os cristãos adoravam, e que agora tinham surgido em várias partes, foram saqueados e destruídos. Não há nenhum exemplo claro de um prédio separado para adoração dos cristãos dentro dos limites do Império Romano antes do século 4. No entanto, havia cômodos separados especialmente para isso nas casas.

Os cristãos se encontravam para adorar em cavernas, lugares desertos e nas catacumbas. Grande pressão e mesmo ameaças de morte tentavam induzir os crentes à adoração pagã ao imperador. Durante essas perseguições, um número não pequeno voltou à prática do velho

> **A ESPIRITUALIDADE APOSTÓLICA**
>
> Aos seus amigos, Jesus outorga a Grande Comissão, na certeza de que ninguém neste mundo estaria melhor preparado para levar adiante a mensagem central do Evangelho. "Portanto, ide, fazei discípulos de todas as nações, batizando-os em nome do Pai, e do Filho, e do Espírito Santo. Ensinando-os a guardar todas as coisas que eu vos tenho mandado; e eis que estou convosco todos os dias, até a consumação dos séculos" (Mt 28:19-20).

paganismo. Quando esses açoites finalmente terminaram, muitos dos que abandonaram a fé procuraram reintegrar-se à Igreja. Isso, no entanto, resultou numa outra fonte de amarga controvérsia e divisão em Roma e em muitos lugares por muitos anos. Os que permaneceram fiéis não aceitavam com facilidade o retorno dos que haviam cedido às pressões.

Estátua do imperador Constantino em Londres.

Um evento inesperado mudou toda essa circunstância com a atitude do imperador Constantino (Flavius Valerius Constantinus) de abraçar a fé cristã e acabar com toda perseguição. Constantino nasceu na Britânia. Depois da morte de seu pai, Constâncio Cloro, em 306, as legiões romanas na cidade de York saudaram-no como César. Galério concedeu a ele um quarto lugar entre os imperadores, que eram três. Na sequência, com seu exército, tomou posse do território de Galério, Espanha, Gália e Grã-Bretanha. Maxêncio venceu Severo e tornou-se mestre na Itália e norte da África. Licínio tomou posse de uma porção das antigas possessões de Severo. Galério, Constantino e Licínio, num édito em abril de 311, permitiram tolerância aos crentes na condição "de que nada fosse feito por eles contrário à disciplina".

A morte de Galério, em maio de 311, deixou apenas três competidores para o império: Maxêncio, Constantino e Licínio. A batalha entre Constantino e Maxêncio foi aquela na qual o historiador Eusébio de Cesareia diz que ele, Constantino, ao olhar o sol, viu uma cruz luminosa acima, e com ela as letras gregas (X) Khi e (P) Rô, as duas primeiras letras do nome de Cristo, pouco antes da Batalha da Ponte Mílvia, em 28 de outubro de 312.

O monograma é um símbolo dos primeiros cristãos. Constantino teria, então, recebido a mensagem: "Com este sinal vencerás" (*"In hoc signo vinces"*). Isso teria sido confirmado a ele posteriormente em outro sonho, quando Deus lhe mandou fazer uma cruz e usá-la para sua proteção em todas as batalhas. Foi, por isso, mandado marcar os escudos dos soldados com o monograma. Então a parte ocidental do império passou a pertencer exclusivamente a Constantino. Aparentemente, o Deus dos cristãos lhe tinha dado essa vitória.

O Édito de Milão

Através do Édito de Milão, de 313, Constantino e Licínio deram completa liberdade ao cristianismo. Foi proporcionada igualdade de direito a todas as religiões e restauraram-se as possessões da Igreja confiscadas durante as últimas perseguições. Em 319, foram proibidos os sacrifícios pagãos em casas particulares. O Estado fez doações ao clero e se erigiram grandes templos cristãos em Roma, Jerusalém, Belém e em outros lugares. Por uma lei daquele ano, o clero ficou isento dos encargos públicos que tanto pesaram sobre os ombros das outras classes menos privilegiadas da população.

Em 321, foi concedido à Igreja o direito de receber legados, e assim foram reconhecidos os privilégios da Igreja como corporação. O trabalho aos domingos foi proibido às populações nas cidades. Finalmente, em 323, Licínio também foi derrotado por Constantino, que se tornou o único imperador de todo o Império Romano. A partir disso, a Igreja tornou-se completamente livre das ameaças e das perseguições.

Veja, a seguir, o texto origina do Édito de Milão datado do século 3:

Nós, Constantino e Licínio, imperadores, encontrando-nos em Milão para conferenciar a respeito do bem e da segurança do império, decidimos que, entre tantas coisas benéficas à comunidade, o culto divino deve ser a nossa primeira e principal preocupação. Pareceu-nos justo que todos, os cristãos inclusive, gozem da liberdade de seguir o culto e a religião de sua preferência. Assim, Deus, que mora no Céu, ser-nos-á propício a nós e a todos nossos súditos. Decretamos, portanto, que, não obstante a existência de anteriores instruções relativas aos cristãos, os que optarem pela religião de Cristo sejam autorizados a abraçá-la sem estorvo ou empecilho, e que ninguém absolutamente os impeça ou moleste [...] Observai, outrossim, que também todos os demais terão garantida a livre e irrestrita prática de suas respectivas religiões, pois está de acordo com a estrutura estatal e com a paz vigente que asseguremos a cada cidadão a liberdade de culto segundo sua consciência e eleição; não pretendemos negar a consideração que merecem as religiões e seus adeptos. Outrossim, com referência aos cristãos, ampliando normas estabelecidas já sobre os lugares de seus cultos, é-nos grato ordenar, pela presente, que todos que compraram esses locais os restituam aos cristãos sem qualquer pretensão a pagamento [...] Une-se da máxima diligência no cumprimento das ordenanças a favor dos cristãos e obedeça-se a esta lei com presteza, para se possibilitar a realização de nosso propósito de instaurar a tranquilidade, outorgando-nos o sucesso, garantia do bem comum.[20]

Entre outras ações de Constantino está a proibição aos judeus de apedrejar os seus compatriotas que se tornaram crentes. Ele teve os próprios filhos instruídos na fé cristã. Walker (1967, p. 154), nos aponta que, para a mentalidade essencialmente política de Constantino, o cristianismo significava a culminância do processo de unificação que havia muito se estava verificando no império. Havia uma só lei, um só imperador e uma única cidadania para todos os homens livres. Era necessário que houvesse também uma só religião. Constantino, porém, agiu com cautela. Não obstante estivessem distribuídos, de maneira desigual, pelo império, sendo mais numerosos no Oriente do que no Ocidente, os cristãos não passavam de uma fração da população quando os acordos de Milão lhes concederam paridade de direitos.

Constantino também ampliou a antiga cidade de Bizâncio e lhe deu o nome de Constantinopla, e ali construiu muitos templos. Proibiu a restauração dos santuários pagãos que estavam em ruínas e a construção

---

20   BETTENSON, 1983, p. 44.

de imagens novas aos deuses. Proibiu qualquer tentativa para forçar os crentes a participar de cultos pagãos. Tomou parte ativa na Igreja e convocou o primeiro Concílio Geral em Niceia. Assistia aos cultos e guardava o dia da Páscoa com aparente devoção. Permanecia de pé durante os mais longos sermões dos bispos. Preparava discursos cristãos como "pregador imperial", e multidões iam ouvi-lo. Ele tentava impedir os fortes aplausos, apontando aos céus como fonte de sua sabedoria. Principalmente, enfatizava a verdade do cristianismo, a lascívia da idolatria, a unidade e providência de Deus, a volta de Cristo e o julgamento.

Mapa da cidade de Constantinopla, atual Istambul.

Constantino liberou muitos recursos do Estado para as construções cristãs. Sua mãe, Helena, uma devota cristã, visitou a Palestina devastada, e, com uma comitiva, identificou os lugares santos como Belém, os lugares importantes citados nas Escrituras e, principalmente, o Gólgota e o local da ressurreição de Jesus. Nesses lugares, mandou que se erigissem templos. A famosa Basílica do Santo Sepulcro, em Jerusalém Velha, foi construída nessa época, embora seja controverso que Jesus tenha mesmo morrido naquele lugar. "Diz-se que, no ano 324, Constantino prometeu a cada convertido ao cristianismo vinte moedas de ouro e uma roupa branca de cerimônia batismal, tendo-se verificado neste ano o batismo de 12 mil homens e tantas outras mulheres e crianças."[21] Em 325, publicou uma exortação geral aos seus súditos, chamando-os a abraçar o cristianismo. Entre as leis humanitárias que promulgou, havia uma contra a venda de crianças como escravos, outra contra roubo de crianças com a finalidade de as vender. Em 330, transferiu a sede do governo de Roma para Constantinopla, principalmente por causa do seu desprezo ao paganismo que ainda prevalecia em Roma.

A sede do império foi estabelecida numa cidade de poucas tradições pagãs, situada na porção mais cristianizada do mundo. Constantino combatia todas as heresias porque queria que o cristianismo fosse um fator de unidade no império, e para isso ser realizado, a Igreja deveria ser uma.

Recebeu o batismo alguns dias antes de sua morte. Morreu no dia de Pentecostes, em 22 de maio de 337. Rui Barbosa *apud* Muirhead (1951, p. 134) diz o seguinte sobre a condição da Igreja aliada com o Império Romano:

> Toda religião associada ao governo das coisas da terra é uma religião morta. O espírito não vive mais nela. Quer o sacerdócio seja o detentor do poder secular, como na metrópole papal até 1870; quer,

---

A ESPIRITUALIDADE APOSTÓLICA

Ao assumir a missão, os discípulos voltaram para Jerusalém, como o Mestre havia orientado. Reuniram-se para orar e receber o Espírito Santo, que veio no Pentecostes. Era apenas um pequeno grupo, tão pequeno que dava para contar e até mesmo chamar cada um pelo nome: Pedro, João, Tiago e André, Filipe, Tomé, Bartolomeu e Mateus, Tiago, filho de Alfeu, Simão, o zelote, Judas, filho de Tiago, as mulheres e Maria, a mãe do Senhor. "Todos eles se reuniam sempre em oração, com as mulheres, inclusive Maria, a mãe de Jesus, e com os seus irmãos" (At 1:13-14).

---

21   MUIRHEAD, 1951, p. 132.

consorciada ao Estado, receba dele subsistência, privilégio e força; o resultado é sempre imolação da doutrina ao interesse político. Dominadora ou protegida, num e noutro caso é serva dos cálculos da ambição; no primeiro, para que o governo temporal lhe não caia nas mãos; no segundo, para que lhe não subtraiam os proventos temporais do monopólio.

Ainda nas palavras de Rui Barbosa *apud* Muirhead (1951, p. 134), foi precisamente isso o que sucedeu sob Constantino. Estreou-se aí o sacrifício do cristianismo ao engrandecimento da hierarquia. O imperador não batizado recebe o título "bispo exterior"; julga e depõe bispos; convoca e preside os concílios; resolve sobre dogmas. Já não era mais essa a Igreja dos primeiros cristãos. Estes repeliram como sacrilégio as monstruosas concessões ao odioso absolutismo dos imperadores, as homenagens ao déspota que se ensanguentou com a morte de dois sobrinhos, do cunhado, do filho e da mulher, e que, enquanto recebia reverências nas basílicas cristãs, aceitava adoração como deus nos templos do paganismo. A Igreja passou a receber influência temporal, mas a sua autoridade moral decresceu na mesma proporção. De perseguida, a Igreja tornou-se perseguidora, buscou riquezas e se corrompeu. Derramou sangue para impor silêncio à heterodoxia, e sujeitando o espírito à letra, iniciou o mais frio formalismo, que foi o primeiro sintoma de sua decadência.

CAPÍTULO 12
AMARGAS CONTROVÉRSIAS

"Examinou-se, de início, perante Constantino, nosso soberano mui amado de Deus, a impiedade e irregularidade de Ário e de seus discípulos." **Carta do Sínodo de Niceia**

Os donatistas

A perseguição sob Diocleciano havia levado a um cisma no Norte da África. O "partido estreito" havia acusado o novo bispo de Cartago, Ceciliano, de receber sua ordenação de um bispo que estava em pecado mortal por haver entregado cópias das Escrituras durante a perseguição recente. Um antebispo foi escolhido, chamado Majorino. Seu sucessor, em 316, foi Donato, o Grande. Desde então, os cismáticos receberam o nome de donatistas.

Em 313, Constantino concedeu doações em dinheiro ao clero do norte da África, excluindo os donatistas. Os donatistas, então, apelaram ao imperador. Um sínodo realizado em Roma no mesmo ano decidiu contra eles, mas a luta tornou-se mais acirrada. Constantino convocou um sínodo da sua porção do império em Arles, sul da Gália. À Igreja mesmo caberia decidir a questão. Um sínodo composto por muitos bispos reuniu-se, em 314 e, como resultado, os donatistas foram condenados. Os sacramentos ministrados pelos donatistas foram declarados válidos, mesmo sendo considerado um clero provavelmente indigno. Os batismos realizados foram reconhecidos. Os donatistas apelaram mais uma vez de sua condenação ao imperador, mas ele decidiu contra eles novamente. Em 313, os donatistas se recusaram a se submeter, por isso suas igrejas foram fechadas e seus bispos, banidos. Começou, então, o triste espetáculo de cristãos sendo perseguidos por cristãos. Em 321, Constantino abandonou o uso de força contra eles. A Igreja donatista cresceu rapidamente, afirmando ser a única Igreja verdadeira, possuidora de um clero livre dos pecados mortais e administradora dos únicos sacramentos válidos. Os donatistas permaneceram até às conquistas muçulmanas.

A amarga controvérsia ariana e o Concílio de Niceia

A disputa começou no ano 320, em Alexandria, com uma discórdia entre Ário e seu bispo, Alexandre, sobre a divindade de Cristo. Para Alexandre, o Filho era eterno e da mesma substância do Pai, e era incriado. Ário era presbítero da igreja chamada Baucal de Antioquia, na Síria. Afirmava que o Filho tinha princípio e, portanto, não era eterno, mas Deus é eterno. Além disso, o Filho não tinha a mesma substância ou essência do Pai. Ele via Cristo não como sendo Deus nem completamente homem. Atanásio, bispo de Alexandria depois da morte de Alexandre, em 328, considerava Cristo como sendo completamente homem e completamente Deus.

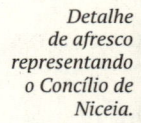

Detalhe de afresco representando o Concílio de Niceia.

Durante a controvérsia, Atanásio foi exilado cinco vezes, de 328 a 373. A causa da disputa era definir qual natureza Cristo tinha, por isso o Concílio de Niceia, em 325, é o evento mais importante do século 4. Foi o primeiro Concílio Geral da Igreja. Bispos de todas as partes do império foram convidados com as despesas pagas pelo Governo. Esses bispos foram acompanhados por seus clérigos e cerca de trezentos bispos assistiram — o equivalente a um sexto de todos os bispos do império. Cada bispo foi convidado a trazer dois presbíteros e três diáconos. O número de presentes provavelmente era entre 1,5 mil a 2 mil participantes. Não mais de sete eram do Ocidente.

Havia três partidos: os arianos, sob a liderança de Eusébio de Nicomédia, um pequeno grupo; os defensores de Alexandre, partido de Atanásio, então diácono, também um pequeno grupo; e a grande maioria, cujo chefe era Eusébio de Cesareia, o historiador eclesiástico, que não estava versada na questão em discussão.

Constantino era uma pessoa muito distinta na assembleia, apesar do fato de não ser batizado nem membro da Igreja. O credo apresentado por Eusébio foi modificado e aceito pelo concílio. Essas modificações foram introduzidas pela influência dos ocidentais, notadamente a de Ósio de Córdoba. Todos os bispos presentes, menos dois, o assinaram. Estes dois, juntos com Ário, foram banidos por Constantino.

O Credo de Niceia

Foi finalmente aprovado pelo Concílio um credo que continha a definição de Cristologia que deveria pôr fim a uma controvérsia de séculos, o que só ocorre bem mais tarde. O Concílio de Niceia foi um grande marco histórico para a cristandade por muitos motivos, além desse já mencionado. O Concílio marca o início de uma ingerência crescente do poder secular nos assuntos da Igreja dali para frente.

De acordo com Bettenson (1967, p. 55), os termos do Credo Niceno são os seguintes:

> Cremos em um só Deus, Pai onipotente, Criador de todas as coisas visíveis e invisíveis; e em um só Senhor Jesus Cristo, o filho de Deus, gerado pelo Pai, unigênito, isto é, da substância do Pai, Deus de Deus, Luz de Luz, Deus verdadeiro, gerado, não feito, de uma só substância com o Pai, pelo qual foram feitas todas as coisas, as que estão no céu e as que estão na terra;

o qual por nós, homens, e por nossa salvação, desceu, encarnou e se fez homem e sofreu e ressuscitou no terceiro dia, subiu ao Céu e novamente deve vir julgar os vivos e os mortos; e no Espírito Santo.

Adotado esse credo, em 325, "as paixões pagãs e as fraquezas dos homens que rodeavam o Concílio de Niceia são extinguidos, mas a fé na deidade eterna de Cristo tem permanecido, e enquanto essa fé viver, o Concílio de Niceia será lembrado com reverência e gratidão".[22] Para Walker (1967, p. 159), "reunido em Niceia em maio de 325, esse Concílio permanece na tradição cristã como o mais importante da História da Igreja". Podemos ainda afirmar que a importância desse concílio impacta até os nossos dias.

A carta do Sínodo de Niceia; a condenação de Ário

A carta do Sínodo de Niceia narra e justifica o motivo da condenação de Ário. Destacamos a ênfase na afirmação de blasfêmia e impiedade de Ário. Bettenson (1983, p. 73), apresenta a carta:

> À igreja de Alexandria, pela graça de Deus santa e grande, e aos amados irmãos espalhados pelo Egito, Líbia e Pentápolis, enviam saudações no Senhor aos bispos reunidos em Niceia, constituindo o santo e grande Sínodo. Já que, pela graça divina, o Sínodo se constitui em Niceia, reunindo os bispos de diversas províncias e cidades, pareceu-nos necessário, por muitos motivos, enviar-vos uma carta para que tomeis conhecimento do que foi examinado e debatido, e do que foi decidido e decretado.
>
> Examinou-se, de início, perante Constantino, nosso soberano mui amado de Deus, a impiedade e irregularidade de Ário e de seus discípulos. Decidiu-se por unanimidade que devem ser anatematizadas suas opiniões ímpias e todas as suas afirmações e expressões blasfematórias, tal como estão sendo emitidas e divulgadas, tais como "o Filho de Deus é do que não é", "houve (um tempo) quando não existia"; ou a afirmação de que o Filho de Deus, em virtude de seu livre arbítrio, é capaz do bem e do mal, ou de que pode ser chamado de criatura ou de feitura. Todas essas afirmações são

---

22 SCHAFF, 1952, p. 631-632.

anatematizadas pelo santo Sínodo, que não tolera declarações tão ímpias, ou melhor, tão dementes e blasfematórias...

As controvérsias depois do concílio

O grande defensor do Credo Niceno era Atanásio, nomeado bispo de Alexandria (328-373). Ele era um grande homem. "Numa época em que o favor da corte significava muito, ele se manteve firme como uma rocha em suas convicções." O triunfo da teologia nicena é principalmente devido a ele. Para ele, a questão era da própria salvação porque a teologia ariana não ofereceu base real para a salvação.

Atanásio creu que Cristo foi feito homem para que nós pudéssemos ser feitos "divinos". Eusébio de Nicomédia, o principal defensor da teologia ariana, considerava Atanásio um verdadeiro inimigo. Os partidários de Eusébio determinaram obter a derrota de Atanásio e a restauração de Ário.

Ário, que havia sido resgatado do exílio, apresentou um credo "cuidadosamente indefinido" sobre a questão. Para Constantino, homem de pouco conhecimento teológico, isso significava, da parte de Ário, uma disposição de fazer a paz. Constantino, então, ignorando as decisões do concílio, ordenou a Atanásio que restaurasse Ário ao seu lugar em Alexandria. Atanásio recusou. Finalmente, Constantino foi persuadido de que o principal obstáculo no caminho da paz era a obstinação de Atanásio. Os bispos reuniram-se em Jerusalém, Tiro e outra vez em Jerusalém, e decidiram em favor da restauração de Ário em 335. Atanásio foi exilado para Gália. Também os outros dois defensores do Credo Niceno, Eustácio de Antioquia e Marcelo de Ancira, foram condenados e depostos logo depois do banimento de Atanásio. Com os principais defensores do Credo Niceno sendo derrotados politicamente,

> **A ESPIRITUALIDADE APOSTÓLICA**
>
> A Igreja, que começou pequena, com apenas doze apóstolos e algumas mulheres, experimentou grande crescimento, vendo a cada dia o acréscimo de novos discípulos, que começaram com um numero de doze, logo chegaram a 120, depois a quinhentos e até 3 mil convertidos. A pequena Igreja cresceu muito além de suas fronteiras, alcançou o mundo e conta hoje com mais de 2 bilhões de fiéis.

os defensores de Ário planejaram sua completa restauração à comunhão da Igreja, mas, na véspera da solenidade, ele morreu repentinamente. O Credo Niceno parecia praticamente minado quando Constantino morreu, em 22 de maio de 337.

A controvérsia chegou, então, aos filhos de Constantino. A disputa, em vez de envolver principalmente o Oriente, abraçava agora todo o império. O inconstante Constantino favorecera o partido ortodoxo e fizera voltar Atanásio do exílio. Constante, um dos filhos, também seguiu a causa ortodoxa. Constâncio, o outro filho, e toda a sua corte tomou o partido dos arianos e fizeram voltar Ário. Eusébio de Nicomédia foi promovido do bispado de Nicomédia para o de Constantinopla em 339. Isso aumentou sua notoriedade e piorou a disputa.

Atanásio foi expulso novamente de Alexandria na primavera de 339, e um bispo ariano, Gregório de Capadócia, foi posto em seu lugar. Atanásio, então, fugiu para Roma. O bispo de Roma, Júlio, por sua vez, convocou um sínodo, recebendo os fugitivos e chamando os seus oposicionistas para comparecerem, mas os eusebianos não se apresentaram. O sínodo declarou que Atanásio e Marcelo foram injustamente depostos. Então, os líderes de Alexandria tentaram abolir o Credo Niceno. Constâncio, o Imperador, deu seu apoio. Dois sínodos em Antioquia adotaram credos muito apartados da posição ariana, mas omitindo qualquer coisa que fosse definitivamente nicena. Nesse tempo, morreu Eusébio, o grande oposicionista do Credo Niceno e ardoroso partidário de Ário.

A morte de Constantino, em 337, deixou só dois imperadores. Assim, pensou-se que a disputa poderia ser resolvida melhor num concílio geral. Tal concílio reuniu-se em Sardica, atual Sófia, em 343. Vendo que havia maior número de bispos ocidentais, com Atanásio e Marcelo no meio deles, os bispos orientais retiraram-se. O Ocidente mais uma vez aprovou Atanásio e Marcelo. O concílio fracassou completamente na sua tentativa de resolver a questão. O bispo Gregório morreu e Constâncio permitiu a volta de Atanásio a Alexandria em outubro de 347, onde ele foi cordialmente recebido. Tudo parecia favorável, mas, repentinamente, os eventos políticos tornaram a situação pior que nunca.

No Ocidente, surgiu um imperador rival chamado Magnêncio, e em 350, Constante foi morto. Três anos de luta trouxe vitória sobre o usurpador e Constâncio tornou-se o único imperador. Constâncio determinou pôr fim à controvérsia ariana. Ele considerou Atanásio o inimigo principal. Atanásio foi expulso de Alexandria novamente em 356, o terceiro banimento. Em vários sínodos foi firmado um novo credo. Então a antiga fórmula de Niceia foi abandonada e todas as igrejas teoricamente adotaram este credo. "O único termo permitido nos círculos da corte era 'o Filho é como o Pai'."

A controvérsia nicena posterior

Constâncio morreu em 361 enquanto se preparava para resistir ao primo, Juliano, proclamado imperador pelo exército de Paris. Sua morte deixou o Império Romano nas mãos de Juliano. Considerando Constâncio o assassino de seu pai, Juliano odiava tudo o que ele representava e passou a amar a literatura e filosofia do antigo helenismo. Juliano fora poupado por razão de sua juventude, quando seu pai e outros parentes foram mortos. Em 361, tornou-se imperador único. Seu plano era duplo: a restauração e a reforma do paganismo e a repressão e extinção do cristianismo. Restaurou os templos pagãos e os sacrifícios. Removeu os cristãos dos cargos militares e civis. Foram desprovidos de todos os privilégios que lhes haviam sido concedidos, oprimidos com impostos e obrigados a sustentar a idolatria pública. Todas as escolas do Estado foram colocadas sob a direção de pagãos. Assim, a juventude foi obrigada a permanecer ignorante ou estudar os princípios da idolatria nas escolas pagãs. Os bispos banidos por Constâncio foram chamados de novo para que as brigas entre os cristãos pudessem contribuir para a reação pagã. Anastácio voltou a Alexandria e, em 362, foi exilado novamente por Juliano por razão de seu sucesso em ganhar os pagãos para a fé cristã. Finalmente, em 363, Juliano perdeu a vida numa batalha contra os persas. Ele foi o último imperador pagão.

Num sínodo realizado em Alexandria por Atanásio, recém-chegado, foram estabelecidos parâmetros de união para os rivais de Antioquia. O uso dos termos "três hipóteses", ou seja, três pessoas — o Pai, o Filho e o Espírito Santo — e uma *hypostasis*, quer dizer, uma encarnação do Filho, foi considerado pelo sínodo, mas com a condição de "três" não ser usado no sentido de "diferente em essência" e "um" no sentido de unidade.

Assim, Atanásio abriu a porta para plena definição da doutrina da Trindade e também para a ortodoxia neonicena com a sua divindade de uma substância e três hipóteses ou pessoas.

Com Joviano, o império tinha mais uma vez um imperador cristão. Seu reinado terminou em 364. Durante esse período, Atanásio regressou de seu quarto banimento. O sucessor de Joviano foi Valentiniano I (364-375). Ele deu a seu irmão Valente (364-378) soberania no Oriente, e ele mesmo tomou controle do Ocidente. Valente foi influenciado pelo clero ariano de Constantinopla. Ele condenou Atanásio ao quinto e último banimento, que foi muito breve. Atanásio, por fim, morreu em Alexandria em 373, "cheio de anos e honras". Depois da morte de Atanásio, a luta passou às mãos de homens do partido neoniceno. Os três principais deles eram capadócios: Basílio de Cesareia, na Capadócia, Gregório de Nazianzo e Gregório de Nissa.

Basílio tornou-se bispo de Cesareia na Capadócia em 370, o que lhe deu autoridade eclesiástica sobre uma grande parte do leste da Ásia Menor. Ele usou sua influência para avançar a causa neonicena. Gregório de Nissa, irmão de Basílio, tornou-se bispo de Nissa em 371 ou 372, viveu até depois de 394 e é conhecido como um dos quatro grandes pais da Igreja Ocidental. Gregório de Nazianzo foi a Constantinopla por volta de e 378 para combater o arianismo. Em 381, Gregório foi feito bispo de Constantinopla pelo

> **A ESPIRITUALIDADE APOSTÓLICA**
>
> Os apóstolos colocaram o fundamento da Igreja, realizaram o ministério que Jesus Cristo lhes confiara. Pregaram o Evangelho primeiro aos judeus, foram a Samaria, alcançaram os gregos, espalharam-se pelo mundo daquela época, chegando até Roma. Na proclamação do Evangelho, o Senhor colaborava com eles, confirmando a sua obra com milagres, sinais e prodígios. O apóstolo Paulo concluiu: "Quanto a mim, o meu sangue está para ser derramado em libação, e chegou o tempo da minha partida. Combati o bom combate, terminei a minha corrida, conservei a fé. Agora, só me resta a coroa da justiça que o Senhor, justo Juiz, me entregará naquele dia. E não somente a para mim, mas para todos os que tiverem esperado com amor a sua manifestação" (II Tm 4:6-8).

Imperador Teodósio, da fé nicena. Por razão das suas tendências ascéticas, ele logo retirou-se de seu cargo eclesiástico. É considerado um dos Pais Orientais. A esses três capadócios é devida a vitória intelectual da fé neonicena. Para os homens daquela época, parecia o triunfo da fórmula nicena, mas as modificações feitas por eles resultaram na ideia de um Deus impessoal — três personalidades e uma essência abstrata, impessoal. A intervenção imperial deu vitória à ortodoxia neonicena. A morte de Valêncio, em 378, deixou Graciano, seu sobrinho, como único imperador. Preferindo o Ocidente, ele designou Teodósio como imperador do Oriente. Este subiu ao trono em 379. Educado na teologia do Ocidente, era da fé nicena. Depois da morte de Valentiniano II, em 392, Teodósio tornou-se o único imperador (392-395). Foi o último a manter o domínio de todo o mundo romano unido. Em 380, em conjunto com Graciano, lançou um edito afirmando que todos deveriam abraçar a fé que o apóstolo Pedro levou aos romanos. Assim, o cristianismo tornou-se a religião oficial do império. Devia somente existir aquela forma de cristianismo, que ensinava uma só essência divina em três hipóteses ou em palavras do Ocidente, "uma substância em três pessoas".

Em 381, Teodósio convocou um sínodo em Constantinopla que finalmente foi considerado o Segundo Concílio Geral, e obteve um imerecido crédito como o autor do credo que chegou a ser conhecido como Niceno. Os arianos foram expulsos, a causa ariana no império estava perdida. Infelizmente, a controvérsia ainda continuaria durante vários séculos entre os invasores germânicos. A primeira tradução teutórica da Bíblia foi feita por um missionário da fé ariana, Úlfilas. A origem exata do credo que tomou o lugar genuíno do Credo Niceno não é conhecida, mas esse credo começou a ser usado, e no concílio de Calcedônia (451) foi considerado como sendo adotado pelo Concílio Geral de 381. Bettenson (1967, p. 56) transcreve o documento da época:

> Cremos em um Deus, Pai Todo-Poderoso, Criador do céu e da terra, de todas as coisas visíveis e invisíveis; e em um Senhor Jesus Cristo, o unigênito Filho de Deus, gerado pelo Pai antes de todos os séculos, Luz de Luz, verdadeiro Deus de verdadeiro Deus, gerado, não feito, de uma só substância com o

Pai, pelo qual todas as coisas foram feitas; o qual, por nós, homens, e por nossa salvação, desceu dos céus, foi feito carne do Espírito Santo e da virgem Maria e se tornou homem, e foi crucificado por nós sob o poder de Pôncio Pilatos, e padeceu e foi sepultado e ressuscitou ao terceiro dia, conforme as Escrituras, e subiu aos céus e assentou-se à direita do Pai, e de novo há de vir com glória para julgar os vivos e os mortos, e seu Reino não terá fim; e no Espírito Santo, Senhor e Vivificador que procede do Pai, que com o Pai e o Filho conjuntamente é adorado e glorificado, que falou através de profetas; e na Igreja una, santa, católica e apostólica. Confessamos um só batismo para remissão dos pecados. Esperamos a ressurreição dos mortos e a vida do século vindouro.

O sabelianismo

A complexidade das definições de Cristologia, mais especificamente, acerca das duas naturezas de Cristo, bem como acerca da unidade triúna de Deus Pai, Filho e Espírito, foi também posta em causa por Sabélio. Veja a seguir uma transcrição de um texto datado do século 4.

> Recentemente obteve notoriedade um tal Sabélio, que deu seu nome aos sabelianos. Suas opiniões, salvo algumas exceções insignificantes, coincidem com as dos nicenos. Os sabelianos vivem quase todos na Mesopotâmia ou em Roma; foi loucura que os trouxessem para que permanecessem. Ensinam que o Pai, o Filho e o Espírito Santo são uma só e mesma essência, três nomes apenas dados a uma só e mesma substância. Propõem uma analogia perfeita tomada do corpo, da alma e do espírito do homem. O corpo seria o Pai, a alma seria o Filho, enquanto o Espírito Santo seria para com a divindade o que o espírito é para com o homem. Ou tome-se o sol: o sol é uma só substância, mas com tríplice manifestação: luz, calor e globo solar. O calor [...] é [análogo a] o Espírito; a luz, ao Filho; enquanto o Pai é representado pela verdadeira substância. Em certo momento, o Filho foi emitido como um raio de luz; cumpriu no mundo tudo o que cabia à dispensação do Evangelho e à salvação dos homens e retirou-se para os céus, semelhantemente ao raio enviado pelo sol que é novamente incorporado a ele. O Espírito Santo é enviado mais sigilosamente ao mundo e, sucessivamente, aos indivíduos dignos de o receberem...[23]

23 BETTENSON, 1967, p. 71.

A Igreja pós-Constantino

Por volta da primeira metade do século 4, entre os anos 325 e 350, a Igreja que encontramos já é completamente diferente daquela dos dias apostólicos. Muito diferente também daquela que viveu a poderosa fé cristã no segundo século. Essa Igreja pós-Constantino terá cada vez mais a ingerência do Estado em seus assuntos até ao ponto em que a indicação para as funções de bispo será prerrogativa dos imperadores. Já não se fazia mais distinção entre a Casa do Deus Vivo e o Estado secular. Isso foi ainda mais marcante na parte oriental do império, onde as constantes influências dos imperadores cristãos em matéria de fé se intensificaram cada vez mais. Infelizmente, isso levou a Igreja a um formalismo e ritualismo sem precedentes. Acabaram a vida e a espontaneidade. Os carismas e a paixão cristã foram substituídos por uma religião formal, fria e teórica.

A função viva de cada membro fora substituída também pelo controle estrito do clero e uma completa centralização de todas as funções nas mãos da casta sacerdotal. A vida se fora e um grande inverno medieval se prenunciava. Os templos cristãos eram agora os centros a partir de onde o cristianismo funcionaria. Finalmente, a palavra "igreja" agora era considerada aquele edifício de pedra a cal onde os crentes se reuniam.

Em Roma, à medida que o império, já bastante decadente, dava seus últimos suspiros, em fins do século 4, a Igreja se espalhava e crescia com grande influência, a ponto de o antigo paganismo tornar-se uma religião moribunda e ultrapassada. Lentamente, o cristianismo passou de religião perseguida e de minorias para o lugar de religião dominante e do Estado romano.

Já não se esperava conversões genuínas nem mudança de vida evidentes na vida dos adeptos, que passaram simplesmente a *aderir* massivamente à religião dos imperadores. Isso causou um mal imenso à Igreja, pois a vida e a ação do Espírito Santo decaíram ainda mais naquele Corpo mesclado e heterogêneo. Essa, entretanto continuava sendo a santa e viva Igreja de Jesus Cristo, católica e apostólica.

Idade Média, Idade das Trevas?

A Idade Média é definida por vários historiadores como Idade das Trevas, do obscurantismo, do barbarismo, da falta de liberdade e das enormes ondas de peste que dizimaram populações inteiras. Há quem diga que foi um tempo de desenvolvimento, arte e construção da identidade europeia e ocidental. Com nosso foco na História da Igreja, não podemos deixar de concordar que foi um período de enormes perdas, mas também de grandes avanços. Enfim, foi um tempo de grandes contradições.

A perda está no desvio claro ocorrido no período medieval, quando a vida e a experiência apostólicas foram perdidas. A Igreja Cristã perdeu toda aquela paixão original, dando lugar a uma instituição totalmente diferente daquela do primeiro século do cristianismo. Por outro lado, os avanços estão na cristianização de todo o continente europeu também durante os tempos medievais, na lenta construção de uma identidade europeia e ocidental e na formação da ortodoxia cristã.

Essa idade, que começa oficialmente com a queda de Roma, em 476, e termina na conquista de Constantinopla pelos turcos otomanos, em 1453, marca definitivamente a consolidação da Europa como base para o cristianismo. Marca também a consolidação das igrejas Católica Romana e Ortodoxa Grega. Estão também na Idade Média todas as bases do que alimentará o futuro movimento da Reforma Protestante.

CAPÍTULO 13
OS PRIMEIROS SINAIS DO INVERNO

"Adoramos um Deus em trindade, e trindade em unidade. Não confundimos as Pessoas nem separamos a substância." **Atanásio**

O declínio da vida e da experiência apostólica

A Idade Média começa oficialmente em 476, com a deposição do último imperador romano. Ao mesmo tempo que isso acontece, temos percebido, após Constantino, especialmente, o rápido declínio da vida e da experiência apostólica originais. Isso ocorre concomitantemente com o fortalecimento do clero (κληρος, em grego), em contraposição aos leigos (λαϊκός, em grego), ou seja, a divisão dos cristãos em duas classes: os religiosos e os "comuns". Isso introduz dois níveis diferentes de prática, de envolvimento nas coisas de Deus, e dois níveis de consagração que não existiam na Igreja apostólica.

Na Igreja romana, o clero foi sendo constituído por todos os ministros consagrados que receberam o sacramento da Ordem. O clero católico, desde a Idade Média, é estabelecido em uma hierarquia bem definida e crescente, sendo baseada em três níveis: o episcopado, o presbiterato e o diaconato. A longa hierarquia passou a ir desde os diáconos (διάκονος, em grego), passando pelo presbítero (πρεσβύτερος), bispo (επίσκοπος), arcebispo, primaz, patriarca, cardeal, chegando até supremo pontífice ou papa. As condições políticas na Idade Média deram à Igreja enormes poderes políticos e econômicos que serão cada vez mais concentrados nas mãos desse clero distante das massas empobrecidas e ignorantes. Não é fácil vermos que a minguante atividade carismática do Espírito Santo na

> **A ESPIRITUALIDADE DOS MÁRTIRES**
> As palavras "martírio" e "mártir" vêm do grego μάρτυς, que significa "ser testemunha". Somos testemunhas de Jesus Cristo, como diz as Escrituras Sagradas: "Mas recebereis a virtude do Espírito Santo, que há de vir sobre vós; e ser-me-eis testemunhas, tanto em Jerusalém, como em toda a Judeia e Samaria, e até os confins da terra" (At 1:8).

Igreja, no fim do primeiro século, tornou impossível a continuidade de uma liderança sem aquela pesada hierarquia. Isso mostra quanto a presença de heréticos nas igrejas locais fez do ministério *aberto* do Corpo algo impraticável. Dessa forma, o ministério plural com vários presbíteros deixou de existir juntamente com aquele envolvimento individual de cada crente. O sacerdote passou a ser apenas o presbítero reconhecido de uma igreja local e, em especial, o bispo principal. O povo, por sua vez, foi excluído de qualquer envolvimento, tornando-se meramente dependente dos ofícios sacerdotais. A Idade Média, portanto, mata o sacerdócio de cada crente em favor de uma casta sacerdotal profissional e cada vez mais corrupta. Já notamos também a forte ênfase defendida por Inácio de Antioquia acerca da obediência a um "bispo singular" como uma das salvaguardas, no seu entendimento, contra a heresia gnóstica. Vemos que essa lealdade a um homem apenas era mais possível e efetiva do que a lealdade a uma pluralidade de homens, especialmente se esses homens não tivessem uma só mente e um só coração.

A era antenicena do segundo e terceiro séculos viram o fortalecimento do episcopado monárquico pela mesma razão. Assim, surge a ênfase no episcopado numa visão de que ele vinha da sucessão direta dos próprios apóstolos. Irineu, Clemente, Tertuliano e especialmente Cipriano, na sua luta contra os gnósticos, fortaleceram grandemente esses conceitos do episcopado monárquico como a forma de assegurar uma sucessão apostólica. É uma incógnita por que, em todo esse declínio, não houve uma volta para a ênfase da advertência apostólica: "Lembra-te portanto de onde tu caíste, e arrepende-te, e volta às tuas primeiras obras" (Ap 2:5). Podemos nos perguntar por que homens santos como aqueles deram mais ênfase à defesa da estruturação como recurso para proteger a Igreja da heresia gnóstica do que num derramamento pleno do Espírito Santo como nos dias dos apóstolos.

A crescente supremacia da Igreja de Roma

Ainda que, a princípio, a Igreja não tivesse uma hierarquia rígida, estava caminhando rapidamente nessa direção. Os bispos de Roma, Constantinopla, Antioquia, Jerusalém e Alexandria naturalmente obtiveram uma preeminência especial por causa de sua posição e influência. No ano 100 A.D., a Igreja em Roma já era a maior congregação da cristandade. Em 251, ela continuava sendo a maior e mais vibrante Igreja de seus dias, tendo uns 30 mil membros sob o singular bispo Cornélio. A Igreja em Roma permaneceu na defesa da fé cristã contra os gnósticos, os montanistas e outros cismáticos. De acordo com Eusébio, a influência de Roma foi mais tarde engrandecida por sua famosa generosidade. No ano 251, mais de 1,5 mil pessoas pobres eram sustentadas pela igreja. Inácio falou dos romanos, na sua epístola, como "tendo eles a presidência do amor". Roma, a congregação da caridade, o lugar onde o credo foi formulado, o cânone, consolidado, a primeira na defesa da fé apostólica, foi naturalmente erguida a uma posição de maior importância na era antenicena. Posteriormente, seus bispos ambiciosos usariam de sua vantagem política na luta pela supremacia oficial da Sé romana sobre toda cristandade.

Vimos como, no primeiro século, as igrejas eram independentes. Não havia um governo que exercesse autoridade sobre mais que uma igreja. No segundo século, ainda permaneceu a mesma realidade, mas, no fim do século 2, começou a surgir uma organização que depois veio a ser conhecida como Igreja Católica. O termo "católico" quer dizer "universal".

Essa organização era um agrupamento de igrejas ligadas por uma concordância quanto a alguns aspectos. No século 1, as igrejas tinham uma unidade espiritual através do amor e da mesma fé em Cristo. No século 2, além da unidade espiritual, havia também uma unidade externa.

As igrejas que faziam parte da estrutura chamada "católica" eram unidas, primeiro, por terem uma só forma de governo, bispos, presbíteros, diáconos; segundo, pela adoção de um só credo, o Credo dos Apóstolos; e terceiro, por todos reconhecerem e receberem uma só coleção de livros do Novo Testamento. Havia igrejas que não tinham a forma de governo acima descrita, não concordavam todas com o mesmo credo nem recebiam alguns dos livros aprovados. Essas igrejas eram reputadas pela Igreja Católica como heréticas. Muitas injustiças foram cometidas por causa disso.

Durante esses séculos, houve várias mudanças na atitude do ministério. A distinção entre um clérigo e um leigo, desconhecida no primeiro século, foi aparecendo gradualmente. Bispos, presbíteros e diáconos eram separados do povo e privilegiados por causa da posição que ocupavam.

O desenvolvimento da ideia de uma moral mais elevada deu lugar à crença de que o clero deveria ser celibatário, isto é, não deveria casar-se ou ter relações sexuais. Isso veio a se constituir lei na Igreja ocidental, no século 4. Nas igrejas maiores, começaram a aparecer clérigos oficiais de graduação inferior, tais como subdiáconos e leitores. No ano 251, a Igreja de Roma, a maior das igrejas, já tinha mais de 150 clérigos de várias categorias.

A ideia de que o ministério cristão é exclusivamente de um sacerdote, e que ele permanece entre o homem e Deus, começou a prevalecer no século 3. Tal conceito correu paralelo à crença de que a Ceia do Senhor era um sacrifício oferecido a Deus em favor do povo. Naturalmente, a ideia do sacerdócio ligava-se especialmente à pessoa do bispo.

O ofício de bispo era, então, muito elevado. Atribuía-se a ele mais poder divino para declarar o perdão dos pecados. Em algumas igrejas, houve uma forte centralização de poder pela qual um dirigente tornava-se o único cabeça da igreja local. A esse seguiu-se outro passo na centralização. No século 2, o bispo era o pastor de uma igreja numa cidade. À medida que crescia o número de crentes, outros grupos se formavam na mesma cidade e nas adjacências. Todos esses grupos ficavam sob o governo do bispo da igreja-mãe (matriz). Cada uma das outras igrejas era dirigida por um presbítero, e o bispo exercia superintendência sobre todo o distrito ou diocese.

No século 2, ainda não havia ainda surgido nenhum governo geral, organizado e centralizado na Igreja. Havia apenas sínodos ou reuniões de bispos para tratar das necessidades de cada localidade. Foi então que duas concepções de unidade da Igreja surgiram. Uma foi a de que a unidade era baseada na concordância dos bispos sobre assuntos da fé. A outra foi de que a unidade consistia na aceitação da autoridade de um único bispo sobre todos os demais: o bispo de Roma. A partir do fim do século 3, os bispos de Roma começaram a reivindicar para si a autoridade geral. Alguns séculos mais tarde, essa liderança já seria reconhecida no Ocidente, mas não no Oriente.

Assim, lentamente formou-se uma organização monumental, fria, hierarquizada e ritualizada que acabaria dominando a vida de todos que estivessem debaixo de suas pesadas estruturas. Essa organização na Idade Média é a Igreja Católica Apostólica Romana. Era dentro dessa rígida estrutura que Deus continuava mantendo os seus fiéis e agindo soberanamente, apesar de tudo.

A Igreja vinculada ao Estado

Como vimos, com Constantino operou-se uma grande e fundamental mudança. A Igreja já não seria mais perseguida. Longe disso, tornara-se a religião do imperador, dos altos oficiais da corte, e não demoraria para ser a religião do Estado. Havia muitos irmãos, entre eles Eusébio de Cesareia, que acreditavam que Constantino fora um enviado de Deus para solucionar de vez a questão das repetidas perseguições pelas quais a Igreja passava. O imperador era visto por muitos como um instrumento usado por Deus em favor da Igreja. Além disso, os favores imperiais começaram a surgir com força por todo o império, com templos cristãos sendo erigidos, o que requereu o aparecimento de uma classe de clérigos treinada para lidar com as cerimônias e a pompa da corte imperial. Não demorou para que essa gente representasse uma nova casta sacerdotal que jamais teve de lidar com as ameaças de morte, com a perseguição ou com a prova da fé. Era uma nova classe que aprendeu a lidar e a gostar do luxo. Isso mudou tudo. A Igreja agora estava de braços dados com o Estado. Seus bispos e oficiais mais elevados seriam indicados diretamente pelo imperador, e a ele deviam lealdade.

Passos largos da decadência

A experiência cristã vai migrando passo a passo para uma experiência fria e racional. O que antes era vivo e fruto de uma experiência poderosa vai se tornando mera informação intelectual, rituais frios, uma intelectualidade cristianizada, porém morta. A definição neotestamentária de Deus é bem simples. Paulo escreve: "... para nós há apenas um Deus e Pai, de quem são todas as coisas, e para o qual nós existimos" (I Co 8:6). Para a mente apostólica, havia apenas "um Deus [...] e um Senhor", e também o simples discernimento de que esse único Deus é revelado e expresso ao homem como "o Pai, o Filho e o Espírito" (Mt 28:19). Além dessa simplicidade, não havia nenhuma definição técnica e elaborada de Deus no Novo Testamento. Com Deus, havia relacionamento, intimidade, comunhão e experiência. Na Idade Média, entretanto, isso será completamente diferente. Quem se opõe ou diverge será perseguido, exilado ou morto como herege numa fogueira. Serão cristãos perseguindo cristãos.

A cristologia do Novo Testamento era também completamente simples nos dias apostólicos. O apóstolo João, amigo íntimo de Jesus, é o que faz mais definições sobre a pessoa de nosso Senhor Jesus Cristo. Ele é o "Unigênito de Deus, o qual está no seio do Pai" (Jo 1:18). Ele é a Palavra e, como tal, ele é Deus (Jo 1:1). Ele é a plena revelação do Pai, como ele mesmo declara: "... o que me tem visto, tem visto o Pai" (Jo 14:9). Para Tomé, Jesus é "meu Senhor e meu Deus" (Jo 20:28). Para João, Jesus é, na verdade, "o verdadeiro Deus e a vida eterna" (I Jo 5:20, 1:2). Quanto à humanidade de Jesus, Paulo é igualmente enfático: "Todo espírito que confessa que Jesus Cristo veio em carne é de Deus..." (I Co 4:2). Apenas o Enganador e o Anticristo não "reconhecem Jesus Cristo como vindo em carne" (II Jo 7). Esta, em poucas palavras, é a cristologia apostólica: Jesus Cristo é verdadeiro Deus e verdadeiro homem.

A teologia e a cristologia dos séculos medievais serão, infelizmente, mais técnicas e complexas, e, por causa disso, causarão mais divisões que unidade. É verdade que houve graves erros teológicos que quebraram em pedaços a unidade e a simplicidade apostólicas originais, bem como falsos ensinos que diminuíam a verdadeira humanidade de Jesus (docetismo gnóstico — a crença de que Jesus veio apenas num corpo espiritual) ou que reduziam a sua verdadeira deidade (arianismo — a crença de que Jesus era uma criatura de Deus e, portanto,

> **A ESPIRITUALIDADE DOS MÁRTIRES**
> Ser testemunha de Jesus é uma experiência que escapa à compreensão humana. Pedro e João foram presos pela cúpula religiosa judaica. Os dois apóstolos recusaram a liberdade que lhes fora proposta, sob a condição de não falarem mais de Jesus Cristo. Ao que disseram: "Porque não podemos deixar de falar do que temos visto e ouvido" (At 4:20).

não existia desde a eternidade e não era Deus). Mas também é verdade que muita controvérsia apareceu entre os crentes ortodoxos desse período sobre as elaborações e misturas adicionadas pelos seus teólogos às simples definições apostólicas originais do primeiro século.

Tertuliano, o montanista, e os chamados "heréticos" montanistas, com sua forte ênfase na pessoa e no trabalho distintos do Espírito Santo, estão entre os primeiros a fazer forte definição da Trindade. A mentalidade apostólica do primeiro século, enraizada fortemente no monoteísmo da Antiga Aliança, trataria com muita cautela qualquer diferença excessiva entre o Pai, o Filho e o Espírito Santo, temendo um triteísmo (três deuses). Os montanistas, no entanto, com sua teologia trinitariana "Logos", como foi chamada, foram menos cautelosos. Um dos primeiros a trabalhar em cima da palavra "Trindade" para definir a Divindade, Tertuliano escreve acerca do assunto em sua obra "Contra Práxeas".

Práxeas era um herético aos olhos de Tertuliano, pois cria que o Pai, o Filho e o Espírito Santo eram três modos em que Deus se manifestava, de maneira que Deus, às vezes, era Pai, outras, Filho e outras, Espírito. Essa é a doutrina que recebe o nome "patripassionismo" (do latim *patri*, "pai", e *passio*, "sofrimento"). Segundo essa doutrina, o Pai sofreu a paixão, pois o Filho é o Pai. No escrito "Contra Práxeas", Tertuliano ainda diz:

> O demônio tem lutado contra a verdade de muitas maneiras, inclusive defendendo-a para melhor destruí-la. Ele defende a unidade de Deus, o Onipotente Criador do universo, com o fim exclusivo de torná-la herética. Afirma que o próprio Pai desceu ao seio da virgem, dela nascendo, e que o próprio Pai sofreu; que o Pai, em suma, foi pessoalmente Jesus Cristo [...] Práxeas foi quem trouxe essa heresia da Ásia para Roma [...] Práxeas expulsou o Espírito Santo e crucificou o Pai." (BETTENSON, 1961, p. 70-71)

A doutrina da Trindade, segundo Tertuliano, definia que Deus é uma só substância, mas com três pessoas distintas e independentes: Pai, Filho e Espírito Santo. Estas pessoas não são apenas formas de revelação, mas realmente pessoas distintas. O Filho e o Espírito Santo são um com o Pai, no entanto, menores que ele, e há unidade na Trindade.

Tertuliano, mais tarde, admitiu o problema causado por sua definição da Divindade: "Os simples, os quais sempre constituem a maioria dos crentes, estão assustados acerca da realidade de 'três em um' porque suas regras de fé são muito absolutas, e qualquer diferença os leva para a visão mundana de muitos deuses". Era mesmo difícil para a maioria dos crentes ver na concepção trinitariana algo diferente de um triteísmo (três deuses).

Em reação a essas então chamadas tendências triteístas dos trinitarianos montanistas, os monarquistas, seus opositores, declararam sua fé absoluta na unicidade de Deus. Segundo o monarquismo, o conceito trinitário era falso, pois se opunha à fé no Deus único. O monarquismo tinha duas correntes de pensamento, sendo que a mais forte era chamada "modalismo". Seu principal representante foi Sabélio, o qual foi excomungado por Roma em 215, mas nem por isso deixou de exercer grande influência sobre a cristologia da Igreja. O sabelianismo dizia que o Pai, o Filho e o Espírito Santo são de uma só substância e podem ser diferenciados um do outro apenas pelo nome. Deus apareceu em formas diferentes, em épocas diversas, primeiro de modo geral, na natureza, depois como Filho e finalmente como Espírito Santo. As três pessoas são uma e a mesma; não há Trindade real. Não há distinção entre as pessoas, ao contrário, há identificação do Filho com o Pai e do Espírito com o Filho e o Pai. O Filho não existia desde a eternidade, mas surgiu com o nascimento de Jesus.

A visão de Sabélio saiu vitoriosa sobre a teoria da subordinação que caracterizava a cristologia de Tertuliano e Orígenes, a qual diz que o Pai é maior que o Filho, pois o gerou e o enviou: "O Pai não é o Filho; ele é maior do que o Filho, pois aquele que gera é diferente daquele que nasce, e o que envia é diferente do que é enviado" ("Contra Práxeas"). Esse realmente veio a ser um dos fundamentos da posterior heresia ariana, a versão do século 4 e das modernas Testemunhas de Jeová, os quais subordinam Jesus Cristo ao Pai como um "deus menor", uma criatura.

Depois de tanta confusão, vale a pena citar as palavras sábias e iluminadas de Atanásio, que derrotou a doutrina herética de Ário sobre a Trindade no Primeiro Concílio da Igreja, em 325, na cidade de Niceia:

Adoramos um Deus em Trindade, e Trindade em unidade. Não confundimos as Pessoas nem separamos a substância. Pois a pessoa do Pai é uma, a do Filho, a outra, e a do Espírito Santo, outra. Mas no Pai, no Filho e no Espírito Santo há uma Divindade, glória igual e majestade coeterna. Tal qual é o Pai, o mesmo são o Filho e o Espírito Santo. O Pai é incriado, o Filho é incriado, o Espírito é incriado. O Pai é imensurável, o Filho é imensurável, o Espírito Santo é imensurável. O Pai é eterno, o Filho é eterno, o Espírito Santo é eterno. E, não obstante, não há três eternos, mas, um eterno. Da mesma forma, não há três [seres] incriados, nem três imensuráveis, mas um criado e um imensurável. Da mesma maneira, o Pai é onipotente. No entanto, não há três onipotentes, mas sim um Onipotente. Assim, o Pai é Deus, o Filho é Deus e o Espírito Santo é Deus. No entanto, não há três deuses, mas um Deus. Assim, o Pai é Senhor, o Filho é Senhor e o Espírito Santo é Senhor. Todavia, não há três senhores, mas um Senhor. Assim, como a veracidade cristã nos obriga a confessar cada Pessoa individualmente como sendo Deus e Senhor, assim também ficamos privados de dizer que haja três deuses ou senhores. O Pai não foi feito de coisa alguma nem criado nem gerado. O Filho procede do Pai somente, não foi feito nem criado nem gerado. O Espírito Santo procede do Pai e do Filho, não foi feito nem criado nem gerado, mas procedente. Há, portanto, um Pai, não três pais; um Filho, não três filhos; um Espírito Santo, não três espíritos santos. E nessa Trindade não existe primeiro nem último; maior nem menor. Mas as três Pessoas coeternas são iguais entre si mesmas; de sorte que, por meio de todas, como acima foi dito, tanto a unidade na Trindade como a Trindade na unidade devem ser adoradas. (BETTENSON, 1961, p. 74 e 77)

A essa altura, podemos reconhecer que a era apostólica da simplicidade já não existia. Definições técnicas e explanações complicadas substituíram o ensino ungido e simples. Com essa ortodoxia mista, chega então uma amarga, incalculável controvérsia humana e cismas sem fim, além de uma contínua luta autoritária para definir e controlar as fronteiras da "fé católica, apostólica e verdadeira". Esse é historicamente, o inverno medieval chegando.

CAPÍTULO 14
OS CONCÍLIOS DA IGREJA PÓS-NICEIA

"Não conhecemos dois cristos, nem dois filhos unigênitos ou senhores [...] não um primeiro e um segundo Cristo, mas um e o mesmo."
Nestório, patriarca de Constantinopla

O que a Igreja desse período da História representa do verdadeiro, católico e apostólico Corpo de Cristo precisa ser deixado na mão de Deus para que ele defina. Por certo, sempre serão encontrados, dentro do cristianismo estruturado, mesmo na Idade das Trevas, aqueles muitos e verdadeiros membros individuais do Corpo de Cristo. Nos sete primeiros concílios está o cerne de toda a definição teológica e doutrinária que irá moldar a Igreja que deles será proveniente.

Há muitas controvérsias, mas também toda a ortodoxia cristã provirá desses primeiros concílios. Seu resultado muitas vezes era consequência de intrigas políticas e brigas de bastidores para se ter o apoio do imperador. As consequências de ser derrotado em um concílio era provavelmente o banimento e o exílio. Daí a importância dessas assembleias convocadas pela Igreja para definir matéria de fé e de doutrina. Já tratamos anteriormente do importante Concílio de Niceia. Começaremos, portanto, com o segundo concílio em Constantinopla.

O Segundo Concílio da Igreja em Constantinopla

Como já vimos, o Primeiro Concílio Ecumênico foi o acontecido na cidade de Niceia no ano 325 para deliberar acerca das heresias arianas. O segundo Concílio Ecumênico aconteceu em Constantinopla em 381, e foi assistido por 186 bispos, na maioria gregos, convocados pelo imperador Teodósio, o Grande. Esse Segundo Concílio teve como propósito resolver finalmente a controvérsia ariana. O Concílio ampliou a confissão nicena acerca da pessoa e deidade do Espírito Santo, "o qual é Senhor concedente da vida, procede do Pai e, junto com o Pai e o Filho, é adorado e glorificado". O concílio de Constantinopla também condenou a tendência defendida por Apolinário de Laodiceia ao afirmar que Cristo não possuía alma racional humana. Gregório de Nazianzo foi um dos que expressou a posição que prevaleceu e condenou Apolinário:

> Se alguém crê nele [Jesus Cristo] como ser humano sem razão humana [alma humana], este é quem não tem razão e não é digno de salvação. Porque ele não salvou o que não assumiu. O que ele salvou é o que ele uniu à sua divindade. Se somente a metade de Adão caiu, então é possível que o que Cristo assumiu e salvou seja somente a metade. Porém, se toda a natureza caiu, é necessário que toda ela seja unida à totalidade do Verbo a fim de ser salva como um todo. (GONZALEZ, 2011, p. 279)

Esse concílio, que era formado na maior parte pelo clero grego, também afirmou a supremacia do bispo de Constantinopla, o que seria problemático para os futuros bispos da Igreja de Roma.

O Terceiro Concílio da Igreja em Éfeso

Inicialmente convocado pelo Imperador Teodósio II para o domingo de Pentecostes de 431 até o fim de outubro daquele ano, esse concílio foi campo de batalha entre o ambicioso e violento Cirilo, bispo de Alexandria, e Nestório, o eloquente patriarca de Constantinopla. Nestório fez tão

> **A ESPIRITUALIDADE DOS MÁRTIRES**
> A espiritualidade dos mártires é a espiritualidade da cruz. Seguir Jesus implica abraçar a cruz como estilo vida. Seguir a Cristo não é um caminho fácil, fantasioso, que faz buscar somente "minha bênção", sem o preço da cruz. Ao carregar a cruz, colocamo-nos ao lado de Jesus, que carregou, antes de nós, a própria cruz. Ao aceitar o desafio da cruz, abrimos as portas para a construção de uma fé fundamentada e identificada na pessoa de Jesus Cristo e sua cruz.

grande distinção entre as naturezas divina e humana de Cristo que quase o separou em duas pessoas.

O novo problema surgira nos dias de Agostinho (384-430) sobre as relações entre o divino e humano em Cristo. Quanto a isso, o Credo de Niceia não decidiu nada. O Ocidente era unido sobre a questão, mas o Oriente era dividido. Havia duas escolas: a de Antioquia, cujo erro era atribuir uma personalidade dupla a Cristo — ou "duas personalidades" ou "pessoa dupla". Seus principais líderes eram Diodoro, o fundador da escola, presbítero de Antioquia e, de 378 até a sua morte, bispo de Tarso; Teodoro, discípulo de Diodoro, um teólogo e exegeta muito capaz da escola de Antioquia; Nestório era monge e presbítero de Antioquia. Este tornou-se patriarca e bispo de Constantinopla em 428, e sua crença resumida era: "Com um só e o mesmo nome, Cristo, designamos ao mesmo tempo duas naturezas. As características essenciais na natureza da divindade e na humanidade distinguem-se desde toda a eternidade."[24] A Escola de Alexandria insistia na união pessoal de Cristo, e fez o Logos absorver a natureza divina. Um dos líderes importantes é Cirilo, Patriarca de Alexandria (412-444). Na sua crença, ele deu ênfase sobre a natureza divina de Cristo. Segundo Kelly e Early, "não conhecemos dois cristos, nem dois filhos unigênitos ou senhores [...] não um primeiro e um segundo Cristo, mas um e o mesmo" (1978, p. 314). Essa opinião era tal que, embora se descrevesse a união como "duas naturezas", a única personalidade nele era o Logos. O Logos "tomou carne", isto é, revestiu-se de humanidade. O elemento humano não possuía personalidade do Logos. Jesus não era um homem no sentido individual. Isso o reduziu a pouco mais de uma humanidade impessoal absorvida pela divindade. Ele também usou a expressão "mãe de Deus" para Maria como se fosse uma expressão natural. Para ele, foi Deus que nasceu, quem morreu, e de quem nós participamos na Ceia. Num sínodo em Constantinopla, Dióscoro, sucessor de Cirilo em Alexandria, em 444, e Eutiques de Constantinopla, amigo de Dióscoro e do partido de Cirilo no fim de 448,

---
24   WALKER, 1967, p. 194.

foram examinados e condenados. Sua heresia foi baseada na seguinte afirmação: "Confesso que nosso Senhor era de duas naturezas antes da união, isto é, a encarnação, mas de uma só natureza depois dela."[25] A luta mais acirrada, entretanto, foi mesmo entre Cirilo de Alexandria e Nestório. Cirilo fez todo o possível para derrotar Nestório. Recorreu ao imperador e à imperatriz, Teodósio II e Eudócia, e a Pulquéria, irmã do imperador, afirmando que "as doutrinas de Nestório solapavam todos os fundamentos da fé". Levou o assunto ao papa Celestino I (422-432), a quem Nestório também escreveu declarando sua fé em ".[26] Nestório foi condenado em 431 e, por fim, exilado para o Egito, onde viveu numa condição miserável. Um escrito seu foi descoberto no início do século 20 intitulado "O Tratado de Heráclides de Damasco". É uma apologia que Nestório escreveu uns 20 anos depois da controvérsia principal, afirmando sua satisfação com a cristologia de Leão I, que veio a ser canonizado no Concílio de Calcedônia, em 451. Estudiosos dos tempos atuais têm dúvidas quanto à sua doutrina. Alguns consideram Nestório como essencialmente ortodoxo, mas vítima de política eclesiástica. Outros concordam com a sentença tradicional contra ele. Em 433, um tipo de ajuste entre as escolas foi efetuado, mas de pouca duração. Era uma paz superficial.

O nestorianismo tornou a ser perseguido novamente no império, mas conseguiu muitos seguidores na Síria e proteção na Pérsia. No século 7, entrou na China e, ao mesmo tempo, na Índia. No Oriente, o grande Império Mongol começou com a conquista do norte da China, no ano de 1213, e estendeu-se através do norte da Ásia (1238-1241), conquistando a maior parte do território que agora constitui a Rússia europeia, chegando próximo à Palestina em 1258. Esta devastação quase aniquilou a forte Igreja Nestoriana da Ásia Central.

A Igreja Nestoriana rejeitou as decisões do Concílio de Éfeso de 431. Rejeitou também a veneração de Maria como "mãe de Deus" e o uso de

-----
25   WALKER, 1967, p. 199.
26   WALKER, 1967, p. 197.

imagens. Usou apenas o sinal da cruz. Recusou a doutrina do purgatório, mas fazia orações em favor dos mortos. Não aceitavam a doutrina da transubstanciação, mas afirmavam a presença real de Cristo na eucaristia. Sua organização consistia de oito ordens, do patriarca à subdiácono e leitor. Todos, exceto os patriarcas, arcebispos e bispos, podiam se casar. A Igreja praticava jejuns numerosos e estritos, e suas festas começavam ao pôr do sol. Os patriarcas não comiam carne, e eram escolhidos da mesma família, ordenados por três "metropolitanos". A maioria dos seus livros são escritos em siríaco.

Mesmo que fiquemos admirados diante dos atos violentos e carnais do Concílio de Éfeso, devemos respeitar sua honesta tentativa em busca da defesa da verdade. Uma segunda decisão de Éfeso foi a condenação formal dos ensinos de Pelágio, um monge britânico, em favor dos ensinos de Agostinho, bispo de Hipona no norte da África, o autor de *Confissões* e *A Cidade de Deus*. Pelágio, do mesmo modo que o avivalista americano Charles G. Finney (1850), cria que o pecado original não é herdado de Adão. Pecado, para Pelágio e Finney, era uma questão de vontade, não de herança. Consequentemente, o batismo infantil seria desnecessário porque crianças não têm o pecado original herdado. Consequentemente, o homem seria moralmente livre para escolher a Deus e obedecer suas leis. Nesses termos, seria mesmo possível que um homem fosse salvo por uma perfeita obediência à lei.

Agostinho opôs-se a esses ensinos, afirmando a crescente crença católica no pecado original no nascimento, a necessidade do batismo infantil, a incompetência do homem para escolher Deus e, então, a necessidade da soberana graça de Deus para a salvação do homem, um ponto de vista mais tarde adotado na Reforma Protestante, especialmente por João Calvino e seus seguidores.

> **A ESPIRITUALIDADE DOS MÁRTIRES**
> Escrevendo a Timóteo, Paulo disse: "E também todos os que piamente querem viver em Cristo Jesus padecerão perseguições" (II Tm 3:12).

Agostinho de Hipona em afresco de igreja na Itália.

    Ainda que o pelagianismo tivesse sido formalmente condenado pela Igreja, ele sobreviveu na forma de um semipelagianismo que, por fim, subverteu teologicamente o catolicismo medieval, gerando a crença numa forma de justificação através das obras e do ascetismo. O semipelagianismo foi vigorosamente combatido pelos reformadores, que o denunciaram como heresia.

    Não obstante as virtudes pessoais e espirituais de Agostinho, ele adotou algumas ideias que, mais tarde, trariam muita confusão à Igreja. Ele ensinou que não havia salvação fora da Igreja Católica visível, vendo-a como a "Cidade de Deus", a "sociedade cristã" verdadeira, e assim colocou os fundamentos para as futuras pretensões do papado medieval — uma visão correta do Reino de Deus, mas que perdeu o impacto devido à crescente degradação da Igreja Católica Romana, no fim da Idade Média. A Igreja, sem dúvida, deve dominar, crescer e até tornar-se um sistema à parte do sistema do mundo, mas se ela perde a vida de Deus, passa a fazer parte do mesmo sistema que antes combatia.

O Quarto Concílio da Igreja em Calcedônia, na Bitínia

Convocado para 8 de outubro de 451 pelo Imperador Marciano por insistência do bispo romano Leão, esse turbulento concílio reuniu de quinhentos a seiscentos bispos, novamente na maioria gregos ou orientais, para a condenação de Êutico, abade de um mosteiro perto de Constantinopla. Êutico foi um inflexível oponente de Nestório, o que propôs as duas naturezas, no Concílio de Éfeso, 20 anos antes. Agora, o próprio Êutico era acusado de ensinar que, "como uma gota de leite quando cai no oceano é rapidamente absorvida, assim também foi a natureza de humana de Jesus, inteiramente absorvida pela divindade". A isso o Credo de Calcedônia respondeu:

> Nós, então [...] todos com um consenso, ensinamos aos homens confessar um e o mesmo Filho, nosso Senhor Jesus Cristo [...] verdadeiramente Deus e verdadeiramente homem [...] em duas naturezas inconfundíveis, imutáveis, indivisíveis, inseparáveis. A distinção entre as naturezas existe não para não haver união, mas antes, para que a qualidade de cada natureza seja preservada e concorra em uma pessoa: o Senhor Jesus Cristo. (BETENSON, 1961, p. 82-86)

A História indica, entretanto, o comportamento não cristão de vários bispos presentes a este turbulento concílio, com insultos, zombarias, amotinações e violência. Há registro de agressões físicas entre os presentes. Em certa ocasião, quando um líder se levantou para falar ao concílio, ouviu: "Expulse esse judeu inimigo de Deus e blasfemador de Cristo." Podemos nos admirar sobre o estado da ortodoxia católica do século 5. Jesus Cristo era agora carnal e amargamente discutido. Vemos a necessidade de um retorno à consagrada simplicidade apostólica do primeiro século, na qual o Senhor Jesus Cristo era simplesmente adorado como verdadeiro Deus e verdadeiro homem, pelo poder do Espírito Santo derramado.

Nesse Concílio de Calcedônia, a cristologia formulada no Concílio de Antioquia foi modificada pelas novidades fundamentais contidas na posição alexandrina. Os pontos de vista do "Tomo" de Leão I foram incorporados ao credo. Assim, foi um triunfo para o Ocidente. A parte central do Credo de Calcedônia é a que se segue:

> Nós, portanto, seguindo os santos Pais, todos a uma só voz, ensinamos os homens a confessar que o Filho e nosso Senhor Jesus Cristo é um e o mesmo, que é perfeito em divindade e perfeito em humanidade, verdadeiro Deus e verdadeiro homem, de alma racional e corpo, consubstancial [*homoousios*, do grego ὁμός, *homós*, *mesmo*, e οὐσία, "essência") com o Pai quanto a sua divindade e consubstancial conosco quanto a sua humanidade, em tudo igual a nós, exceto no pecado; gerado do Pai antes de todas as eras quanto à sua divindade e, nestes últimos dias, por nós e pela nossa salvação, nascido da virgem Maria, a mãe de Deus (*Theotokos*). Quanto à sua humanidade, um só e o mesmo Cristo, Filho, Senhor, Unigênito em duas naturezas, inconfusas, imutáveis, indivisíveis e inseparáveis, não sendo a distinção de naturezas de modo nenhum abolida pela união, mas antes sendo a propriedade de cada natureza preservada e concorrendo em uma só pessoa (*prosopon*, πρόσωπον em grego) e uma só substância (*hypostasis*, ὑπόστασις em grego) não separada ou dividida em duas pessoas, mas um só e o mesmo Filho e Unigênito. Ele é Deus, o Verbo, o Senhor Jesus Cristo, como os profetas, desde o começo, têm declarado a respeito dele, e como o Senhor Jesus Cristo mesmo nos ensinou, e como o credo dos santos Pais nos legou. (WALKER, 1967, p. 201)

Esse é o credo que, desde então, tem sido considerado a solução ortodoxa do problema cristológico pelas Igrejas grega e latina e pela maioria das comunhões protestantes. É fácil oferecer-lhe críticas. Para sua adoção, contribuiu grandemente a política eclesiástica. Poucas das dificuldades intelectuais referentes à cristologia suscitadas no Oriente foram por ele solucionadas. Tampouco foi capaz de pôr fim às polêmicas cristológicas. No entanto, admitidos todos esses fatos, importa reconhecer a felicidade de sua formulação. Estabeleceu norma de doutrina numa área em que predominava grande confusão. Mais importante do que isso, manteve-se fiel à convicção fundamental da Igreja referente ao fato de que, em Cristo, temos a completa revelação de Deus em uma humanidade genuína.

O Quinto Concílio, o segundo de Constantinopla

Um século depois do Concílio de Calcedônia, o Imperador Justiniano, sem o consentimento do papa romano, convocou o Quinto Concílio Católico da Igreja, que contou com a participação de 164 bispos. Esse concílio se reuniu para corrigir a persistente controvérsia monofísica (do grego μόνος, *monos* = um, e φύσις, *physis* = natureza), uma única natureza.

Também de uma maneira bem confusa, o concílio condenou Orígenes como herético — justo ele, previamente aceito como "o maior teólogo anteniceno da Igreja Oriental", e cujos pensamentos foram sendo adaptados ao pensamento da Igreja.

Uma interminável disputa acerca de escritos conhecidos como "Três capítulos", intrigas sem fim e decisões contraditórias marcaram também esse segundo concílio em Constantinopla.

O Sexto Concílio, o terceiro de Constantinopla

Mais de um século depois, em novembro de 680, o Sexto Concílio Católico foi convocado, e o ensino no qual se defendia que Cristo tinha apenas uma vontade foi condenado. O concílio proclamou que "Cristo tem duas vontades e duas operações naturais sem divisão ou mudanças, sem separação ou mistura".

Realmente, Jesus Cristo tem apenas uma vontade — verdadeiramente humana e verdadeiramente divina. Podemos, de fato, ficar admirados diante dos problemas teológicos que o homem criou no século 7 do Cristianismo.

> **A ESPIRITUALIDADE DOS MÁRTIRES**
> O escritor aos Hebreus faz referência aos heróis da fé. Muitos foram fiéis até a morte. "Foram apedrejados, serrados, tentados, mortos ao fio da espada; andaram vestidos de peles de ovelhas e de cabras, desamparados, aflitos e malgrados. Homens dos quais o mundo não era digno" (Hb 11:37-38).

No processo dessas decisões, o Concílio de Constantinopla III também condenou o papa Honório (638) como herético. A condenação de um papa morto como herético por um concílio ecumênico é tão incoerente com a afirmação da infalibilidade papal que alguns historiadores tentaram contestar essa condenação ou, pelo menos, enfraquecê-la com afirmações sofisticadas e confusas. Esses são séculos de crescente controvérsia e confusão, ao mesmo tempo que a vida do Espírito continuava declinando dentro das igrejas da cristandade.

O Sétimo Concílio, o segundo de Niceia

Convocado pela imperatriz Irene, em 787, último da estilhaçada Igreja Católica, esse concílio não produziu muito mais do que um decreto não bíblico: "Se algum bispo de qualquer época, a partir daqui, for encontrado consagrando um templo sem relíquias sagradas, será deposto como um transgressor das tradições eclesiásticas."[27] A partir dessa época, as igrejas Grega e Romana se dividiram. Concílios verdadeiramente ecumênicos, que representassem toda a Igreja, não mais existiriam. Mais tarde, depois de 636 anos, a Igreja Romana — em prosseguimento às suas afirmações de universalidade — convocou o Primeiro Concílio Ecumênico Romano da Igreja Medieval, em Latrão, no ano de 1123. Sendo assim, a Igreja Grega foi então oficialmente separada de sua irmã romana numa irreconciliável divisão que continua desde 1054 até hoje.

Esses foram séculos cheios de ventos frios de amargas controvérsias e ambições, anunciando a vinda do escuro inverno conhecido como Idade das Trevas na História da Igreja. Uma era na qual pairou uma sombra sobre a luz da glória de Deus na face da terra no meio do seu Corpo, a Igreja.

---

27 Cânones número 7 do II Concílio de Niceia em domínio público: *http://mb-soft.com/believe/ ttcm/nicaea.htm*

CAPÍTULO 15
LÍDERES EMINENTES DA ERA PRÉ-MEDIEVAL

"A única coisa que possuo que poderias confiscar são estes farrapos e alguns livros. Tampouco podes me exilar, pois, onde quer que me mandes, serei hóspede de Deus." **Basílio, bispo de Cesareia**

A essa época pertencem notáveis líderes católicos, tais como Atanásio de Alexandria, Ambrósio, João Crisóstomo, Jerônimo, Basílio, Gregório de Nissa e Gregório de Nazianzo. Em meio a controvérsias e contendas, eles permaneceram como homens de Deus em sua geração.

Atanásio de Alexandria (296-373)

Sua origem estava entre os coptas ou egípcios, povos mais antigos que haviam sido conquistados primeiro pelos gregos, depois, pelos romanos. De estatura baixa e pele morena, Atanásio era por isso chamado "anão" pelos seus adversários. Nasceu por volta dos anos 296 e 299 em alguma aldeia próxima a Alexandria, e manteve relacionamento muito próximo com alguns monges eremitas do deserto, entre os quais, Antão e Paulo, o eremita, famosos por sua santidade e piedade. Atanásio recebeu deles a influência que manteve em sua vida na prática de um comportamento austero e disciplinado, reconhecido até por seus inimigos.

> **A ESPIRITUALIDADE DOS MÁRTIRES**
> O alto preço de ser testemunha de Jesus Cristo não é uma experiencia de abandono à nossa própria sorte. Ao confortar seus discípulos, Jesus afirmou: "Eu disse essas coisas para que em mim vocês tenham paz. Neste mundo vocês terão aflições; contudo, tenham ânimo! Eu venci o mundo" (Jo 16:33).

Gravura do século 19 representando Atanásio.

Ele era temido não tanto por sua retórica, habilidades intelectuais ou profundidade teológica, mas por ser alguém muito próximo ao povo, que o dedicava incondicional apoio. Não era como os arianos e nem alguns do clero ortodoxo que viviam em meio ao luxo e à pompa.

Antes mesmo das controvérsias que culminaram no Concílio de Niceia, Atanásio escrevera "Sobre a encarnação do Verbo", tratando de maneira clara como foi fundamental à Divindade ter-se feito encarnada em Jesus Cristo a fim de salvar a humanidade. Seus escritos estabelecem claramente a presença de Deus na História por reconhecer que a Divindade veio em carne. Por isso, Atanásio era tão firme contra o arianismo e qualquer doutrina que tocasse na encarnação do Verbo divino. Para ele, a heresia ariana atacava o cerne da fé cristã.

Com a morte do bispo Alexandre de Alexandria, e percebendo que desejavam fazê-lo bispo, Atanásio fugiu em vão para o deserto, onde vão buscá-lo em 328, mesmo ano em que o inconstante Constantino, contrariando as decisões do Concílio de Niceia 325, manda retornar do exílio o complicado bispo Ário. Constantino tornou-se contrário a Atanásio por conta de acusações infundadas feitas pelo bispo ariano Eusébio de Nicomédia, por isso mandou exilar Atanásio. Era esse tipo de intervenção que o poder estatal fazia agora na vida da Igreja. Logo a seguir, no leito de morte, Constantino foi batizado por Eusébio junto com os filhos Constantino II, Constâncio e Constante. Isso depois de mandar assassinar todos os concorrentes ao trono.

Durante sua ausência em Alexandria, Atanásio viajou a Roma e ajudou a consolidar ali as posições oficiais do Concílio de Niceia, que decidira pela fé ortodoxa contra o arianismo. Um sínodo foi, então, realizado em Roma, o qual estabeleceu que Atanásio era o legítimo bispo de Alexandria e que Gregório, o ariano, que havia lhe sucedido, era um usurpador. No seu retorno ao bispado em Alexandria, foi recebido como herói e conseguiu viver em relativa calma por dez anos, fortalecendo a fé nicena com alianças e uma ativa correspondência com outros bispos defensores da ortodoxia.

Constâncio, o novo imperador da porção oriental do império, finalmente decidiu livrar-se de todos os bispos que não fossem arianos, por isso forçou novamente outro exílio de Atanásio. O governador local, temendo uma rebelião do povo, cercou o lugar, e quando ia prender o bispo, seus pastores e o povo o cercaram e dali Atanásio escapou. Por cinco anos, foi fugitivo de mosteiro em mosteiro sem que as forças oficiais o agarrassem. Na morte de Constâncio, Juliano, o apóstata, subiu ao poder imperial e revogou todos os atos do antigo imperador, permitindo finalmente o retorno de Atanásio para Alexandria.

O bispo, então, dedicou-se a mobilizar os moderados por uma interpretação das decisões do Concílio de Niceia de uma maneira que mantinha "a mesma substância" entre as diferentes pessoas do Pai e do Filho, mas que reconhecia ser o Filho sujeito ao Pai, como fora ensinado desde o início da era apostólica. Um grande consenso então foi se formando, o que determinou a homologação final das decisões de Niceia no Concílio de Constantinopla, em 381. Para esse concílio, Atanásio não mais estava vivo. Ele é considerado um dos pilares teológicos da Igreja por sua defesa consistente da fé nicena.

As manobras de Juliano, o imperador apóstata, em restaurar o paganismo no Império, não conseguiam nenhum êxito em Alexandria em função da força da Igreja e da oposição firme de Atanásio. Por isso, ele foi exilado mais uma vez, mas subitamente o imperador morreu e foi sucedido por Valente, também ariano, que não ousa tocar no pequeno gigante que Atanásio havia se tornado. Temendo uma grave rebelião, o imperador deixou o bispo em paz pelo resto de seus dias, que chegam ao fim em 373.

Ambrósio, bispo de Milão

Um dos maiores oradores da Igreja ocidental e um grande opositor ao arianismo. Foi por meio de Ambrósio que o próprio Agostinho foi convertido da sensualidade a Cristo, em Milão. Ambrósio nasceu em uma família cristã e foi criado na Gallia Belgica, hoje Trier, Alemanha, e morreu aos 56 anos em Milão. Sua mãe era uma mulher de intelecto desenvolvido e profunda piedade; o pai era provavelmente um oficial. Na juventude, Ambrósio viveu em Roma, onde estudou Direito, Literatura e Retórica, e mais tarde seguiu a carreira do pai, tornando-se governador da Aemilia-Liguria até 374, quando finalmente foi feito bispo de Milão.

Em fins do século 4, a controvérsia ariana estava muito latente na Igreja em Milão, opondo os dois partidos: católico e ariano. Na sequência, o bispo Auxêncio, do partido ariano, morreu e Ambrósio foi aclamado publicamente para assumir o posto. Até esse momento ele ainda não havia sido formalmente batizado nem recebido qualquer treinamento em Teologia. Não obstante, acabou por aceitar a função. Ambrósio, então, adotou um estilo de vida piedoso e vendeu suas propriedades, doando o dinheiro aos pobres.

Para melhorar sua formação, ele estudou Teologia com Simpliciano de Roma, usando a grande vantagem que tinha como profundo conhecedor da língua grega. Ambrósio então se tornou um dos mais consistentes defensores da fé ortodoxa nicena em contraposição aos arianos, que estavam espalhados por todas as esferas do clero naqueles dias. Sendo forçado pelo imperador ariano a entregar pelo menos uma igreja para os do partido, ele declarou: "Se quiseres a minha pessoa, estou pronto para entregar-me: leve-me para a prisão ou para a morte, não resistirei, mas jamais trairei a Igreja de Cristo."[28] Ambrósio escreveu diversas obras e deixou um legado de testemunho vivo em seu tempo.

João Crisóstomo, patriarca de Constantinopla

João Crisóstomo (Χρυσόστομος, *Crisóstomos* em grego) nasceu em Antioquia da Síria em 347, tendo adquirido o apelido "Boca de Ouro", assim chamado por causa de sua incomparável eloquência na defesa da ortodoxia católica e seus destemidos apelos por arrependimento, os quais acarretaram seu banimento pelo imperador. Ele é considerado o maior pregador cristão da História.

Seus pais eram greco-sírios, e há controvérsias sobre sua mãe ser pagã ou cristã. Seu pai morreu quando ele ainda era uma criança. Foi batizado em 368 e iniciou seus estudos em Retórica e Literatura Grega. Logo cedo foi estudar Teologia com Diodoro de Tarso na Escola de Antioquia.

João Crisóstomo decidiu abraçar a vida asceta, vivendo como eremita a partir de 375 e se submetendo a privações muito agudas enquanto decorava as Escrituras, permanecendo dias seguidos de pé. Em função disso, sua saúde foi comprometida, forçando-o a retornar a Antioquia. Foi ordenado diácono e depois presbítero, em 386. Por doze anos, ganhou enorme popularidade em função de suas pregações práticas, ricas, eloquentes e fundamentadas nas Escrituras. Em 397, João foi nomeado arcebispo de Constantinopla.

Em suas funções como arcebispo, ganhou mais popularidade entre o povo e inimigos na corte bizantina e no clero pelo estilo de vida simples que vivia e por exigir o mesmo dos prelados da Igreja. Constantemente se

---
28 https://paroquiadarainha.webnode.com/news/santo-ambrosio-de-milao/

recusava a participar de festas oficiais no palácio e preferia uma vida mais reservada. Foi finalmente exilado. Morreu em 407, sendo posteriormente canonizado pela Igreja romana.

Jerônimo

O monge celibatário, conhecido por sua famosa compilação das Escrituras do Antigo e do Novo Testamento na versão latina conhecida como Vulgata Latina, nasceu em 343 na Dalmácia, próximo à atual Eslovênia, e morreu em Belém, em 420. Foi monge, eremita e escritor. Filho de pais cristãos, aos 12 anos foi para Roma a fim de estudar Gramática, Retórica e Filosofia. Foi batizado em 366. Buscando vencer a sensualidade e as lutas com o mundo, decidiu dedicar-se mais ao estudo das Escrituras e depois, com mais afinco, ao grego. Viveu em Tréveris e depois em Antioquia, e finalmente tornou-se um eremita em Caleis. Dedicou-se a uma vida profundamente piedosa e de estudos no deserto, onde aprendeu hebraico com um judeu convertido. A seguir, aperfeiçoou o grego a passou a traduzir obras para o latim.

Suas tentações, entretanto, o seguiram e ele sofreu muito buscando livrar-se delas. Por isso, nos moldes dos anacoretas, lançou-se a uma vida ainda mais intensa de ascetismo e estudos criteriosos das línguas originais. Após três anos, resolveu retornar a Antioquia, e lá foi feito presbítero por Damásio, que o desafiou a se lançar na sua grande obra de tradução das Escrituras Sagradas das línguas originais para o latim.

Nesse tempo, Jerônimo mudou-se para Roma, onde havia um grupo de mulheres santas que viviam em comunidade monástica. Eram todas estudiosas dos textos originais, e Jerônimo se fez amigo delas. Apesar das dificuldades com a

> **A ESPIRITUALIDADE DOS MÁRTIRES**
> Na crucificação de Jesus, ficou destacado o teor e a natureza da nossa fé. Se ele padeceu perseguição, nós também podemos ser perseguidos e até mortos por amor a ele. A vida de seus seguidores só pode ser compreendida a partir da experiência incondicional de ser testemunha em todo tempo, em qualquer situação. Afinal, a nossa vida é pautada pelo modelo singular de Jesus Cristo e seus ensinamentos.

sensualidade e seus choques com os opositores, Jerônimo pareceu encontrar entre essas irmãs o ambiente adequado para compartilhar seus conhecimentos.

Depois de mais um tempo em Roma, entrou em conflito com o clero corrupto e displicente. Decidiu viver o resto dos seus dias em retiro na Terra Santa. Fundou um mosteiro juntamente com Paula e Eustáquia, discípulas que o seguiram desde Roma. Para ele, sair de Roma e ir para Belém, na Palestina, foi como "sair da Babilônia e voltar a Jerusalém". Desde 386 até a sua morte, viveu em uma gruta nas proximidades de Belém, e essa foi a fase mais fecunda de sua vida. Como foi dito, além de todas as suas obras, a mais importante foi a tradução das Escrituras Sagradas das línguas originais para o latim. A Vulgata Latina foi a versão oficial usada pela Igreja Romana durante toda a Idade Média e por muitos séculos.

Sua versão, entretanto, não foi inicialmente muito bem recebida. Agostinho, o famoso bispo de Hipona, escreveu a Jerônimo:

> Rogo-te que não dediques teus esforços à tradução dos livros sagrados para o latim, a menos que sigas o método que seguistes antes em tua versão do livro de Jó, ou seja, acrescentando notas que mostrem claramente em quais pontos a tua versão difere da Septuaginta, cuja autoridade é inigualável. Além disso, não vejo como, depois de tanto tempo, alguém possa descobrir nos manuscritos hebraicos alguma coisa que tantos tradutores e bons conhecedores da língua hebraica não tenham visto antes. (GONZALEZ, 2011, p. 206)

Jerônimo era de uma personalidade extremamente forte e chocou-se frontalmente com os hereges, os ignorantes, os hipócritas, os preguiçosos, os indolentes e com todos os que, de alguma forma, o criticaram. Mesmo santos, como Basílio de Cesareia, João Crisóstomo, Ambrósio de Milão e até Agostinho de Hipona para ele eram "asnos de duas patas". Apesar de parecer insensível, essa era uma fachada mostrada ao mundo, pois sabemos, por suas obras e suas atitudes posteriores, mesmo no trato com Agostinho, que Jerônimo era um homem piedoso e sincero. Viveu ainda dez anos após a queda de Roma por mãos dos bárbaros, em 410.

Basílio, bispo de Cesareia na Capadócia

Nasceu em 329 em Cesareia e foi um dos mais importantes teólogos a apoiar o credo de Niceia, opondo-se principalmente contra o arianismo. Como bispo, definiu os padrões da vida monástica, sendo amplamente reconhecido por isso. É reconhecido como doutor da Igreja. Foi criado numa família de cristãos piedosos. Sua avó fora martirizada antes da conversão de Constantino, e ainda pequeno, foi educado pela outra avó. Na adolescência, mudou-se para Antioquia, em seguida para Constantinopla e depois para Atenas, a fim de prosseguir em seus estudos. Retornou envaidecido pelo conhecimento e posição adquiridos e logo tornou-se professor de Retórica na Universidade de Cesareia.

Em Cesareia, sob a influência da irmã, Macrina, uma piedosa cristã, e diante da morte repentina do irmão Naucrácio, Basílio decidiu dedicar-se completamente a Deus. Macrina e Emília, a mãe de Basílio, fundaram juntas uma pequena comunidade em Anessi onde um grupo de mulheres passaria a viver uma vida monástica com regras rígidas e simplicidade. Pode-se dizer, portanto, que Macrina foi a fundadora do monasticismo que mais tarde se desenvolveria.

Nos anos posteriores, mesmo depois da morte de Basílio, Macrina era reconhecida como "a Mestra" por muitos irmãos, tal sua sabedoria e santidade. Gregório, irmão de Basílio e de Macrina, ao visitá-la no leito de morte, foi por ela consolado acerca da esperança de ressurreição futura que todos os cristãos possuem em Cristo. Foi ele a fechar-lhe os olhos nos últimos instantes e a conduzir o culto fúnebre.

Ao encontrar-se com Eustácio de Sebaste, um bispo asceta, Basílio, já retornado a Cesareia, decidiu dedicar-se a Deus exclusivamente e estabelecer um mosteiro juntamente com Gregório de Nazianzo em Ibora, nas terras de sua própria família. Foi lá que Basílio escreveu suas obras que influenciaram e serviram de base para muitas outras ordens monásticas que surgiriam.

Contra sua vontade, foi ordenado presbítero e depois bispo de Cesareia na Capadócia, hoje Turquia, em 370. Diante da visita do imperador, que era ariano, Basílio foi pressionado de todas as formas a mudar sua posição. Foi ameaçado de com confisco de bens, tortura, exílio e morte. A essas coisas, ele respondeu:

> A única coisa que possuo que poderias confiscar são estes farrapos e alguns livros. Tampouco podes me exilar, pois, onde quer que me mandes, serei hóspede de Deus. E quanto às torturas, meu corpo já está morto em Cristo. A morte me fará um grande favor, pois me levaria mais rápido à presença de Deus. (GONZALEZ, 2011, p. 188)

O enviado imperial então afirmou que nunca ninguém ousara resistir com tais palavras tão firmes, ao que Basílio respondeu: "... talvez porque nunca tropeçaste num verdadeiro bispo." Morreu em janeiro de 379, aos 50 anos, pouco antes do Concílio de Constantinopla que confirmaria a doutrina trinitariana para a qual Basílio trabalhara intensamente.

Gregório de Nissa

Nasceu em 332 em Cesareia. Era irmão de Basílio, por ele foi educado, e possuía um temperamento mais reservado do que o do irmão. Foi casado com Teosébia, uma moça muito bela, e abraçou a profissão de professor até dela se desligar, tornando-se monge eremita por um tempo. Na sequência, foi consagrado bispo de Nissa, na Capadócia, região da Ásia Menor.

Em 371, tornou-se arcebispo de Sebaste, chocando-se com os adeptos do arianismo, e foi deposto de sua Sé. Após a morte do imperador Valente, que era ariano, foi readmitido na antiga função. Foi participante eloquente do primeiro Concílio de Constantinopla.

Entre seus principais escritos estão um "Comentário de Cântico dos Cânticos", "A catequese", "Diálogo com Macrina", "Sobre a divindade do Filho e do Espírito Santo". Seus escritos apontam para uma rica e profunda vida contemplativa, com seus textos tratados entre os principais clássicos do monasticismo místico. Gregório morreu em 394.

Gregório de Nazianzo

Nasceu em 330 em Arianzo, na Capadócia, região da Ásia Menor, e seus pais eram cristãos. Seu pai, Gregório, foi feito bispo de Nazianzo em 328. Da mesma forma que Basílio, Gregório de Nazianzo possuía uma família devota a Deus e totalmente comprometida com a causa do Evangelho. Casou-se com Nona e, a seguir, foi instruído em Retórica e Filosofia em Nazianzo, Cesareia, Alexandria e depois em Atenas. Ao chegar a Atenas, tornou-se muito amigo de Basílio de Cesareia. No retorno à casa, com 30 anos, foi feito presbítero por seu pai, a quem ajudou a solucionar uma disputa com monges locais. Durante esse período, Juliano tornou-se imperador e se declarou pagão e contra o cristianismo. Juliano fora colega de Gregório na escola de Atenas. Gregório, então, escreveu "Contra Juliano", sendo por ele violentamente perseguido. O imperador, entretanto, morreu no ano seguinte, na guerra contra os persas.

A disputa agora seria contra a heresia ariana que ameaçava dividir a Igreja da Capadócia. Mesmo diante de muita pressão, permaneceu firme. Finalmente, Gregório foi eleito bispo de Sásima, em 372. Após alguns anos, foi chamado a Constantinopla a fim de lutar em favor da ortodoxia contra o arianismo.

O imperador Teodósio, um general católico originário da Península Ibérica, demitiu todos os arianos e fez de Gregório bispo de Constantinopla. Durante esse tempo, ele escreveu os "Cinco discursos teológicos sobre a trindade", que até hoje são considerados entre as melhores exposições sobre a doutrina trinitariana. Diante das muitas controvérsias na Sé de Constantinopla, onde os bispos "comportavam-se como vespas alvoroçadas" em meio a intrigas políticas de todo tipo, ele decidiu retornar a Nazianzo. Ali reassumiu a função de bispo em lugar de seu pai. Gregório morreu em 389.

> **A ESPIRITUALIDADE DOS MÁRTIRES**
> Assim como Jesus, seus discípulos foram perseguidos. Segundo a tradição, o apóstolo Pedro foi crucificado em Roma de cabeça para baixo. Paulo foi decapitado em Roma. João, mesmo avançado em idade, foi exilado na Ilha de Patmos por volta do ano 95 A.D., onde escreveu o Livro de Apocalipse. Nenhum de seus discípulos, mesmo que alquebrados pela dureza da vida, ousou sequer cogitar abrir mão da cruz que um dia lhes fora confiada. Seguir a Cristo, portanto, implica carregar a cruz em todo o tempo.

CAPÍTULO 16
AGOSTINHO DE HIPONA

"Tu nos fizeste para ti, e nosso coração está inquieto enquanto não encontrar em ti descanso." **Agostinho de Hipona**

Agostinho nasceu no norte da África, em Tagaste, uma pequena aldeia da Numídia, no ano 354. Seu pai era pagão, mas a mãe, Mônica, era cristã piedosa. Ambrósio uma vez lhe disse: "Tenha coragem; um filho de tanta oração e lágrimas nunca se poderá perder." Antes de completar 18 anos, Agostinho tomou uma concubina que deu à luz um filho, Adeodato. Ele e seu filho foram batizados ao mesmo tempo. Aos 30 anos, era mestre brilhante de retórica em Cartago. Apesar de bem instruído, era conhecido pelo mal comportamento. Segundo Nichols (1954/1960, p. 45), "sua vida era inútil e vergonhosa, segundo os padrões morais então existentes".

Agostinho tinha por costume enganar os seus professores e seus pais com mentiras. Era escravo da glutonaria. Sua conversão aconteceu numa viagem da África para Roma para ensinar Retórica, e dali foi para Milão. Em Milão, pela influência de Ambrósio, começou a ler as Escrituras. Viu, então, sua deformidade moral no espelho da Palavra de Deus e começou a buscar a Deus com sinceridade. Numa ocasião, no jardim de sua casa, ouviu uma criança vizinha dizer-lhe: "Toma e lê."

Tomou um volume das epístolas de Paulo e, ao abri-lo, seus olhos encontraram Romanos 13:13-14): "Andemos

> **A ESPIRITUALIDADE DOS MÁRTIRES**
> Paulo escreveu a Timóteo nos seus últimos dias de vida, nos calabouços sub-humanos de Roma: "Ninguém me assistiu na minha primeira defesa, antes todos me desampararam. Que isto não lhes seja imputado. Mas o Senhor assistiu-me e fortaleceu-me para que por mim fosse cumprida a pregação e todos os gentios a ouvissem, e fiquei livre da boca do leão" (II Tm 4:17).

honestamente, como de dia, não em glutonaria, nem em bebedeiras, nem em desonestidades, nem em dissoluções, nem em contendas e invejas; mas revestidos do Senhor Jesus Cristo, e não tenhais cuidado da carne em suas concupiscências."

Isso tocou seu coração e o fez aceitar Cristo. Em 387, uniu-se à Igreja. Foi batizado por Ambrósio, junto com o filho Adeodato. De acordo com Nichols (1954/1960, p. 45), "entre Paulo e Lutero, o Cristianismo teve em Agostinho o maior de seus mestres, cuja influência ainda permanece em ambas as partes da cristandade: no protestantismo e no catolicismo". Em 396, tornou-se bispo de Hipona, África do Norte. Ali passou 35 anos escrevendo sobre as doutrinas cristãs. Fundou o primeiro mosteiro naquela região da África, o qual se tornou uma escola teológica. Morreu em 28 de agosto de 430, durante o sítio de Hipona pela tribo bárbara dos vândalos.

Entre seus escritos mais importantes e conhecidos estão as *Confissões*, onde relata as suas experiências até sua conversão. "Tu nos fizeste para ti, e nosso coração está inquieto enquanto não encontrar em ti descanso." "Há nessa obra a mais profunda nota de devoção pessoal ouvida pela Igreja desde os dias de Paulo." [29] Escreveu também "Sobre a Trindade" e "A Cidade de Deus", uma interpretação da História originalmente escrita em resposta àqueles que acusaram o cristianismo de ser a causa da queda de Roma sob a tribo bárbara dos godos. Foi este último o seu escrito mais importante, e começou a escrevê-lo no ano de 412, nos dias escuros depois da conquista de Roma por Alarico. Terminou mais ou menos no ano 426. "A Cidade de Deus" era composta dos predestinados — na sua opinião, os escolhidos por Deus antes da fundação do mundo.

Suas doutrinas mais relevantes e que mais impactaram a Igreja foram a salvação pela graça, mediante a fé, e a santificação pelo Espírito Santo para fazer a vontade de Deus. Agostinho limitou a salvação à Igreja visível e via a vida cristã como uma relação com Deus de fé e amor. Ensinou também um ascetismo legalista e monástico, que é uma se suas contradições. A predestinação é outro assunto de Agostinho que muito o aproximará

.....
29   WALKER, 1967, p. 235.

dos reformadores calvinistas, além da doutrina do pecado original. De acordo com Agostinho, aqui na terra é impossível saber se somos salvos. Ensinou também o livre arbítrio do homem, imediatamente posterior à sua salvação, para completamente voltar-se a Deus.

Para ele, o batismo e a Santa Ceia são necessários para a salvação. Cria também na perseverança dos santos eleitos e na graça irresistível. Chegou a essa conclusão antes da controvérsia pelagiana.

As obras antipelagianas

Pelágio era um monge britânico, talvez irlandês, que havia se estabelecido em Roma por volta do ano 400. Ele ganhou um fiel seguidor chamado Celestio, provavelmente romano. Celestio era seguidor rigoroso de Pelágio e um pouco mais radical.

Por volta de 410, Pelágio e Celestio foram para a África e visitaram Hipona com o propósito de encontrar-se com Agostinho. Não o encontraram, e Pelágio viajou então ao Oriente, ao passo que Celestio permaneceu em Cartago e procurava ser ordenado presbítero pelo bispo Aurélio.

O bispo, entretanto, recebeu uma carta de Paulino, diácono de Milão, acusando Celestio de seis erros. Segundo ele, Celestio ensinava que Adão fora criado mortal e teria morrido, quer tivesse pecado ou não; o pecado de Adão contaminou só a ele próprio, e não a raça humana inteira; as crianças recém-nascidas estão naquele estado em que Adão estava antes da queda; a raça humana inteira não morre por causa da morte e do pecado de Adão nem ressuscita pela ressureição de Cristo; a Lei, tanto quanto o Evangelho, conduz ao Reino dos céus; mesmo antes da vinda do Senhor, havia homens sem pecado. Celestio não refutou a carta. Um sínodo reunido em Cartago, em 411, declarou-se contra sua ordenação. Então ele foi para Éfeso, onde aparentemente foi ordenado, e não sabemos muito mais acerca dele. Escrevendo entre os anos 412 e 429, Agostinho acusou Pelágio de incorrer em erros quanto ao seguinte: negar o pecado original; rejeitar a salvação pela graça infusa; e afirmar a capacidade humana de viver sem pecado meramente por esforço próprio. O conjunto da obra de Agostinho, inclusive refutando o pelagianismo, consta dos seguintes escritos: "A culpa e a remissão dos pecados" (412); "Batismo infantil" (412); "O espírito e a letra" (412): "A natureza e a graça (415); "As ações de Pelágio" (417); "A graça de Cristo e o pecado original" (418); "O casamento e a concupiscência"; "A disciplina e a graça"; "A predestinação dos santos"; "O dom da perseverança".

Outras obras teológicas de Agostinho

Escreveu acerca do maniqueísmo e dos argumentos contra essa doutrina que tratam da origem do mal. Escreveu sobre o livre arbítrio do homem; a harmonia entre o Antigo e o Novo Testamento; a harmonia entre a revelação e a natureza; a criação feita do nada em oposição ao dualismo; a supremacia da fé sobre o conhecimento. Tratou também da autoridade das Escrituras e a Igreja. Ensinou sobre o ascetismo verdadeiro contra o ascetismo falso. Escreveu contra as obras donatistas entre os anos 393 e 420, e ainda sobre os argumentos contra o separatismo, a doutrina acerca da Igreja, a disciplina e os sacramentos.

O semipelagianismo de Agostinho

Ainda que o pelagianismo fosse rejeitado, nem todos aceitaram as porções mais peculiares da teologia de Agostinho. Jerônimo reconheceu a participação da vontade humana na conversão e não pensava numa graça divina irresistível. Com o norte da África sendo devastado pelos vândalos, a principal controvérsia sobre os princípios agostinianos, surgiu no sul da França.

João Cassiano, provavelmente da Gália, que havia visitado o Egito e o Oriente, fundou em Marselha, em 415, um mosteiro e um convento. Por volta de 429, escreveu seu *Collationes* na forma de

> **A ESPIRITUALIDADE DOS MÁRTIRES**
> Ademais dos apóstolos, que pagaram com suas vidas o preço da fé, muitos outros irmãos e irmãs igualmente morreram como testemunhas de Jesus Cristo sob o peso da perseguição imperial romana. O livro do Apocalipse faz alusão ao sacrifício das testemunhas. "Eles, pois, o venceram por causa do sangue do Cordeiro e por causa da palavra do testemunho que deram e, mesmo em face da morte, não amaram a própria vida (Ap. 12:11).

conversações com monges egípcios. Sua opinião era que "a vontade é sempre livre no homem, e esta pode rejeitar a graça de Deus ou deleitar-se dela".

Em 434, Vicente, um monge de Lérins, escreveu "Commonitorium", no qual atacou os ensinos de Agostinho sobre a graça e a predestinação como sendo novidades sem apoio na tradição católica. Fausto, abade de Lérins, no seu tratado sobre a graça (474) reconheceu o pecado original, mas afirmava que os seres humanos ainda têm "a possibilidade de esforçar-se pela salvação". Deus vê de antemão o que os homens farão com os convites do Evangelho. Ele não os predestina. Ainda que Fausto tenha rejeitado o pelagianismo, estava mais perto dele do que de Agostinho. Cesário (469-542), durante algum tempo, era monge de Lérins, e depois, a partir de 502, bispo de Arles. Em 529, realizou um sínodo em Orange cujos cânones foram aprovados pelo papa Bonifácio II (530-532). Com eles, a controvérsia pelagiana praticamente acabou. De acordo com Walker (1964, p. 185), esse sínodo afirmou que "o homem não somente está debaixo do pecado original, mas tem perdido todo poder para voltar-se para Deus". E ainda continua: "Pelo dom gratuito da graça, isto é, pela inspiração do Espírito Santo, é que vem o desejo de crer e chegar ao nascimento do santo batismo." Todo o bem no homem é obra de Deus. Os principais pensamentos de Agostinho foram aprovados, mas a graça irresistível não foi afirmada. A predestinação para o mal foi condenada. Ainda que aquele sínodo praticamente tenha colocado um fim na controvérsia semipelagiana, as opiniões semipelagianas têm sido, em grande parte, mantidas na Igreja romana.

CAPÍTULO 17
AS INVASÕES BÁRBARAS E O FEUDALISMO

"Se o Império Ocidental tivesse caído, como podia ter acontecido um século mais cedo, a História do Cristianismo teria sido outra."
Williston Walker

Os romanos chamavam "bárbaros" todos aqueles que viviam fora das fronteiras do império e não falavam o latim. Entre esses bárbaros, destacaram-se alguns grupos cujos principais povos eram os francos, os anglos, os saxões, os godos e os vândalos, que deram origem aos franceses, ingleses e alemães. Os eslavos, bárbaros da Europa Oriental, formariam os russos, tchecos, poloneses, entre outros. Os tártaro-mongóis, no geral, eram asiáticos. Os hunos e, no futuro, os turcos, seriam mais conhecidos. Acredita-se que os germanos, de quem os historiadores não conhecem a origem, vieram da Ásia para se fixar no norte da Europa. A organização política dos bárbaros, no geral, era bastante simples. Em época de paz, eram governados por uma assembleia de guerreiros formada pelos homens da tribo em idade adulta. Essa assembleia não tinha poderes legislativos, e suas funções se restringiam à interpretação dos costumes. Além disso, decidia as questões de guerra e de paz ou se a tribo deveria migrar para outro local.

Em época de guerra, a tribo germânica era governada por uma instituição denominada *Comitatus*. Esta era a reunião de guerreiros em torno do líder militar, ao qual todos deviam total obediência. A religião bárbara era politeísta. Adoravam muitos deuses e as forças da natureza até serem cristianizados. Quando ocorreram as invasões, a maioria das tribos bárbaras já era cristã de fé ariana.

O flagelo de Deus

Os hunos, originários da Ásia, eram grandes guerreiros e entraram no que sobrou do antigo Império Romano, causando enorme devastação por onde passaram, queimando, pilhando e matando. Chefiados por Átila, chamado o "flagelo de Deus", os hunos invadiram a Europa com a finalidade de conquistar o Império Romano e chegar à sua capital. Às portas da cidade, depois de conferenciar com o Papa Leão I, Átila não atacou a cidade de Roma, retirando-se para a Hungria, onde faleceu em 453. Após a morte do líder, os hunos dispersaram-se pela Europa.

Os reinos bárbaros

À procura de terras férteis, aproveitando-se da decadência romana e fugindo dos belicosos hunos, os bárbaros germanos foram entrando nas antigas fronteiras do Império Romano, criando vários reinos e despedaçando o outrora vasto e sólido império. Esses grupos ficaram assim distribuídos: reino dos vândalos, no norte da África; reino dos visigodos, na Península Ibérica, que deu origem a Portugal e Espanha; reino dos francos, na Gália, atual França; reino dos anglo-saxões, na Inglaterra e Alemanha.

Do ponto de vista religioso, os bárbaros reintroduziram na Europa Ocidental os elementos que pouco antes pareciam estar quase desaparecidos: o paganismo e o arianismo. Quase todos os invasores eram arianos: os vândalos, os visigodos, os ostrogodos, os suevos, os burgúndios e os lombardos. Com o passar do tempo, esses povos desapareceram (os ostrogodos e os vândalos) ou se tornaram católicos (os suevos, os visigodos e os burgúndios). Quanto aos povos pagãos, todos se tornaram católicos. Na sua maior parte, essas conversões foram resultado da pressão política exercida e do processo de assimilação que ocorreu depois das invasões. A maioria das tribos bárbaras não penetrou o

> **A ESPIRITUALIDADE DOS MÁRTIRES**
> Dentre os primeiros mártires estavam os sucessores imediatos dos apóstolos, os chamados Pais Apostólicos, por terem convivido com os primeiros apóstolos de Jesus Cristo. Esses homens eram pastores e bispos na Igreja antiga. É o caso de Inácio, bispo em Antioquia, e Policarpo, pastor na Igreja de Esmirna.

império para destruir a civilização romana, mas para participar dela. Por essa razão, a maioria deles logo esqueceu seu idioma e começou a falar o latim vulgar. Essa é a origem das nossas línguas latinas modernas. De igual modo, os bárbaros abandonaram suas antigas crenças e acabaram por aceitar as dos povos conquistados. Foi assim que se originou o cristianismo ocidental, do tipo que a Idade Média conheceu.

Apesar de terem recebido o cristianismo, o que realmente ocorreu em grande escala foram mais adesões do que propriamente conversões no modelo do Novo Testamento. Dessa forma, milhares de homens e mulheres abraçaram a nova religião e entraram para a Igreja Católica, tornando-se cristãos nominais.

Missões arianas e as invasões

Úlfilas, missionário ariano, foi enviado aos visigodos além do Danúbio. Os visigodos rapidamente aceitaram o cristianismo ariano apresentado por Úlfilas. Os ostrogodos, vândalos (em parte), burgúndios e lombardos também aceitaram o cristianismo ariano antes de invadir o império. Segundo Walker (1967, p. 176), "se o Império Ocidental tivesse caído, como podia ter acontecido um século mais cedo, a História do Cristianismo teria sido outra".

Somente algumas tribos, principalmente os francos, saxões e jutos, eram pagãos no tempo de suas invasões. É muito significativo que as várias tribos bárbaras tenham invadido o Império Romano não como inimigos do cristianismo, mas como amigos.

Conquistas importantes dos bárbaros

Em 376, os visigodos, pressionados por uma invasão dos hunos, cruzaram o Danúbio inferior em busca de amparo. Em Adrianópolis, em 378, derrotaram os romanos e mataram o imperador Valente. Teodósio (379-395) impediu mais ataques. Sob a liderança de Alarico, os visigodos começaram a marcha de pilhagem novamente e chegaram até quase os muros de Constantinopla, em 395, e depois partiram para a Grécia, penetrando até a cidade de Esparta. Ainda sob Alarico, os visigodos marcharam até o norte da Itália. Sob o comando de Ataulfo, em 412, invadiram o sul da Gália e finalmente estabeleceram um reino que incluiu a metade da França atual. Durante um século, conquistaram a maioria da Espanha.

Reprodução de mapa histórico da Europa durante o período das invasões bárbaras.

Em 406, os vândalos entraram na Espanha, e em 425, alcançaram o norte da África. Em 429, sob Genserico, invadiram-na em plena força. Ali estabeleceram o mais poderoso dos reinos bárbaros. Em 455, a cidade de Roma foi saqueada, e em 476, o General Odoacro, da tribo herculiana — uma pequena tribo germânica —, destronou Augústulo, o último imperador romano do Ocidente, e ocupou o governo. Essa data é considerada o fim definitivo do Império Romano do Ocidente.

Em 493, os ostrogodos, sob o comando de Teodorico, conquistaram o reino de Odoacro, na Itália. Teodorico tornou-se o rei. Sua capital era

Ravena. Reinou até a sua morte, em 526. O reino ostrogodo terminou na Itália como resultado das guerras sob o imperador Justiniano, entre 535 e 555. Seus generais eram Belisário e Narses. A Itália foi restaurada ao Império Bizantino por breve período. Quase ao mesmo tempo, em 534, restabeleceu-se a autoridade imperial na África do Norte, pondo fim ao reino dos vândalos.

Os francos haviam entrado no norte da Gália. Dividiram-se em várias tribos. Desde 481, mais ou menos, Clóvis, que era o rei dos francos sálicos, logo estendeu seu reino até o Loire. Os francos eram pagãos, mas Clóvis tratou com respeito a Igreja. Em 493, Clóvis casou-se com Clotilda, uma burgúndia católica. Em 496, Clóvis, depois de uma grande vitória sobre os alamanos, abraçou o cristianismo e foi batizado junto com 3 mil de seus soldados em Reims, no natal daquele ano. Era a primeira tribo germânica a abraçar a fé ortodoxa católica. Os outros, como mencionado, eram da fé ariana. Já em 511, antes de sua morte, ele tomou posse da maioria das possessões dos visigodos ao norte dos Pireneus. Clóvis pode ser chamado o fundador da França.

De 568 a 572, os lombardos invadiram a Itália e fundaram um reino que durou dois séculos. Sitiaram a cidade de Roma, mas Gregório Magno (papa Gregório I, 590-604) deu-lhes uma grande soma de dinheiro para que deixassem a cidade. Um dos reis dos lombardos casou-se com uma princesa cristã. Ela ajudou a estabelecer a paz entre os romanos e seu povo. Os lombardos adotaram a língua e a religião dos romanos, e finalmente foram subjugados, mas não expulsos da Itália. Seus descendentes ainda moram na província da Lombardia.

As ilhas britânicas afetadas pelo colapso do domínio romano foram invadidas de maneira crescente pelos anglos, saxões e jutos, que haviam atacado suas costas desde meados do século 4. Essas hordas bárbaras foram responsáveis por dar à Europa cristã a sua configuração na Idade Média e fundar as bases do que seriam, no futuro, as principais nações da Europa.

A nova ordem feudal

Os romanos não conseguiam perceber quão próxima estava a desintegração de seu império. No entanto, os sinais de desagregação já eram visíveis antes mesmo do início do século 5. Uma deterioração econômica e os seguidos ataques dos povos bárbaros foram a causa do fim da dominação romana. Formalmente, costuma-se utilizar o ano de 476, data da invasão de Roma, como o fim do Império Romano e o início da chamada Idade Média. Também é aceito o ano de 1453, da queda de Constantinopla, como sendo o fim do período medieval e início da Idade Moderna. A Idade Média será caracterizada por um sistema político, econômico e social denominado feudalismo. Suas origens são resultado tanto de elementos da cultura romana quanto da cultura bárbara. No colapso do Império Romano, os grandes senhores romanos abandonavam as cidades devido ao caos nelas reinantes, indo para o campo, onde passavam a levar uma vida de subsistência, vivendo do que plantavam e produziam. As classes empobrecidas acabavam trabalhando nas terras desses grandes senhores e, em pagamento, recebiam parte do que fosse produzido. Isso iria resultar, mais adiante, na relação entre o senhor feudal e o servo, como veremos mais adiante. Por outro lado, os que eram donos das propriedades de terras menores se colocavam sob o amparo do grande senhor para receber proteção militar.

Feudo era o nome dado a uma unidade de produção — uma porção de terras, nesse novo sistema. Era formado pelo castelo, onde morava o senhor e sua família; as terras, que eram divididas em duas partes, sendo uma para os servos trabalharem e o que fosse produzido seria entregue ao senhor feudal, e outra onde os servos trabalhavam e recolhiam a produção para o próprio sustento; e a vila ou aldeia, onde moravam os servos.

A hierarquia feudal baseava-se no princípio da posse de terras em troca de serviço militar. No topo da hierarquia estava o rei ou o senhor, doador da terra. Os vassalos eram os beneficiários, duques, condes, marqueses. Havia os barões ou lordes, os cavaleiros e a classe servil, ou *vilões*, que cuidavam da agricultura e dos ofícios manuais. Os servos recebiam permissão para morar e trabalhar nas terras dos senhores feudais, mas para isso tinham de pagar vários impostos, entre eles a corveia, que consistia em trabalhar três dias por semana nas terras senhoriais, e o que fosse produzido ia para o senhor feudal. Descontados os impostos e o trabalho para o senhor feudal, o servo ficava apenas com 1/6 do que havia produzido. O clero também estava incluído nessa hierarquia feudal.

A economia feudal era de subsistência. Isso quer dizer que, no feudo, era produzido o necessário para a vida das pessoas sem muitas outras relações comerciais fora desse âmbito. Nessa época praticamente não havia comércio e as cidades haviam desaparecido quase por completo. Cada feudo produzia tudo o que precisava. Inicialmente, não havia um poder central que governasse todos os feudos. Cada feudo tinha sua autonomia e o senhor feudal poderia conduzi-lo da maneira que quisesse. A vida do povo era caracterizada por uma visão do homem voltado para Deus e para a vida após a morte — teocentrismo. Nesse período, a Igreja teve um papel preponderante e foi a principal divulgadora desse estilo de vida. Infelizmente, a estrutura feudal contribuiu ainda mais para a decadência da Igreja, permitindo que homens ímpios a governassem sobre as enormes massas ignorantes através do medo, ameaças e intimidação. Essa foi uma era onde a Palavra de Deus foi oculta do povo. Explorado, pobre, oprimido e doente, o povo via o exemplo da Igreja, formada por uma casta especial, dentro da qual o dinheiro, a opulência, os estudos, a ciência e o pecado muitas vezes reinavam absolutos. Nesse período, o papa governava o corpo e o espírito de todos. Dos senhores feudais a seus servos, todos estavam sujeitos a esse

> **A ESPIRITUALIDADE DOS MÁRTIRES**
> Inácio de Antioquia (35-107 A.D.), conhecido como o Trigo de Deus, foi discípulo do apóstolo João, mas conviveu também com Pedro e Paulo. Inácio foi devorado pelos leões no Coliseu romano. De seus escritos, restaram várias cartas não canônicas endereçadas às igrejas de sua época com o intuito de consolar e estimular os cristãos a permanecer firmes na fé. Como o exemplo a seguir: "No que concerne a mim, escrevo a todas as igrejas e a todas anuncio que, de boa vontade, morro por Deus, contanto que vós não me impeçais de o fazer. Eu vos suplico: não mostreis para comigo uma benevolência inoportuna. Permitam-me ser pasto das feras, pelas quais me é concedido alcançar a Deus. Sou trigo de Deus e hei de ser moído pelos dentes das feras a fim de ser apresentado como puro pão de Cristo." (Carta de Santo Inácio aos Romanos 4:1-3; Marín, Antonio Royo. Páginas 59-60).

poder que, no Ocidente, substitui o Império Romano. Qualquer um que trouxesse algo diferente ou que ameaçasse a hegemonia da Igreja poderia ser excomungado, perseguido e enviado para a danação eterna do inferno. Foi esse medo terrível e essa falta de luz que sufocou o povo na Idade Média. Essa foi uma das razões para esse período ser chamado por muitos historiadores como a Idade das Trevas.

O fim das cidades

Com os saques e a destruição causados pelas constantes hordas bárbaras e com o fim do império, que agora não garantia mais a segurança dos cidadãos, as antigas cidades minguaram e desapareceram quase por completo. Roma, a antiga cidade imperial que chegou a ter mais de 1,5 milhão de habitantes, em uma fase da alta Idade Média tinha cerca de 3,5 mil habitantes. Nessa época, o formidável Coliseu romano era usado como estábulo para cavalos. Assim, as cidades europeias mais importantes de hoje nasceram na Baixa Idade Média, com o fim do feudalismo no ressurgimento urbano que o continente experimentaria.

O fim do comércio

Outra importante característica do sistema feudal foi que as rotas comerciais desapareceram por completo devido à insegurança das estradas. Sem as cidades e as rotas comerciais, e sem o império para garanti-las, as ligações comerciais desapareceram. Somente veremos novas rotas serem abertas na Baixa Idade Média, coincidindo com o fim do feudalismo e do período medieval. Nesse ambiente, era a Igreja cristã que servia de liga para essa sociedade fragmentada em pequenas e médias propriedades. Essa fascinante era da História da Igreja medieval pode ser dividida em dois períodos principais: o soerguimento do papado, de Gregório I a Gregório VII (590-1050), e a era do papado absoluto, de Gregório VII a Bonifácio VIII (1050-1294).

CAPÍTULO 18
A IGREJA CATÓLICA ROMANA

"Qualquer um que pregou seus desejos pecaminosos na cruz, que os pôs aos pés do Salvador, não tem nenhuma necessidade de temer a Satanás." **Leão, o Grande**

Duas razões principais têm sido atribuídas pelos historiadores para a supremacia do cristianismo romano sobre o grego e ao consequente crescimento do papado romano: a queda de Roma diante das hordas de bárbaros, em 476, e a conquista do Leste pelos muçulmanos. No Leste, apenas na Síria, 10 mil prédios da Igreja Católica Grega foram destruídos ou se tornaram mesquitas muçulmanas à época das invasões islâmicas, a partir do século 7 em diante. As igrejas do norte da África, de Tertuliano, Cipriano e Agostinho, foram todas destruídas pelo islamismo. Esses grandes arcebispados, centros de influência e difusão do cristianismo, foram varridos. Apenas o salvamento miraculoso da Europa, pelo triunfo de Carlos Martel em Tours, em 732, preservou as igrejas latinas ocidentais daquilo que as igrejas gregas orientais sofreram sob o golpe fatal das conquistas muçulmanas.

No Oeste, a queda do Império Romano, em 476, pelos bárbaros teutônicos, realmente deu à Igreja uma nova força e vitalidade na pessoa do papa. Muitos dos bárbaros invasores já eram cristãos arianos, e não poucos, ao passar do tempo, tornaram-se católicos. Esses viriam engrandecer grandemente o poder do bispo de Roma. Em 432, Patrício iniciou um trabalho missionário na Irlanda, conduzindo a ilha à união com o continente e com Roma. Em 496, Clóvis, rei dos francos, foi batizado junto com 3 mil soldados pela Igreja Católica. Em 563, Columba iniciou trabalhos missionários na

Escócia. Em 587, o rei da Espanha foi convertido do arianismo à fé católica. Zelosos missionários irlandeses foram os instrumentos usados para levar o Evangelho à Alemanha central e do sul. Por volta do ano 700, as tribos germânicas já haviam sido convertidas ao catolicismo. Os reis francos Pepino e Carlos Magno concederam largas terras aos estados papais e aos bispos de Roma. Isso era mais um passo em direção à secularização da Igreja Católica iniciada séculos antes, sob Constantino. O catolicismo estava agora pronto para ser abarrotado com grande número de pessoas inconversas e pagãs, as quais realmente trariam consigo mais uma escura nuvem de declínio à Igreja Cristã. Essa massa nominalmente convertida simplesmente transferiu seu paganismo para símbolos cristãos. No lugar de seus deuses pagãos, eles agora veneravam imagens e relíquias mágicas, "a mãe de Deus", anjos, mártires e uma infinidade de santos. A prática apostólica de orar pelos santos degenerou em orar aos santos. O fetichismo pagão foi substituído pela adoração de relíquias: os ossos dos defuntos, suas roupas e os instrumentos dos seus martírios. Entre as relíquias sagradas estavam, principalmente, a cruz de Cristo, da qual diz-se que Helena, mãe de Constantino, descobriu em Jerusalém, em 326. Isso degenerou a ponto de alguns historiadores dizerem haver na Idade Média pedaços de madeira da cruz de Cristo em quantidade suficiente para se construir um navio, e na época medieval sendo adoradas nada menos que doze cabeças de São João Batista.

    Devotos peregrinos teriam carregado pedaços da cruz de Jerusalém por todo o Império Romano até que havia pedaços suficientes para muitas cruzes. A idolatria pagã e o mercadejar com o sagrado encontraram muito espaço na veneração de imagens e quadros de Cristo, Maria, dos apóstolos e dos santos. Tão grande e alarmante era esse absurdo que se tornou a fonte de outra dolorosa controvérsia e divisão entre as igrejas grega e latina: a controvérsia iconoclasta. As imagens e quadros eram beijados, velas eram acesas e o próprio povo se prostrava diante deles, adorando não a realidade divina e abstrata, mas a própria imagem em si. Para a mentalidade pagã cristianizada, a Ceia do Senhor não era mais vista como um sacramento, mas agora como um "sacrifício". Cria-se que almas eram purgadas em fogo em algum lugar sob a terra. Basílicas e catedrais floresceram no lugar de templos pagãos. Em oposição à mentalidade apostólica, Deus não mais habitava nos corações dos homens apenas, mas agora também em edifícios de pedra e madeira. Sacerdotes católicos paramentados substituíam com sacramentos os sacerdotes pagãos paramentados no uso desses templos. Então, não era difícil para os pagãos transferir-se do paganismo para o catolicismo. Frequentemente, nada mudava, era apenas uma questão de semântica. As práticas eram as mesmas para muitos.

Desenvolvimento da supremacia papal no Ocidente com Leão, o Grande

O bispo romano Leão, o Grande, ou Leão Magno (446-461), como nenhum homem da época, permanece como um enigma. Em seus sermões, declarava que a cruz era a sua glória; por meio dela, o mundo estava morto para nós e nós estávamos mortos para o mundo. Dizia também que qualquer um que pregou seus desejos pecaminosos na cruz, que os pôs aos pés do Salvador, qualquer ressentimento ou amargura de seu coração, que tem aprendido a perdoar seus inimigos e a preferir a vontade de Deus antes que a própria, que resiste aos impulsos de sua natureza caída e que anda no caminho do Espírito Santo de Deus não tem nenhuma necessidade de temer a Satanás.

Por mais incrível que pareça, esse mesmo Leão esforçou-se para ser reconhecido na Igreja como o "bispo universal". Foi ele quem deu à teoria do poder papal a sua forma final, sendo também recebido como supremo pontífice na Igreja ocidental. O pedido de Leão I, no entanto, foi enfaticamente repudiado pela Igreja oriental, um dos fatores a mais que contribuiu para rompimento entre as igrejas romana e grega, séculos mais tarde. O Concílio de Calcedônia aprovou

> **A ESPIRITUALIDADE DOS MÁRTIRES**
> Policarpo de Esmirna (69-155 A.D.) conheceu a fé cristã ainda menino, e foi instruído pelos apóstolos, em particular por João. Foi bispo em Esmirna, na Ásia Menor, por quarenta anos. Policarpo formou muitos discípulos entre eles, Irineu, bispo de Lyon, na França, fez a seguinte referência a Cristo: "Quando eu era criança, te vi na casa de Policarpo na Ásia."

o patriarca de Constantinopla como o bispo principal de toda a Igreja, e refutou o pedido de Leão de ser reconhecido como bispo universal da Igreja, ainda que concordasse em reservar o título de "papa" para o bispo romano. Assim, Leão I permaneceu como um enigma: um homem de profunda convicção espiritual e, ao mesmo tempo, com grande ambição pessoal. Essa aparente contradição entre espiritualidade e carnalidade é, infelizmente, a característica da maioria dos que estiveram nos concílios, dos bispos e das igrejas dessa era do cristianismo.

Leão, o Magno, foi o primeiro papa no sentido próprio da palavra. Ele deu ênfase à primazia de Pedro entre os apóstolos e ensinava que as possessões de Pedro passavam para seus sucessores. Ensinava que a obediência ao papa é necessária à salvação. Em 445, adquiriu, do imperador Valentiniano III, um édito obrigando todos a prestar obediência ao bispo de Roma. Pôs fim à tentativa de criar uma só Gália independente em Arles, e exerceu autoridade na Espanha e no norte da África. Influenciou o resultado do Concílio de Calcedônia (451), o qual declarou que, em Cristo, "as duas naturezas, a divina e a humana, coexistem em plena integridade". Escreveu a Floriano uma carta chamada "Tomo", na qual o iminente papa apresentava a opinião que o Ocidente tinha esboçado desde os tempos de Tertuliano, a saber: "... em Cristo há duas naturezas plenas e completas, as quais em nada subtraem das propriedades de qualquer das naturezas e substâncias, unidas numa só pessoa."[30]

Presidiu o Concílio da Calcedônia na pessoa de seus delegados. Como já foi dito, duas vezes aparentemente salvou a cidade de Roma da destruição: em 452, quando os Hunos sob o rei Átila a atacaram, Leão, junto com dois companheiros, confiando na ajuda de Deus, entrou no hostil acampamento e pelos conselhos e dádivas e sua venerável forma de persuadir, convenceu os hunos a deixar a cidade. Em 455, salvou-a dos vândalos. Leão obteve do rei Genserico a promessa de que pouparia a cidade de assassinato e fogo. Mesmo assim, os bárbaros a saquearam durante quatorze dias e transportaram os despojos a Cartago. Protestou também contra o 28º cânone do

.....
30 WILLISTON, 1967, p. 199-200.

Concílio de Calcedônia, no qual o bispo de Constantinopla foi colocado no mesmo nível que o bispo de Roma.

A era de Justiniano (527-565), o apogeu do Império Bizantino

No Oriente, o imperador Justiniano foi legislador, teólogo, conquistador e campeão da fé. Mais completamente do que qualquer outro imperador oriental, Justiniano tornou-se mestre da Igreja, lutando por sua unidade e promulgando leis que tratavam de vários aspectos da vida eclesiástica. Passava noites inteiras em oração e jejum e em discussões e estudos teológicos.

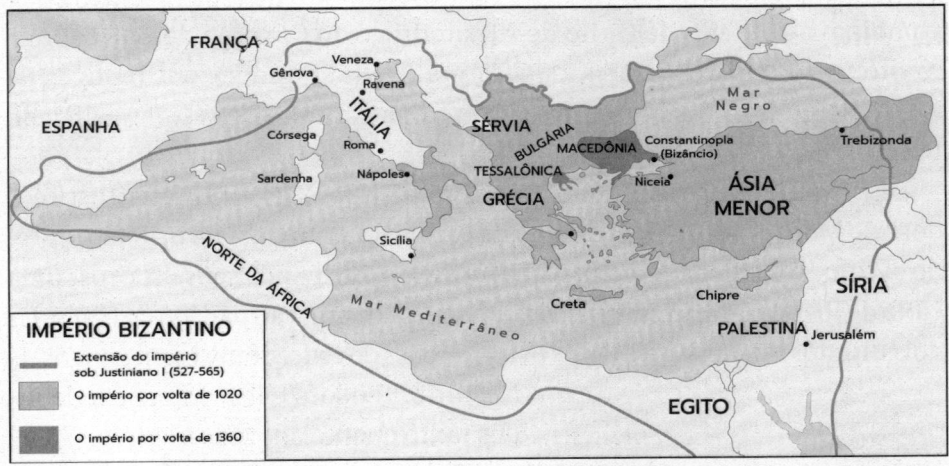

A linha externa indica a extensão do Império Bizantino sob Justiniano.

Justiniano confirmou e aumentou os privilégios do clero, edificou muitos templos e instituições de caridade na capital, Constantinopla, e províncias, além de construir estradas, palácios e mosteiros. Considerou a reconciliação dos hereges como sua missão especial. Costumava aplicar na íntegra o Credo de Calcedônia. Ao seu tempo, o Império Bizantino estava no seu auge. Suas batalhas vitoriosas sob o general Belisário restauraram ao império, durante algum tempo, o controle sobre a Itália e o norte da África. Em 533, Belisário foi mandado à África e venceu os vândalos. Em

535, foi enviado à Itália e obrigou os godos a se submeterem ao imperador. Revoltaram-se outra vez, e sob Belisário, em Nanses, foram vencidos e subjugados. O imperador Justiniano suprimiu direitos e perseguiu os pagãos. Fechou as escolas de Filosofia de Atenas. Tomou medidas rígidas contra os hereges, incluindo os maniqueístas e os montanistas, que ainda persistiam. Falhando sua tentativa de converter os maniqueístas, mandou matar muitos deles, incluindo homens nobres e senadores. Justiniano era da doutrina de Calcedônia, das duas naturezas de Cristo, e a imperatriz Teodora era da fé dos monofisistas. Por essa razão, não continuou a perseguição contra eles, como fazia no início de seu reinado. Tentou reconciliar os monofisistas por meio do estabelecimento de uma ortodoxia que combinava as ideias de Cirilo de Alexandria e do Concílio de Calcedônia. Adotou a fórmula chamada teopasquita (Deus sofredor), dos monges da Cítia, "segundo a qual a Trindade sofreu na carne". "Deus foi crucificado por nós."

Em 544, Justiniano condenou as seguintes pessoas e seus escritos: Teodoro de Mopsuéstia, o líder amado da escola de Antioquia na primeira parte do século 5; Teodoro de Ciro, o qual criticava Cirilo nos seus escritos; uma carta de Ibas de Edessa, na qual ele também se opunha ao partido de Cirilo. Os dois últimos homens aprovados pelo Concílio de Calcedônia eram amigos de Nestório. Teodoro e Ibas foram condenados tanto quanto aos seus escritos.

Esses decretos de dogmas de Justiniano foram aprovados pela Igreja no Quinto Concílio Geral, convocado por ele em Constantinopla, em 553. O Concílio foi convocado sem a sanção do papa, e 164 bispos participaram. Eutíquio, patriarca de Constantinopla, era o presidente do Concílio. O papa Virgílio, que se recusou a participar, foi banido, mas quando finalmente deu apoio ao Concílio, condenando os "Três capítulos" e seus defensores, foi

A ESPIRITUALIDADE DOS MÁRTIRES
Policarpo foi amigo pessoal de Inácio de Antioquia. Este mártir estava em casa quando foi aprisionado e encaminhado para o martírio em Roma no ano 107. O próprio Inácio escreveu a respeito de Policarpo, de quem dizia ser homem zeloso. Policarpo tinha um coração pastoral e amava as ovelhas que Deus lhe confiara.

libertado. Assim, a interpretação ciriliana de Calcedônia, mais para o lado do monofisismo, tornou-se oficial para a Igreja Católica.

O propósito da condenação dos "Três capítulos" foi a reconciliação dos monofisistas, mas falhou na sua tentativa porque eles continuaram como a força dominante no Egito e na Síria. O desenvolvimento do nacionalismo nessas províncias foi a razão principal dessa derrota, ao invés das diferenças teológicas.

O monofisismo

Como mencionado, é a doutrina que ensinou que Cristo só possui uma natureza. Surgiu com Eutíquio na sua reação contra o nestorianismo. Foi depois do Concílio de Calcedônia que foi denominada dessa maneira. Portanto, os monofisistas se opunham às decisões do Concílio de Calcedônia. Uma parte da liturgia deles era: "Deus foi crucificado." O seguinte foi incluído na liturgia do culto público: "Santo Deus, Santo poderoso, Santo imortal, que foste crucificado por nós, tem misericórdia de nós." A esposa do Imperador Justiniano, Teodora, "de origem humilde, mas ambiciosa e habilidosa", era secretamente monofisista. Justiniano favoreceu os decretos de Calcedônia e ratificou os quatro concílios ecumênicos no seu código da lei romana, mas sua esposa impediu seus planos e ganhou seu apoio para a fórmula litúrgica dos monofisistas.

Sob seus sucessores, Justino II (565-578) e Tibério II (578-582) havia alternadamente períodos de severa perseguição contra eles e períodos de tentativas de ganhá-los. Desde 565, os monofisistas têm sido uma igreja separada da Igreja Católica. Existem atualmente nas montanhas, nos vales e nos desertos da Síria, Armênia, Egito e Etiópia, em maior parte em países muçulmanos e na Rússia.

Há quatro ramos dos monofisistas: os jacobistas sírios da Síria e do Iraque; os coptas, no Egito, incluindo os etíopes; os armênios, mais numerosos; e os maronitas, sírios no Líbano, muitos dos quais vieram para o Brasil como imigrantes. Também há igrejas pequenas em Alepo, Damasco e outros lugares. Eram originalmente monotelistas, afirmando que Cristo tem duas naturezas, mas uma só vontade.

A era gregoriana — 590-604

Gregório Magno, o homem, "apresenta uma mistura de brandura e arrogância, de piedade simples e extraordinária superstição, de altruísmo, ambição e intolerância clerical, de pureza pessoal e corrupção eclesiástica".[31] Quando seu pai morreu, era senador de Roma. Recebendo a sua fortuna, não a usou para o próprio conforto, mas edificou três mosteiros na Sicília. Cedeu seu palácio em Roma para a vida monástica e começou a levar uma vida de monge. Teve um coração missionário.

Vitral em igreja belga representando Gregório Magno.

---
31   KANIGHT & ANGLIN, 1955, p. 82.

Em certa ocasião, num mercado de escravos, ele voltou sua atenção a dois rapazes que ali estavam para serem vendidos. Ouvindo que eles vieram da Inglaterra, à época uma ilha pagã, ele disse: "Como é possível que o anjo das trevas possua crianças tão bonitas? Uma tal beleza de fisionomia carece daquela beleza ainda maior da alma." Quando lhe disseram que eram anglos, disse mais: "Chamai-os antes 'anjos', pois possuem rostos angélicos, e é uma grande pena que eles não partilhem a glória que há de ser revelada perante os anjos de Deus." Ouvindo que eles eram da província de Deira, acrescentou: "Sem dúvida, devem ser salvos da ira de Deus e chamados para a misericórdia de Cristo." Obteve finalmente uma licença do papa para ir à Inglaterra, mas em menos de três dias, foi mandado desistir do projeto.

> **A ESPIRITUALIDADE DOS MÁRTIRES**
> Confrontado pelo procônsul a negar a Cristo, Policarpo respondeu o seguinte: "Faz 86 anos que sirvo a Cristo, e nunca me fez mal algum. Como posso maldizer meu Rei, que me salvou?"

Gregório foi elevado ao papado em 590, em Roma, contra sua vontade, e fez muito pelo melhoramento e pela extensão da vida monástica. Um dos primeiros de seus atos foi a organização de uma companhia de monges sob as ordens do monge Agostinho para serem missionários na Inglaterra. Foram muito bem recebidos porque a rainha Ethelbert, filha de Clotário I, rei da França, era cristã. Gregório estabeleceu o arcebispado de Cantuária e foi o líder principal contra a agressão dos lombardos. Grande escritor, Gregório I também compilou, selecionou e organizou o ritual, padronizando o estilo de música para a Igreja. Esse famoso estilo musical e litúrgico predominou por toda a Idade Média e até os dias de hoje é utilizado nos mais diferentes monastérios. É conhecido como canto gregoriano em sua homenagem. O latim foi escolhido como a língua oficial do culto. Foi também o fundador da teologia da Idade Média. Sua teologia era baseada nos quatro concílios ecumênicos e nos quatro evangelhos, os quais ele considerou os pilares imóveis da ortodoxia. Aceitou a condenação dos "Três capítulos" do Quinto Concílio Ecumênico. Suas opiniões quanto à graça e ao pecado eram quase semipelagianas. Segundo ele, a predestinação depende da presciência de Deus. Deu muita ênfase ao mérito e às boas obras.

Os escritos de Gregório

Gregório I escreveu a *Magna Moralia* em 35 livros — uma exposição sobre o livro de Jó segundo seu sentido histórico, literal, alegórico e moral. A parte alegórica é muito exagerada: Jó representaria Cristo. Sua esposa, a natureza carnal. Os sete filhos representariam os apóstolos e, consequentemente, o clero. As três filhas simbolizariam as três classes dos leigos fiéis. Os três amigos, os hereges. As 7 mil ovelhas, os cristãos perfeitos. E os 3 mil carneiros, os pagãos e os samaritanos. Escreveu também os "Vinte e dois sermões sobre Ezequiel", entregues durante o cerco de Agilulfo; "Quarenta sermões sobre os Evangelhos", aplicados a seu tempo; *Liber Regulae Pastoralis*, em quatro partes, é uma teologia pastoral sobre os deveres e as responsabilidades de um ministro do Senhor. A pregação é um dever principal de um pastor, de acordo com ele. Escreveu *Diálogos*, com quatro livros, sobre a vida e os milagres de São Bento de Núrsia e outros santos italianos e sobre a imortalidade da alma. São diálogos entre Gregório e Pedro cheios de visões e maravilhas sobre o estado da alma no purgatório. Escreveu ainda diversas epístolas que tratam os seguintes assuntos: a conversão dos anglo-saxões, teologia, padrão moral, política, diplomacia, monasticismo, administração papal e episcopal e uma coleção de antífonas para a missa.

Os sacramentos

Pedro Lombardo parece ser o primeiro que limitou o número a sete, e criou a lista que a Igreja Católica Romana aceitou como sendo final. Tomás de Aquino deu a razão de sete sacramentos: segundo ele, três é o número da divindade, quatro é o número da criação e sete representa a união entre Deus e o homem. Em 1439, o número foi oficialmente fixado. Os sete sacramentos são:

- Batismo — A regeneração do participante e o perdão do pecado original e todos os pecados prévios. Por meio de batismo, a pessoa torna-se membro da Igreja verdadeira de Jesus Cristo. Água é essencial.

- Confirmação — Significa o batismo do Espírito Santo. Este sacramento faz o que o Pentecostes fez para os primeiros discípulos. Óleo sagrado, que é o símbolo do Espírito, é aplicado e o sinal da cruz é feito na testa. Pretensamente, o ritual fortalece o fiel contra as hostes inimigas. Este sacramento é ministrado pelo bispo.
- Eucaristia — Transubstanciação, foi oficialmente declarada um ensino da Igreja no Quarto Concílio Lateranense, em 1215. Neste sacramento, a pessoa recebe o corpo e sangue de Cristo juntamente com a alma e divindade de Cristo. "Cada vez que era celebrado, o corpo de Cristo era partido e seu sangue, derramado pelos pecados dos homens." Somente o pão era dado aos leigos pelo temor do desperdício do vinho.
- Penitência — É para a remissão dos pecados mortais cometidos depois do batismo. De acordo com Tomás de Aquino, este sacramento inclui quatro coisas: contrição pelo pecado; confissão ao sacerdote; satisfação — a prática de boas obras prescritas pelo sacerdote; absolvição dos pecados pelo padre — a pessoa é restaurada à plena comunhão. Os méritos perdidos pelo pecado moral são recuperados e uma graça especial é dada para não pecar no futuro.
- Extrema unção — É ministrada a quem está à beira da morte. O padre unge olhos, ouvidos, boca, nariz, cabeça e pés do moribundo. É para a remissão dos pecados veniais e qualquer outro pecado, permanecendo depois de penitência. Também é para dar conforto na hora da morte ou curar o corpo quando a cura é expediente para a salvação da alma da pessoa.
- Ordem — A transmissão de graça sacramental às sete ordens do ministério: presbíteros, diáconos, subdiáconos, acólitos, exorcistas, leitores e porteiros.
- Matrimônio — Significa a união da alma com Deus. A união de Cristo com a Igreja. A união de duas naturezas numa só pessoa. A cerimônia deveria ser feita perante a Igreja depois de ter sido anunciada publicamente. Divórcio, no sentido de separação, era

permitido somente no caso de fornicação, e isso não com licença para casar-se com outra pessoa.

Estes sete correspondem aos sete dons do Espírito mencionados em I Coríntios 12. As primeiras três ordens foram instituídas por Cristo, as últimas quatro pela Igreja. Normalmente era ministrada pelos bispos, sendo considerados sucessores dos apóstolos.

Os sacramentos definidos pela Igreja Romana são rituais a substituir a realidade da experiência vivida pelos crentes na Igreja primitiva. É de se admirar como a Igreja medieval perdera completamente a vida original apostólica. Mais adiante, com a Reforma Protestante, apenas os sacramentos do batismo e da Santa Ceia seriam mantidos.

A Igreja na Alta Idade Média — 323-800

Nesse período, o elemento musical tornou-se mais notável com coros, cânticos e antífonas. Entre muitos hinos, o *Te Deum* era o mais notável. A tendência de ornar os templos com muitas decorações e estímulos visuais aparece com força nas igrejas. Colunas e paredes cobertas de pinturas e desenhos de passagens bíblicas e dos santos tornam-se comuns. Arquitetura rebuscadíssima é a nova tendência a preparar a Europa para a era das enormes e belíssimas catedrais góticas. O elemento gótico, entretanto, só será predominante a partir do início da Baixa Idade Média.

Ainda nessa época, a celebração da eucaristia tornou-se uma cerimônia muito importante, tornando enfática a ideia de que o sacramento oferecido pelo sacerdote em favor do povo era eficaz para a salvação. A pregação tomou lugar secundário. O paganismo no culto, com a veneração dos santos e de defuntos, passou a ser comum. Na prática, os santos eram quase pequenas divindades cuja intercessão era valiosa diante de Deus. O templismo, substituindo a noção neotestamentária de que o crente é o templo e morada de Deus, veio para ficar na tradição cristã. As peregrinações com visitas a lugares sagrados do nascimento dos santos tornou-se um hábito estimulado pela Igreja. O uso das relíquias, parte dos corpos e objetos que pertenceram a defuntos, com poderes mágicos e miraculosos, tornou-se prática corrente. Finalmente, o culto à Virgem Maria (ou à "Mãe de Deus") rivalizava com a centralidade do próprio Cristo no culto.

Por mais engenhosa que seja a argumentação usada pela Igreja para justificar essas práticas, elas são desconexas e conflitantes com a origem judaica do cristianismo, que jamais cultuou ou teve santos entre os profetas e patriarcas. O uso de imagens era inconcebível pelos crentes primitivos, e não se podia confundir a mãe humana do Senhor com alguma "Mãe de Deus".

Da mesma forma que os gregos se curvavam diante de ídolos que representavam deuses do Olimpo, os crentes agora se curvavam diante da imagem de santos que estariam nos céus. Todas essas práticas pagãs trouxeram muitas controvérsias, como a controvérsia iconoclasta que tentou limpar a Igreja, mas sem resultados. Somente na era da Reforma isso aconteceria, permanecendo até os dias de hoje nas outras porções do Cristianismo Ortodoxo Grego e Católico Romano.

Quanto à organização, o bispo era o dirigente de uma igreja. E havia também o bispo governador sobre uma diocese ou agrupamento de igrejas. Os bispos metropolitanos tinham a superintendência sobre as demais dioceses. Nesse período, houve cinco patriarcas que efetivamente estavam acima dos demais: os bispos de Roma, Constantinopla, Alexandria, Antioquia e Jerusalém. Os dois mais importantes foram o de Roma e o de Constantinopla. Qualquer séria disputa em matéria de doutrina ou alguma controvérsia poderia ser dirimida em um concílio de bispos ou em concílios gerais, em teoria composto por todos os bispos.

O bispo de Roma

Nichols relata sobre a sucessão papal a partir de argumentos históricos. Nesta afirmação, ele aponta o que se estabeleceu pela Igreja Cristã na tradição católica:

> A partir do século 5, a conhecida "pretensão petrina" ou papal veio a ser geralmente aceita. Essa pretensão era baseada na suposta autoridade que Cristo dera a Pedro sobre os demais apóstolos, e que Pedro fora o primeiro bispo de Roma, legando seu primado a seus sucessores naquela igreja, de

modo que eles tinham o direito divino da autoridade e da primazia sobre os demais bispos.

Pelo ano de 400, já se verifica o completo desenvolvimento da Igreja Católica com sua organização hierárquica completa, o clero exercendo demasiado domínio espiritual sobre o povo, os concílios criando leis eclesiásticas, o culto impressionante e cheio de mistérios, seus dogmas autoritários e a condenação, como hereges, dos cristãos que não concordavam ou não se conformavam com eles. (NICHOLS, 1954/1960, p. 52-53)

Os dois argumentos principais para essa supremacia papal não se sustentam historicamente nem pela tradição apostólica. O argumento de que Jesus deixara um substituto conflita-se com o fato de ele ter levantado doze apóstolos, e não apenas um. O famoso versículo bíblico: "Tu és Pedro, e sobre esta pedra edificarei minha Igreja..." é controverso para tão grande pretensão. A "pedra" em questão ali era a pergunta feita pelo Senhor: "Quem dizem os homens que sou eu?" e a resposta de Pedro: "Tu és o Cristo, o Filho do Deus vivo." Portanto, dizer que Jesus edificaria a sua Igreja sobre um homem falho, e não sobre si mesmo, é totalmente inverossímil.

O outro argumento pretendido é a autoridade apostólica ou a "tradição apostólica". Essa mesma tradição, entretanto, não aponta claramente que Pedro é fundador e nem que tenha tido protagonismo maior que o de Paulo, "apóstolo dos gentios", na cidade de Roma. Durante os dias da Igreja primitiva, ainda em Jerusalém, é Tiago, e não Pedro quem tem a última palavra no concílio apostólico de Jerusalém, convocado para decidir acerca da controvérsia judaizante.

A questão aqui é outra: é política. Roma como capital, ainda nos primeiros séculos, era a maior cidade do império, a mais rica, a mais influente e com a igreja mais numerosa. Com a derrocada do Império Romano, no século V, o que o substitui é a sólida e bem estruturada Igreja Católica, tendo no bispo de Roma o seu principal representante. Esta é a origem do papado, que cresce em influência, poder econômico e militar e se torna uma quase monarquia secular, com o seu apogeu em Inocêncio III. Na origem, entretanto, em nada essa nova superestrutura católica se parece com a santa, apostólica e universal Igreja de Cristo.

CAPÍTULO 19
AS MISSÕES – 323-1200

"Parecia ouvir a voz dos habitantes da floresta Fochlad chamando-me a ir ter com eles." **Patrício, apóstolo da Irlanda**

Com as invasões bárbaras, foi necessário um novo projeto para a cristianização dessas populações, bem como dar assistência àqueles que já eram cristãos. Muitas missões surgiram no período medieval. Muirhead diz:

> Úlfilas, o "Moisés dos godos", nasceu aproximadamente em 311 de uma família da Capadócia. Na infância, foi roubado pelos godos. Em 332, foi enviado numa embaixada à corte imperial de Constantinopla, onde passou uns dez anos aperfeiçoando a sua educação. Converteu-se sob a pregação ariana. Em 341, foi consagrado missionário pelo ariano Eusébio de Nicomédia, então bispo de Constantinopla. Durante os sete anos que seguiram, realizou uma obra missionária entre os godos além do Danúbio, sua terra natal.
> Durante a grande perseguição sob Atanásio, rei dos visigodos, conseguiu permissão do imperador Constâncio para atravessar o Danúbio, levando consigo os convertidos. Trabalhou, então, até sua morte, em 383, na Bulgária. Seu trabalho mais importante foi a tradução de toda a Bíblia, exceto Reis, para a língua gótica. Só o Novo Testamento chegou aos nossos dias. Há uma cópia na Universidade de Upsala, na Suécia. É conhecida como a "Bíblia de Prata" porque as letras foram escritas com tinta sobre púrpura. Antes de realizar essa obra, foi necessário traduzir o escrito para língua dos godos. Os godos e os vândalos levavam cópias dessa Bíblia por toda a Europa por onde andavam. Foi a Bíblia de Úlfilas que deu início à literatura germânica. (1951, p. 505)

Este relato nos possibilita entender e perceber como a cristianização ocorreu com a chegada dos bárbaros na Europa.

Patrício, o "apóstolo da Irlanda" (432-461)

A Irlanda foi chamada Escócia ou Scotia até o século 11. O papa Celestino mandou Paládio (431), um diácono romano, "aos escoceses crentes em Cristo" como seu primeiro bispo. Mas Paládio logo abandonou o campo ou morreu logo depois da sua chegada. Patrício foi consagrado em seu lugar.

Era nativo de Britânia, província romana, um cidadão romano que provavelmente nasceu no Sul, atual País de Gales. Outro nome dele era Succat, nome britânico. Primeiramente, foi levado como escravo para a Irlanda. Teria servido o seu mestre como pastor de ovelhas. Foi convertido durante os seis anos de seu cativeiro, ao recordar-se de um certo trecho das Escrituras Sagradas que aprendeu aos joelhos de sua mãe em casa, às margens do Rio Clyde. Conseguiu fugir para a França, vivendo por algum tempo em um mosteiro e voltando depois à Britânia.

Teve um sonho em que um homem lhe entregava cartas da Irlanda, rogando que fosse para ajudá-los. Depois dessa experiência, tinha sempre o desejo ardente de evangelizar os irlandeses, de acordo com Knight (1955, p. 85). "Parecia ouvir a voz dos habitantes da floresta Fochlad chamando-me a ir ter com eles."

Em 432, foi ordenado bispo da Irlanda ("Ele fala em haver batizado milhares de almas")[32] e começou seu trabalho missionário ("Em breve, a Irlanda se tornou o país mais evangelizado do Ocidente").[33] Sua missão durou até a sua morte, em 461.

> **A ESPIRITUALIDADE DOS MÁRTIRES**
> Policarpo foi queimado vivo na estaca por se recusar a prestar reverência ao imperador Romano, Marco Aurélio. Por esse crime, foi posto numa fogueira, mas as chamas não o queimavam. Foi, então, apunhalado, e seu corpo, queimado numa estaca num lugar público de Esmirna.

Columba, Escócia — 563-597

Columba nasceu da família real da Irlanda no ano 521. Era ilustre aluno de Finnian, que estudou na escola chamada pelo mesmo nome em Moville. Depois de muitos anos, visitou a escola e pediu permissão para examinar o livro que Finnian tinha trazido de Roma, uma cópia dos evangelhos na versão Vulgata Latina, de Jerônimo.

Começou a fazer uma cópia para si. Estava quase terminando quando foi flagrado. Recusou-se a entregar a cópia e, por isso, foi levado ao rei, que decidiu em favor de Finnian. Entregou a cópia sob protestos.

Columba foi instruído na escola monástica de Clonard e logo tornou-se um monge. Em 563, embarcou com doze companheiros irlandeses para a Ilha de Iona. Sua partida é relacionada com uma batalha em Caidreamh, na qual 3 mil foram mortos. Alguns acham que ele foi responsável. Seu voto: "Não voltarei à Irlanda até que tantos pagãos sejam ganhos para o Evangelho quantos os que caírem na guerra." Ali fundou um mosteiro.

O mosteiro era uma comunidade cristã, consistindo de 150 pessoas, e servia para ensinar ao povo o Evangelho — um tipo de escola bíblica e centro missionário. De acordo com Schaff (1952/1953, p. 67), na Ilha de Iona "há atualmente trezentos habitantes protestantes, uma igreja presbiteriana e uma Igreja livre. Foi um farol na escuridão do paganismo". O rei Bruce converteu-se no ano 565, e logo isso se estendeu à maioria da tribo dos pictos, povo pagão que habitava no norte da Escócia. Converteu-os pelo seu exemplo e testemunho. Um bom número de igrejas espalhou-se por toda a Escócia antes da sua morte.

Tornou-se padrão os missionários saírem da Irlanda em grupos de doze sob um líder, representando Cristo e os doze apóstolos. Columba e doze irmãos foram à Escócia em 563. São Columbano, com doze irmãos, foi à França e à Alemanha em 612. São Wiliboard, com doze, foi à Frísia em 692. São Rudebento, com doze, foi à Baváaria em 700. Santo Elóquio, com doze, foi à Bélgica em 680. São Kiliano, com doze, à Francônia e Wurzburgo em 680. São Foranan, com doze, à fronteira belga em 970.

Essas iniciativas missionárias da Igreja irlandesa foram limitadas ao período de sua independência da Igreja de Roma. Infelizmente, cessaram depois das conquistas normandas, em 1066.

Aidano, monge de Iona

Aidano estabeleceu um mosteiro na Ilha de Lindisfarne em 634, onde foi criada uma escola bíblica. Assim, o Evangelho foi levado ao norte da Inglaterra. Morreu no ano 651, mas seus companheiros continuaram o trabalho.

Columbano, monge do mosteiro irlandês de Bangor, e São Galo

São reconhecidos pelo trabalho missionário no Continente, França, Burgúndia, Suíça e no norte da Itália. São Galo é ainda considerado como apóstolo da Suíça. Columbano estabeleceu o mosteiro de Luxeuil, na Burgúndia, o qual se tornou a capital monástica da Gália. Estabeleceram mosteiros por toda parte. O mosteiro de Bobio, no norte da Itália, foi estabelecido no ano 614.

Agostinho na Inglaterra — 596-604

No ano 596, Gregório mandou Agostinho com quarenta companheiros e o sacerdote Laurentino à Bretanha. Foram bem recebidos pelo rei Etelberto de Kent, o chefe dos anglo-saxões. Sua esposa era uma franca por nome Berta, e era cristã.

Depois do batismo do rei Etelberto, em junho de 597, Agostinho foi à França e foi consagrado bispo em novembro de 597. Voltou à Bretanha e diz-se que nada menos que 10 mil pagãos foram batizados no Natal de 597. Com o auxílio do rei, construiu a Igreja da Cantuária, e lá foi consagrado arcebispo. Até hoje, Cantuária é a primeira Sé da comunhão anglicana.

Agostinho morreu no ano 604, na mesma cidade de Cantuária. Em nada deve ser comparado a Santo Agostinho, o bispo de Hipona. Ele não era teólogo nem literato, mas se for avaliado pelo seu trabalho missionário, deve ser colocado entre os grandes pioneiros da Igreja. Foi submisso ao seu superior, o papa, do princípio até o fim. O cristianismo dos anglo-saxões foi e continuou sendo o cristianismo de Roma até a Reforma. Incluía a missa latina, a veneração dos santos, imagens, relíquias, virtudes e vícios monásticos, peregrinação à Cidade Santa. Muitas capelas, igrejas e catedrais foram construídas nas cidades e mosteiros, fundados nas regiões rurais.

Wilibrord, na Frísia (norte do Reno) — 690-692

Antes de Wilibrord, foi Wilfrid quem começou uma obra missionária entre os frísios no inverno de 678-679. Ele é considerado o primeiro missionário para o estrangeiro da Igreja da Inglaterra. Wilibrord era um jovem que estudou num mosteiro irlandês. Ali ele recebeu o espírito missionário. Sobre a proteção de Pepino, o rei franco, e o amparo da Sé de Roma, começou seu trabalho entre os frísios no ano 690. Em 695, foi nomeado arcebispo de Utrecht. Antes de sua morte, teve o privilégio de ver a conversão dos frísios meridionais.

Entretanto, após a morte de Wilibrord houve um retorno geral ao paganismo. Durante gerações sucessivas, os frísios se rebelaram contra o governo franco e o cristianismo. Em 734, Carlos Martel subjugou os frísios independentes, destruindo os santuários pagãos e impondo-lhes finalmente o cristianismo.

Winfrith ou Bonifácio na Alemanha — 716-755

O apóstolo da Alemanha era de Northumbria, ao norte da Inglaterra. Estudou em diversos conventos ingleses, e aos 30 anos foi consagrado sacerdote. Iniciou seu trabalho em 716, na Frísia. Passou o ano de 724 em Hesse. De 725 a 735, trabalhou na Turíngia. Organizou a Igreja de Baviera, a de Turíngia e ajudou Sturm na fundação do mosteiro beneditino de Fulda. Em 743, tornou-se o arcebispo de Mainz. Em 753, nomeou Lull como seu sucessor em Mainz, e junto com cinquenta companheiros, voltou ao trabalho na Frísia. Foram mortos pelos pagãos em 5 de junho de 754 ou 755.

A ESPIRITUALIDADE DOS MÁRTIRES

Os mártires do primeiro século nos deixaram o valioso legado do testemunho, do verdadeiro sentido de ser um cristão. Se Cristo morreu por nós, não se poderia esperar menos de nós. Por isso, é muito compreensível, e até mesmo esperado, que os discípulos de Jesus Cristo estejam dispostos a colocar suas vidas em oferta e prova de amor incondicional ao Senhor. A história nos relata inúmeros casos de homens e mulheres que foram imolados por causa da fé. Ainda hoje, a Igreja chora a morte de seus filhos que, em algum lugar deste mundo, não abdicaram do direito e dever de testemunhar Jesus Cristo.

Bonifácio era um gênio para organização e administração. Era eclesiástico, não teólogo, um homem de caráter aprovado. Ele demonstrou, entretanto, um ponto de fraqueza no caráter pelo fanatismo e pela intolerância na sua controvérsia com os missionários independentes das escolas francesas e irlandesas-escocesas. Essas escolas haviam sido pioneiras na obra missionária antes dele. Na sua obstinação, ele não admitia nenhuma diferença entre o cristianismo praticado pelos monges e a Igreja Romana. Para ele, o cristianismo verdadeiro deveria ser idêntico ao romanismo. Bonifácio serviu sob quatro papas: Gregório II, Gregório III, Zacarias e Estevão.

Dinamarca e Suécia

A introdução do Evangelho nesses países é devida a Luís, o Pio, rei dos francos e filho de Carlos Magno.

Numa disputa pelo trono da Dinamarca entre o rei legítimo Haroldo e Godofredo, o primeiro refugiou-se na corte de Luís, cuja bondosa recepção o animou a pedir auxílio ao seu hospedeiro real. Mas Luís só consentiu nisso com a condição de Haroldo abraçar o cristianismo e permitir a pregação do Evangelho em seus domínios. (KNIGHT, 1955, p. 113)

O rei Haroldo, juntamente com sua esposa e muitos da sua corte, foram batizados em Maintz no ano de 826. Quando Haroldo voltou para a Dinamarca, levou consigo Ansgário e Antberto, dois missionários. Antberto faleceu poucos meses depois de sua chegada, e Ansgário foi expulso depois de um ano. Depois de trabalhar durante algum tempo na Dinamarca, por volta de 826 e 827, Ansgário passou à Suécia, onde trabalhou durante os anos de 829 e 830. Em 831, foi feito arcebispo de Hamburgo e todo o Norte por Gregório IV. Muitos se converteram por meio de sua pregação na Suécia. O cristianismo foi eficazmente estabelecido pelo rei Olavo Sköthonung (994-1024), que foi batizado em 1008.

Bulgária

O cristianismo foi introduzido pelo rei Bóris (852-884), batizado em 864. Durante algum tempo, esteve indeciso se a Igreja deveria pertencer à Igreja Oriental ou a Roma.

Quando Constantinopla recusou-se a dar à Bulgária um patriarca búlgaro independente, o rei Bóris apelou a Roma. O papa Nicolau I respondeu com uma carta de diplomacia, dizendo que Constantinopla não era uma Sé apostólica e que deveria ocupar o quarto lugar entre as principais sés. O rei Bóris se alegrou em ouvir que ele e seus súditos, tanto homens quanto mulheres, podiam continuar trajando calças compridas e tomando banho nas quartas e sextas-feiras sem cometer pecado. (WALKER, 1961, p. 68)

Roma também não estava pronta para nomear um patriarca búlgaro. Por fim, a Igreja da Bulgária foi reconhecida pelo patriarca de Constantinopla e, assim, pertence à Igreja Oriental até os dias atuais.

Morávia

O duque de Morávia, Ratislau, pediu Cirilo e Metódio, dois irmãos nativos de Tessalônica, como missionários ao imperador Miguel II. Em 864, o imperador os enviou. Houve grande sucesso nos seus trabalhos. Da Morávia, o cristianismo romano passou à Boêmia no fim do século 9. Uma das realizações mais importantes de Cirilo foi a elaboração de um alfabeto adaptado às línguas eslavas, conhecido posteriormente como alfabeto cirílico. Cirilo e Metódio escreveram, portanto, na língua eslava, que se tornou a base do alfabeto russo. Nessa língua, traduziram diversos livros das Escrituras, entre os quais os evangelhos, os salmos e Atos dos Apóstolos.

Noruega

O cristianismo começou a ter grande influência durante o reino de Hakon I (935-961). Foi permanentemente estabelecido no reino de Olaf I (995-1000) por meio de pregadores ingleses.

Hungria

O cristianismo foi eficazmente estabelecido por Estêvão I (997-1038). Quando Estêvão I ascendeu ao trono, em 997, ordenou o batismo de todos os súditos e a libertação de todos os escravos cristãos. Levou muito tempo para o cristianismo arraigar-se no coração do povo.

Polônia

Mieczyslav, duque da Polônia, aceitou o cristianismo em 967, e em 1000 o rei Boleslaus I, filho do duque Mieczyslav, organizou a Igreja polonesa. Cirilo e Metódio são comemorados na liturgia polonesa como os apóstolos da Polônia. Sem dúvida, o movimento iniciado por eles entre os eslavos chegou a essas regiões.

Rússia

O cristianismo foi estabelecido por Valdemiro I, príncipe russo (980-1015). Valdemiro enviou delegados para aprender sobre o islamismo, mas não foi convencido. Pediu aos judeus para descreverem a fé hebraica e também não se agradou dela. Outra missão foi enviada a Roma. Não ficou satisfeito com a impressão recebida. Então enviou uma embaixada a Constantinopla.

Os delegados do rei ficaram muito impressionados com um quadro do julgamento na Igreja de Santa Sofia, em Constantinopla. Valdemiro Sátiro fez um relatório, sugerindo que seu país devia se tornar cristão. Valdemiro foi batizado em 988, e obrigou o súditos a seguir seu exemplo. A tradição diz que o cristianismo na Rússia começou com André, o apóstolo, que é venerado pelos russos. Finalmente, no início do século 13, toda a Europa era nominalmente cristã.

China

O cristianismo primeiramente chegou à China por meio da Igreja grega. Os missionários católicos romanos só chegaram a Pequim em 1303. Foram bem recebidos e construíram dois edifícios para igrejas. Traduziram do original os salmos e o Novo Testamento para a língua tártara. Em pouco tempo, conseguiram batizar 6 mil pessoas. Tudo correu bem para a missão católica até a conquista dos mongóis, em 1368, que extinguiu o cristianismo.

África Ocidental e ilhas ao longo da costa atlântica

As Canárias foram colonizadas e incorporadas à Igreja Católica Romana pelo barão João de Bitencourt, da Normandia, no século 15. Os Açores, ilhas da Madeira e Cabo Verde, no século 15. Os missionários seguiram as descobertas de Henrique, príncipe português. Uma expedição enviada pelo rei João II, de Portugal, construiu uma igreja na costa do ouro na África, em 1482. Do Congo, em 1483, alguns nativos, incluindo o chefe africano chamado Cazuta, foram levados a Portugal, onde foram batizados. Na volta para a África, foram acompanhados por um grupo de missionários que estabeleceram missões em vários pontos ao longo da costa africana.

Os muçulmanos na África

O próprio Francisco de Assis pregou ao Sultão no Egito em 1219, mas o mais notável missionário foi Raimundo Tulo (1232-1315), que começou a obra missionária em Túnis, em 1291. Foi expulso no fim daquele ano. Retornou à África e novamente foi banido. Voltou para Túnis em 1314, e no ano seguinte foi martirizado por apedrejamento por insistir em pregar o Evangelho entre os muçulmanos.

CAPÍTULO 20
O AVIVAMENTO MONÁSTICO

"Ora et labora!" **São Benedito**

Tanto a adoção do cristianismo como a religião estatal, sob Constantino, no século 4, quanto a queda do Império Romano diante da invasão pagã pelas hordas bárbaras, no século 5, abarrotaram as fileiras da cristandade com paganismo. O monasticismo (μοναχός, *monachos*, da palavra grega μόνος, *monos*, "sozinho") foi uma forma de buscar uma vida com Deus. Passou a haver, nessa época, um intenso desejo de retorno ao cristianismo primitivo e puro. Foram muitos os que buscaram refúgio nas ordens monásticas que apareceram na Idade Média. Os beneditinos, em 529; os reformadores cluniacenses, em 910; os franciscanos, ordem do piedoso e ascético Francisco de Assis; e os dominicanos foram as principais ordens monásticas, que se tornaram centros de luz e de aprendizagem de artes e música, de desenvolvimento espiritual e renovação. Muitas dessas ordens foram foco de poderoso avivamento em meio à escuridão e à ignorância na Idade Média. Elas posteriormente realçaram a força da Igreja Católica pela oposição a qualquer coisa, boa ou má, que ameaçasse a Igreja. Em grande medida, elas preservaram a verdadeira luz do Senhor Jesus dentro do decadente e ignorante sistema religioso. Entre as causas do aparecimento da vida monástica está também o desejo de salvação. Muitos tornaram-se monges por essa razão. A vida de claustro parecia um caminho mais seguro de salvação do que a vida comum porque era uma vida separada do mundo. Depois que muitos tornaram-se nominalmente cristãos, a sociedade continuava pagã. Havia guerras constantes, e muitos pensavam que o único meio de alcançar a vida cristã seria fugir da vida comum. Oferecia-se, assim, a oportunidade de alcançar a santidade pela abnegação dos desejos do corpo.

Chegou-se, dessa forma, a pensar que a verdadeira vida religiosa, tanto para homens quanto para mulheres, seria abrir mão de todos os bens, viver em pobres alojamentos, vestir-se sem conforto, alimentar-se e dormir pouco, flagelar-se em penitência, viver em celibato. (NICHOLS, 1954, p. 46-47)

A impossibilidade de se fazer peregrinações e o fim do martírio fez com que o ascetismo se tornasse a maneira mais alta de se alcançar os benefícios espirituais. A mente dos tempos antigos considerava a prática da contemplação mais importante ou estimada do que as virtudes ativas.

A vida ascética dentro da Igreja se desenvolveu muito na Alta Idade Média com a vida eremita ou o anacoretismo (do grego ἀναχωρητής, *anachoretes*), sendo praticada por muitos. A forma eremítica alcançou expressões extravagantes. Por exemplo, um homem chamado Simeão, o Estilita, considerado santo pelas igrejas Católica e Ortodoxa, viveu sozinho durante 30 anos no topo de uma colina situada a leste de Antioquia, praticando um extremo ascetismo.

Mosteiros e conventos, numa comunidade de monges sob um superior, tornaram-se cada vez mais comuns, e as ordens monásticas, com a união de vários mosteiros sob uma regra e um governo comum, passaram a existir. A primeira ordem foi a beneditina.

No monasticismo do Oriente, o monge típico era um solitário. No Ocidente, era membro de uma comunidade. Os

> **A ESPIRITUALIDADE PATRÍSTICA**
> Após o tempo dos apóstolos, a Igreja viu surgir os chamados Pais, teólogos e pensadores que exerceram um papel preponderante no que diz respeito às questões de fé, ensino e organização. O período patrístico corresponde aos primeiros quatro séculos da Era Cristã. Os Pais da Igreja eram homens cultos, formados em Filosofia e nas primeiras escolas teológicas daquele tempo. A riqueza intelectual característica não foi o único destaque dos Pais da Igreja, mas também uma espiritualidade frutífera e operante. O conhecimento de Deus não era apenas filosófico, mas prático e experimental, integrado ao ministério, sobretudo ao testemunho piedoso. O estudo da Teologia integrava conhecimento e vida.

mosteiros eram centros de uma obra essencialmente missionária, bem como de civilização e educação no meio dos bárbaros, e ministravam lições práticas de agricultura. Havia também entre eles trabalhos manuais e o desenvolvimento das técnicas de construção. Os monges copiavam, preservavam e multiplicavam os livros. Eram escolas para o ensino cristão e as únicas instituições de caridade da época.

O desenvolvimento do monasticismo

Santo Antão ou Antônio, o Grande, é considerado o homem que deu início ao monasticismo. Ele nasceu de pais coptas em Koma, no centro do Egito. Começou a vida ascética em 270. Suas chamadas à vida ascética eram baseadas em Marcos 10:21: "Mas Jesus, fitando-o, o amou e disse: Só uma cousa te falta: Vai, vende tudo que tens, dá-o aos pobres e terás um tesouro no céu; então vem, e segue-me."

Ele fez assim. Por volta de 285, tornou-se eremita, jejuava, praticava abnegação dos desejos do corpo, orava sem cessar. Pensava que era atormentado pelos demônios de todas as formas imagináveis.

Um dos ofícios dos monges era produzir cópias das Escrituras Sagradas.

Só em casos excepcionais saía da solidão. Duas vezes apareceu em Alexandria: em 311, durante a perseguição sob Máximo, na esperança de tornar-se mártir; e em 351, aos 100 anos, para dar seu testemunho em favor da fé contra o arianismo, pois era amigo de Atanásio. Em poucos dias, converteu mais pagãos e hereges do que tinham ganhado o ano inteiro. Foi frequentemente visitado em sua solidão por cristãos, pagãos, ascéticos, doentes e necessitados como sendo um médico do corpo e da alma. Atanásio relata vários milagres feitos por ele. Sua comida consistia em pão, sal, água e, às vezes, tâmaras. Comia uma vez por dia, geralmente depois do pôr do sol. Às vezes, jejuava de dois a cinco dias. Tinha 105 anos quando morreu.

Pacômio, outro importante nome do início do monasticismo, nasceu em 292 e se tornou um soldado. Provavelmente converteu-se quando tinha 20 anos. Começou a vida de eremita, mas ficou descontente com a experiência e, por isso, estabeleceu o primeiro mosteiro cristão no sul do Egito (315-320). Quando morreu, em 346, deixou dez mosteiros e um convento no sul do Egito.

Basílio da Ásia Menor nasceu na Capadócia, por volta de 330. Começou a vida ascética mais ou menos em 357. Visitou o Egito, e voltando à sua terra na Ásia Menor, tornou-se o propagador do monasticismo (360-379). Deu ênfase a uma vida mais comunitária com trabalho, estudo da Palavra e a obra de caridade.

Atanásio introduziu o monasticismo ao Ocidente. Jerônimo, Agostinho, o teólogo, e Ambrósio promoveram a reforma monástica no Ocidente pelas suas exortações e exemplos. Ambrósio estabeleceu um mosteiro em Milão.

São Martinho de Tours (316-397) foi campeão do monasticismo na Gália, atual França. Em cerca de 360, estabeleceu um mosteiro perto de Poitiers. Foi o primeiro na França. Quando era soldado na Gália, num dia muito frio, cortou seu manto em dois pedaços e deu a metade a um mendigo. Na noite seguinte, num sonho, viu Cristo vestido com a parte do manto que tinha dado ao mendigo e dizendo aos anjos: "Martinho, ainda que seja catecúmeno, tem-me vestido com

A ESPIRITUALIDADE PATRÍSTICA
Diversos nomes se destacaram no período antigo da história da Igreja, como Atanásio de Alexandria, Ambrósio de Milão, João Crisóstomo de Constantinopla, São Jerônimo, o tradutor da Vulgata Latina, Basílio de Cesareia e os dois Gregórios da Capadócia. Todos eles, líderes de grande importância no desenvolvimento do pensamento cristão.

este manto." Depois de sair do exército, tornou-se eremita. Mais tarde, foi eleito bispo de Tours. Continuava a morar em sua cela fora da cidade. Recusou-se a assentar-se no trono do bispo. Usava um simples banco, e muitos milagres são atribuídos a ele.

Bento de Núrsia, Itália, foi o grande reformador do monasticismo no Ocidente. Em 529, fundou o mosteiro original dos beneditinos no Monte Cassino, entre Roma e Nápoles. Estudou durante pouco tempo em Roma, mas, sentindo-se abatido por causa das maldades da cidade, logo tornou-se um eremita.

A regra beneditina fundada por Bento era definida como uma comunidade de soldados cristãos que mantinham a si próprios. O abade era o cabeça e todos eram obrigados a obedecê-lo. Obediência aos superiores, silêncio e humildade eram parte das regras. Os deveres envolviam um culto com quatro horas por dia, dividido em sete períodos. Envolvia o trabalho, pois "a preguiça é o inimigo da alma." E finalmente envolvia também o estudo com um tempo fixo para a leitura. O sistema beneditino foi a melhor expressão do primitivo monasticismo ocidental.

Monastério de São Benedito próximo a Roma.

Os monastérios beneditinos haviam penetrado na França no século 7, e na época de Carlos Magno já eram bem conhecidos e recebidos. O serviço dos seus monges como missionários e pioneiros foram de valor e trouxeram um renovo extraordinário para a Igreja. Cada mosteiro beneditino tornou-se um centro de indústria artesanal e ensino, e possuía uma biblioteca. Foi incalculável seu valor na educação das nações germânicas e na preservação da literatura.

CAPÍTULO 21
O SURGIMENTO E O AVANÇO DO ISLÃ

"Uma vez, um homem que estava passando por uma estrada encontrou um galho de uma árvore com espinhos, obstruindo-a. O homem tirou os espinhos do caminho. Alá ficou grato e perdoou seus pecados." **Maomé**

O Islã veio como uma maré incontrolável, invadindo, conquistando e destruindo tudo a partir do século 7. O "mundo civilizado" medieval enfraquecido e dividido militarmente não tinha como fazer frente aos exércitos unificados dos muçulmanos. Por onde esses conquistadores chegavam, sua nova religião era imposta pela força das armas. Foi devastador! Todo aquele antigo território do Império Romano que havia se tornado cristão no norte da África caiu sob as conquistas islâmicas.

Interior da Catedral e antiga Grande Mesquita de Córdoba.

Seu profeta, Muhammad Bin Abdullah Bin Abdul Muttalib Bin Hashim Bin Abd Manaf Bin Kussay (محمد بن عبدالله بن عبد المطلب em árabe) — ou apenas Maomé, em português —, nasceu em Meca por volta de 570, ficando órfão de pai antes de nascer e perdendo a mãe aos 6 anos. Por necessidade, tornou-se pastor de cabras e, mais tarde, comerciante. Maomé traficava escravos, ouro, pedras preciosas, especiarias e seda. Seu sucesso foi tal que a rica viúva Kadija o contratou para cuidar de seus negócios. Em algum tempo, Maomé e Kadija se casaram. Na sua profissão de mercador, entrou em contato com cristãos e judeus, e com 40 anos, teria recebido a visita do anjo Gabriel e as revelações que depois passou a divulgar. Os cristãos que Maomé contatara eram provenientes de diversas seitas estranhas que nenhum contato tinham com o restante da cristandade.

O anjo Gabriel supostamente o enviara a pregar a mensagem de acordo com a qual Alá (الله em árabe) é um e requer completa submissão (الإسلام ou Islã, que significa "obediência"). O profeta começou, então, a sua pregação em 610.

Nessa época, os árabes eram divididos em muitas tribos pagãs, e Maomé trouxe a mensagem segundo a qual ele fora enviado por seu deus, Alá, para ser o último dos profetas. Para ele, sua pregação estava apenas dando continuidade às mensagens dos profetas do Antigo Testamento e de Jesus, outro "grande profeta". Na sua mensagem, Cristo não é divino e foi mal compreendido pelos cristãos.

Ao pregar, entretanto, a sua mensagem, foi rejeitado pela elite e pelo povo em Meca. O exílio de Maomé, ou a *Hijrah*, palavra que significa "fuga", foi um evento importante para o Islã, pois é dali que

A ESPIRITUALIDADE PATRÍSTICA
Santo Agostinho, o bispo de Hipona, no Norte africano, teve grande relevância para a construção de uma teologia autenticamente cristã. De seus inúmeros escritos, vamos concentrar em *Confissões* por ser uma obra que discute o sentido da vida espiritual. Trata-se de um livro autobiográfico, onde Agostinho relata sua vida antes de se tornar cristão. O livro fala também de sua conversão. Ele expõe suas fraquezas perante Deus na forma de oração. A obra incentiva o leitor a glorificar a Deus e buscar por deleite no Senhor. Para Agostinho, *Confissões*, mais que expor seus pecados, significava adorar a Deus.

passa a se contar o tempo. Assim, o ano 622 da Era Cristã é o ano 0 para os muçulmanos.

Nesse tempo, Maomé passa a viver num oásis que viria a se tornar a cidade de Medina, ou "cidade do profeta". Alguns anos mais tarde, em 630, reuniu um exército com 10 mil homens e conquistou militarmente a cidade de Meca, que o rejeitara. Ao fim da sua vida, em 632, toda a península da Arábia já estava conquistada e sob o domínio da nova religião. A mensagem era simples: adesão ou morte!

As conquistas do Islamismo depois da Península Arábica avançaram, e Damasco caiu em 635. Jerusalém e Antioquia caíram em 638. Alexandria e o Egito, em 641. O reino dos persas, atual Irã, em 641. Em 711, os muçulmanos entraram na Espanha. Conquistaram a monarquia visigoda e estabeleceram o califado de Córdoba. Entraram na França, mas foram definitivamente derrotados por Carlos Martel na batalha entre Tours e Pointers, em 732, um século após a morte de seu profeta. Síria, Egito e Norte da África foram permanentemente conquistados. Constantinopla e o velho Império Bizantino resistiram aos ataques de 668 e novamente em 717. Finalmente, cairia definitivamente em 1453 em mãos muçulmanas pelos turcos otomanos.

Ainda no século 7, em menos de cem anos, conquistaram a Península da Arábia, a Palestina, a Síria, a Armênia, a Mesopotâmia, a Índia, a Pérsia, todo o norte da África e a Península Ibérica. Para essa comunidade muçulmana, ou a *Ummah*, política e religião estão interligados, e quando Maomé faleceu, não sabiam quem deveria sucedê-lo. Para aquela cultura tribal, ainda não existia e nem se conhecia o princípio da hereditariedade. Além disso, todos os filhos do profeta haviam morrido em pouca idade. Foi proposto, então, que Ali Ibn Abi Talib, que era primo de Maomé, casado com Fátima, sua filha, fosse feito Califa, mas, ao contrário disso, Abu Bakr (573-634), um dos sogros do profeta, foi escolhido em seu lugar. Como algumas tribos aproveitaram a morte de Maomé para retomar sua liberdade, o novo califa, em seu curto governo de dois anos, dedicou-se à reconquista dos rebeldes e à conversão total das tribos árabes que viviam dentro dos territórios de dois impérios fracos, o bizantino e o persa.

Umar Ibn Al-Kattab, mais conhecido como Omar, que também era um dos primeiros seguidores de Maomé ainda vivo, foi apontado como próximo califa, e governou de 634 a 644, sendo responsável pela conquista da Síria, Palestina, Egito e parte da Pérsia. O califa seguinte, Uthman Ibn Affan ou Omã, definiu o texto final do Alcorão, conquistou o norte da África e tomou grande porção do Império Bizantino — a Ásia Menor —, além de dominar totalmente a Pérsia. Com as conquistas, as "razias" ou saques foram praticados contra os inimigos pela *Jihad* ou luta através das constantes guerras.

Diante do poder militar dos árabes e com alguma tolerância inicial em favor do judaísmo e cristianismo, além de impostos menores do que os anteriormente cobrados, as populações locais não tinham por que se rebelar. Inicialmente, nem a conversão foi imposta em função de não se incluir os conquistados na *Ummah* e, assim, reduzir os ganhos com os impostos auferidos.

Em função da enorme extensão territorial do califado, tornou-se difícil administrar as novas possessões a partir de Medina, e a enorme riqueza proveniente dos impostos pagos pelos dominados gerou uma elite corrupta. Diante disso, a facção que apoiava Ali Ibn Abi Talib, primo e genro de Maomé, ganhou força. Ali se tornou califa em 656, mas teve de enfrentar uma enorme rebelião dos que o acusavam de assassinato. Dessa disputa surgiram as duas principais facções do islamismo: os xiitas e os sunitas, que perduram até os dias atuais.

Os xiitas, a minoria partidária de Ali, defendia que somente alguém da família do profeta poderia governar a *Ummah*, pois criam que o líder político deveria ser também o líder religioso ou imã. Já os sunitas criam que qualquer um poderia ser escolhido califa, e que a *Sunna* — conjunto de textos que tratavam da vida e dos ensinos dos profetas — já havia sido completada, e, portanto, nada havia mais a ser acrescentado. Diante desse desacordo, irrompeu uma sangrenta guerra civil com a divisão dos xeques em dois grupos.

Com Muawiya começou a dinastia dos omíadas, poderosa família proveniente de Meca que defendia a sucessão hereditária e transferiu a capital para Damasco, na Síria, o que continuou sofrendo forte oposição da facção xiita. Com a morte de Muawiya, os xiitas queriam que o novo califa fosse Hussein, neto de Maomé, mas Yazid foi feito califa. Diante da rebelião sufocada na batalha de Karbala, na Mesopotâmia, Hussein foi morto e se tornou um mártir, tornando a divisão das duas seitas definitiva até os dias atuais.

Os omíadas continuaram as expansões e conquistaram dos visigodos o que faltava no norte da África, assim como a Península Ibérica. Na França, como mencionado, foram rechaçados na Batalha de Poitiers, em 732. No Oriente, entretanto, dominaram o norte da Índia. A influência da corte bizantina transformou a corte do califa, enriquecida pelo dinheiro que vinha das províncias conquistadas, num ambiente de luxo e opulência. O conselho dos xeques, o *Shura*, tornou-se o segundo em importância depois do poder autocrático e absolutista do califa, que nomeava como queria um emir para governo dos emirados ou províncias.

Muitas cidades muçulmanas se enriqueceram com as rotas comerciais que passaram a fazer a ligação de Constantinopla com a China. Em alguns séculos, emires de etnias diferentes e apoiados por seus exércitos locais acabaram por se tornar independentes, e o antigo califado se fragmentou. Os primeiros emirados a se desvincular foram o Egito, em 909, e Córdoba, na Espanha, em 929.

O texto do Alcorão (القرآن ou "recitação", em árabe), livro sagrado do Islã, escrito por Maomé, é muitas vezes incompreensível, e apresenta um deus que não conhece o amor ou a graça. Alá não é um deus relacional, não é "Pai" de ninguém, antes disso, exige apenas total submissão e obediência a seus preceitos, regras e normas. Não se pode confundir Alá com o Deus do Antigo Testamento ou com

> **A ESPIRITUALIDADE PATRÍSTICA**
> Santo Agostinho inicia suas *Confissões* apresentando a máxima de sua obra: "És grande, Senhor, e infinitamente digno de ser louvado; grande é o teu poder e incomensurável tua sabedoria. E o homem, pequena parte de tua Criação, quer louvar-te, e precisamente o homem que, revestido de sua mortalidade, traz em si o testemunho do pecado e a prova de que resistes aos soberbos. Todavia, o homem, partícula de tua Criação, deseja louvar-te" (Livro I, capítulo 1).

Cristo. O deus de Maomé, sua mensagem e seu caráter são completamente diferentes do Deus de Jesus Cristo. O Islã limita-se a impor a obediência inquestionável ao seu deus, seu livro, seu profeta e seus representantes. O Alcorão só teve a sua redação final terminada no reinado do califa Omã. Em seus capítulos, as suratas, é descrita a fé islâmica, incluindo um código de punições para quem as violar. As cinco obrigações do Islã são: acreditar em Alá e no seu profeta; rezar cinco vezes por dia; jejuar durante o dia no mês do Ramadã; dar esmolas aos pobres; e ir pelo menos uma vez na vida a Meca, na Arábia Saudita.

É uma cultura que representa uma sociedade semitribal até os dias atuais. Onde o Islã fundamentalista governa, impõe-se a *Sharia* (شريعة em árabe), a legislação que governa cada aspecto da vida civil, e cujos valores culturais são incompatíveis com os do Ocidente. Não há direitos civis, garantias individuais e liberdade de consciência onde a *Sharia* é estabelecida.

O efeito direto das conquistas do islamismo sobre o cristianismo foi que milhares de igrejas cristãs nas dioceses patriarcais de Jerusalém, Antioquia e Alexandria foram destruídas ou convertidas em mesquitas. Conquistaram o "solo clássico" do Cristianismo primitivo. Muitos cristãos nominais submeteram sua fé ao conquistador e abraçaram o islamismo, forçados pela pressão da violência e das armas. Onde o Islã chegou, o Cristianismo virtualmente desapareceu. Uma exceção são os coptas, no Egito, que, mesmo diante da perseguição, constituem cerca de 10% da população até os dias atuais.

CAPÍTULO 22
O IMPÉRIO CAROLÍNGIO E O PAPADO — 732-800

"A ação é melhor do que o conhecimento, mas a fim de fazer o que é correto, devemos saber o que fazemos." **Carlos Magno**

Desde a conversão de Clóvis, em 496, ao cristianismo, começou uma relação íntima entre o Estado e a Igreja nos domínios francos. Carlos Martel (715-746), filho ilegítimo de Pepino de Heristel, derrotou completamente os muçulmanos em 732. Por meio dessa vitória, os francos tornaram-se os protetores do cristianismo latino e também ajudaram Bonifácio na conversão da Alemanha. Os lombardos, sob o rei Astolfo (749-756), estavam se esforçando para conquistar Roma, e havia uma rebelião do papado contra os imperadores de Constantinopla. Os papas, no meio dessa situação, buscaram o auxílio dos francos.

Pepino, o rei dos francos — 754-768

Em 754 e 755, logo depois da sua convocação pelo papa Estêvão II como líder do exército dos francos, Pepino derrotou por duas vezes os lombardos. Depois da derrota, os lombardos voltaram mais uma vez à guerra. O papa, então, escreveu uma carta a Pepino, admoestando-o em nome de Pedro e da Santa Mãe de Deus que salvasse a cidade de Roma. Prometeu-lhe uma longa vida e uma mansão no céu, se prontamente obedecesse.

Pepino aceitou o desafio e derrotou os lombardos pela segunda vez em 755. Depois dessa vitória, entregou ao papa o território que ele havia conquistado. Esse território formou o núcleo dos domínios territoriais do papado. Era esse o início dos Estados papais que duraram até 1870. Todavia, as ambições do papa não estavam satisfeitas ainda.

Nessa época, foi forjado um documento que dava poderes extras ao papado frente aos reis e poderes seculares. Teria havido ainda uma suposta doação de territórios por parte do imperador Constantino ao papa Silvestre I. Tal doação era atestada num documento supostamente do século 4. O documento, entretanto, provou ser uma falsificação de meados do século 9. No tal documento, o imperador Constantino teria descrito, além da doação de terras ao papado, a sua conversão, seu batismo e uma suposta cura milagrosa de lepra por meio do papa Silvestre I. Nele, ordenava a todos os eclesiásticos que se submetessem ao papa Silvestre e a seus sucessores da Sé de Roma. O nome dado a este documento falso foi "As falsas decretais".

O filho de Pepino, o Breve, Carlos Magno, realizou guerras vitoriosas contra os ávaros e favoreceu a expansão do cristianismo em muitas partes daquele território, atual Áustria. Em 781, Alcuíno, diácono de York, Inglaterra, foi designado por Carlos Magno para dirigir a instrução da educação de sua família e dos francos em geral. Aceitou o convite e foi morar com Carlos Magno de 781 a 790.

Estátua representando Carlos Magno em Roma.

Alcuíno era um grande sábio do seu tempo e um excelente professor da época. Usou as Escrituras — a Vulgata, da qual fez uma revisão — como base de seus ensinos. Em 796, Alcuíno foi feito o cabeça do mosteiro de São Martinho, em Tours. Por meio dele, esse mosteiro tornou-se o centro de instrução para todo o reino dos francos. Carlos Magno foi coroado pelo bispo Leão III na Igreja de São Pedro, no Natal de 800. Foi um líder dedicado e, por isso, vemos a extensão de seu poder político e do cristianismo sem surpresa.

Com ele dominando a maior parte da Europa central, foi estabelecido o Sacro Império Romano-Germânico.

Sob Carlos Magno, a pregação foi encorajada e livros de sermões, preparados. Esperava que cada crente fosse capaz de recitar o Pai Nosso e o Credo Apostólico. No princípio de seu reinado, havia só um arcebispado metropolitano em todo o reino franco. No fim, havia 22, conhecidos como arcebispados. O próprio Carlos Magno designava os bispos de seu reino.

O declínio do Império Carolíngio

O declínio começou depois da morte de Carlos Magno, pois o grande poder dele era pessoal. Seu filho, Luís, o Pio (778-840), que era verdadeiramente cristão e foi instruído por Alcuíno, cometeu o grande erro de dividir o império entre seus três filhos: Lotário, Pepino e Luiz. O império foi dividido pela segunda vez para dotar Carlos, filho de segundas núpcias. Depois da morte da imperatriz, Luís casou-se com uma princesa alemã chamada Judith. Os filhos dele se revoltaram contra o pai, lutando também uns contra os outros.

Com o famoso Tratado de Verdun, em 843, depois da morte de Luís, o Pio, o vasto Império Carolíngio foi oficialmente dividido entre seus filhos, sendo que Lotário (843-855) ficou com uma parte da Itália, uma faixa de território incluindo o Vale do Rodano e a região a oeste do Reno, além do título imperial; Luís (843-875) ficou com a região a leste do Reno e ganhou o apelido de "Germânico"; e Carlos, o Calvo (843-877) ficou com a maior parte da França moderna e, finalmente, a coroa imperial. Esse tratado importante é geralmente considerado como o ponto de separação oficial entre a França e Alemanha, ainda na Idade Média. Esses reis se mostraram incapazes de manter a unidade ou a defesa do outrora imenso Império Carolíngio.

> **A ESPIRITUALIDADE PATRÍSTICA**
> Agostinho insiste que o ser humano traz em sua constituição a imagem de Deus, que nos faz anelar por sua presença. Mesmo que esse querer não se saiba explicar, o homem anseia por Deus. Sua manifestação é vista, portanto, por meio da espiritualidade, na qual buscamos encontrar Deus, que, de fato, está à nossa procura desde o inicio de tudo porque nos criou. Daí essa consciência intrínseca que nos faz anelar por conhecer Deus e poder louvá-lo.

A França sofreu ataques dos normandos da Escandinávia, que se estabeleceram permanentemente na Normandia em 911. A Itália foi atacada várias vezes pelos sarracenos muçulmanos. Em 841, a Igreja de São Pedro foi saqueada. A Alemanha e a Itália foram invadidas e devastadas pelos húngaros no começo do século 9. Sob essas condições, quando a unidade e a defesa nacional eram impossíveis, o feudalismo, com sua desagregação, desenvolveu-se ainda mais rapidamente.

Era uma tendência que substituiu um forte governo central por sedes locais de autoridade. As igrejas e os mosteiros se tornaram presos aos nobres locais. Essa forma feudal de organização política e social ainda dominou a Europa até o século 13 e facilitou grandemente o desenvolvimento do papado medieval. Em 911, o Império Carolíngio acabou na Alemanha com a morte de Luís, o Menino. Como resultado desse declínio, aconteceu uma grande decadência da vida intelectual, de acordo com Walker (1967, p. 276). "Por volta de 900, o novo barbarismo extinguiu quase que por completo a luz que brilhara um século antes." Havia uma exceção na Inglaterra: Alfredo, o Grande, resistiu à conquista dos viquingues, reuniu ao redor de si os maiores eruditos e encorajou a instrução do clero. Na França, desenvolveu-se um partido eclesiástico que era contra qualquer domínio da Igreja pelos soberanos. Passou a haver uma resistência dos bispos e do clero inferior contra os arcebispos. O objetivo foi impedir o domínio secular e dos arcebispos, mantendo a unidade do clero.

A independência do papado rapidamente se tornou uma realidade. Em 2 de fevereiro de 962, Oto I foi coroado imperador em Roma por João XI. Isso marcou e reafirmou o Sacro Império Romano-Germânico, que nominalmente duraria até 1806, e o reconhecimento formal do papa como fonte de legitimação política e da autoridade dos reis.

CAPÍTULO 23
AS CONTROVÉRSIAS ENTRE AS IGREJAS DO OCIDENTE E DO ORIENTE

Por decreto então promulgado, as figuras, a cruz e os evangelhos devem receber a devida saudação e honrosa reverência. **Sétimo Concílio Geral em Niceia**

Quando os muçulmanos começaram as suas conquistas, os imperadores buscaram a união dos crentes contra os invasores e consideravam isso uma necessidade urgente. Nesse período, qualquer assunto teológico suscitava divisões que se tornavam temas cruciais e causavam profundas divisões. A Igreja amargava controvérsias profundas sobre Cristologia. Por volta de 630, principalmente entre os diversos patriarcados da Igreja Oriental, havia uma séria divisão acerca da natureza de Cristo.

> **A ESPIRITUALIDADE PATRÍSTICA**
> Na abertura magistral do livro *Confissões* está posta a tese de toda a sua sua obra: "Porque nos fizestes para ti, e o nosso coração está inquieto enquanto não encontrar em ti descanso" (Livro I, capítulo 1).

Uma nova tentativa foi feita para reconciliar os monofisistas com os outros crentes que tinham posição diferente sobre o assunto. A disputa e as divisões amargas estavam ligadas à questão sobre Cristo possuir uma ou duas naturezas. Como não conseguiam essa unidade nem uma concordância simples sobre o tema, depois de negociações que duraram vários anos sob a liderança de Sérgio, patriarca de Constantinopla, o imperador Heráclio inaugurou uma política de união "sobre a base da declaração de que, em tudo o que Cristo fez, ele agiu por uma energia divina-humana". Infelizmente, essa tentativa de gerar união, ao invés de ser vitoriosa, trouxe outra onda de controvérsia. Agora o ponto de discussão era sobre a vontade ou as vontades de Cristo. Ciro, patriarca de Alexandria, adotou esta fórmula no Egito em 633 com muito sucesso na reconciliação da opinião dos monofisistas. Um monge palestino, entretanto, revoltou-se contra isso. Sérgio se alarmou e tentou evitar toda a discussão. Então escreveu ao papa Honório (625-638).

Cada detalhe teológico produzia confusões, divisões sem fim e controvérsias intermináveis. Afinal, Cristo possuía quantas vontades? Uma ou duas? A divina e a humana ou apenas uma delas? Isso causou uma grande e interminável confusão. Desenvolveram-se dois partidos: o mais radical era o que defendia a ideia de que Cristo tinha apenas uma vontade (monotelita —Ἔκθεσις (*ekthesis*) em grego).

Enquanto os muçulmanos ameaçavam as fronteiras dessas sedes patriarcais no Oriente, a Igreja estava mais dividida do que nunca sobre esses dois temas: as duas naturezas e as duas vontades de Cristo. O papa se manifestou, dizendo que Cristo tinha uma única vontade, não duas, e que toda essa controvérsia era mais questão de terminologia. Como o problema era mais entre os orientais, o papa não quis se envolver.

Heráclio, o imperador, em 638, publicou um documento chamado *Ekthesis*, redigido por Sérgio, o patriarca de Constantinopla, no qual proibiu a discussão da questão de uma ou duas energias, e afirmava que Cristo tinha uma só vontade. Heráclio, o imperador, morreu em 641. Seu sucessor foi Constante II, que em 648 proibiu a discussão da questão de uma ou duas vontades. Martinho I (649-655) o papa seguinte, convocou um sínodo em Roma, em 649 para promover a interpretação do problema teológico de acordo com as opiniões do Ocidente (duas naturezas completas) e para afirmar sua autoridade no Oriente. Afirmava a existência de duas vontades de Cristo, a humana e a divina, e condenou o patriarca Sérgio e os outros patriarcas de Constantinopla e seus escritos. Em 653, o imperador Constante II, enfurecido com o papa, ordenou a prisão de Martinho I e mandou trazê-lo à força para Constantinopla. O papa foi tratado brutalmente e banido para a Crimeia, onde morreu.

As relações entre Roma e Constantinopla, que já não eram boas, tornaram-se insustentáveis. Constantino IV (668-685) sucedeu a Constante II. Nesse tempo, as províncias monofisistas já haviam sido conquistadas pelos muçulmanos. Então o imperador achava que era mais importante aplacar a Itália do que ajudar as províncias. Entrou em negociações com o papa Ágato (678-681), que lançou uma extensa carta de definição.

Sob os auspícios imperiais, o Sexto Concílio Geral foi realizado em Constantinopla (680-681). Declarou que "Cristo tem duas vontades naturais [...] não contrária uma a outra [...] mas sua vontade humana segue, não como se resistisse ou relutasse, mas antes sujeita à sua vontade divina e onipotente". Condenou Sérgio e seus sucessores do patriarcado de Constantinopla, Ciro de Alexandria e o papa Honório.

Com isso, Roma havia triunfado novamente. A doutrina assim definida era a culminação lógica daquela do Concílio de Calcedônia. Com tal definição, acabaram-se as controvérsias cristológicas.

A controvérsia iconoclasta

A disputa principal na Igreja grega depois do século 7 foi sobre o uso de imagens na adoração cristã. Havia três teorias quanto ao uso de ícones, imagens de pinturas sacras e mosaicos no culto cristão, a saber: a veneração e adoração de ícones; a iconoclasta, com a abolição e destruição desses ícones; e a moderada, uma via do meio.

As palavras do papa Gregório I ao oferecer a um eremita um quadro de Cristo, de Maria, de São Pedro e São Paulo ilustram a teoria moderada. Diz ele: "Nós não ajoelhamos perante o quadro como se fosse uma divindade, mas adoramos aquele cujo nascimento ou paixão ou assentar no trono da majestade é trazido à nossa memória pelo quadro." O Ocidente era menos dividido quanto ao assunto. A controvérsia começou em 726 e continuou até 843.

Em 787, o Concílio Geral de Niceia — o Sétimo Concílio Geral e o último, na opinião da Igreja Oriental — apoiou o uso de ícones e adoração.

> Por decreto então promulgado, as figuras, a cruz e os evangelhos devem receber a devida saudação e honrosa reverência, mas não culto verdadeiro, que só pertence à natureza divina [...] porque a que se presta a imagem,

transfere-se aquilo que a imagem representa, e aquele que presta reverência à imagem mostra reverência àquilo que por ela é representado. Na carta do concílio ao imperador, a justificação do ícone fundamenta-se no fato de Cristo ser "verdadeiro homem" e os eventos dos evangelhos serem verdadeiramente históricos. Triunfava, assim, o princípio de que o divino não é algo separado do mundo material, mas, tal como na encarnação, este último pode ser o meio de acesso a Deus. (WALKER, 1967, p. 215)

Em 794, no Concílio de Frankfurt, a adoração às imagens foi proibida, mas não se proibiu, entretanto, a colocação de imagens e estátuas nas igrejas. Parece que Alcuíno influenciou a decisão deste concílio, de acordo com Knight & Anglin (1955, p. 108-109). "Nem homem nem anjos deviam, de modo algum, ser adorados, e o uso das imagens foi declarado como não somente não tendo a confirmação das Escrituras Sagradas, mas até como sendo diretamente contrária aos escritos do Antigo e do Novo Testamento."

Em 813, houve um reavivamento da iconoclastia no Oriente, e em 842 ou 843, um sínodo foi realizado em Constantinopla (cujas atas se perderam) onde foram confirmados os decretos dos sete concílios ecumênicos, foi restaurado o uso de ícones nos cultos e pronunciado o anátema sobre todos os iconoclastas. Assim, triunfou definitivamente a veneração de ícones no culto cristão.

O fato de haver duas línguas, a latina no Ocidente e a grega no Oriente, criava ainda mais barreiras para um relacionamento mais próximo entre as duas porções da Igreja. Por séculos, esse distanciamento foi se tornando cada vez mais profundo, e tudo piorou com as disputas pela hegemonia entre Roma e Constantinopla. As controvérsias teológicas foram tornando a comunhão entre o Oriente e Ocidente insustentável até o ponto de ruptura completa. Essa primeira grande divisão do cristianismo é chamada pelos historiadores o Grande Cisma do Oriente.

CAPÍTULO 24
O GRANDE CISMA
DO ORIENTE

"Nós não negamos à Igreja de Roma a primazia entre os cinco patriarcados irmãos; e reconhecemos seu direito ao mais honorável lugar num concílio ecumênico." **Nicetas, arcebispo de Nicomédia**

Anteriormente observamos que a desunião entre Roma e Constantinopla estava se tornando cada vez mais tensa. Um exemplo disso foi o papa italiano Martinho I, eleito em 649, ter sido levado prisioneiro a Constantinopla e tratado brutalmente pelo imperador bizantino Constante II. O papa morreu no exílio em 665. A situação continuava a piorar. Havia contendas entre Roma e Constantinopla pela supremacia religiosa na Bulgária. Missionários das duas alas da Igreja haviam entrado no País. Para impedir o sucesso de Roma, Fócio, da Igreja Bizantina, convocou um sínodo em Constantinopla em 867 e declarou o papa Nicolau I deposto.

As diferenças entre Oriente bizantino e Ocidente latino sempre foram muitas. O Ocidente usava o latim fortalecido pela fusão com os germanos; o Oriente usava a língua grega e recebera forte influência dos hábitos e da cultura orientais. Oriente e Ocidente não podiam nem se entender objetivamente por causa da diferença da língua falada, quanto mais em assuntos complexos, onde se usavam terminologias sensíveis que precisavam ser traduzidas o tempo todo. Desde Constantino, o estabelecimento de dois governos no império — o do Oriente e o do Ocidente — tornava as disputas e a instabilidade ainda maiores. O poder sempre crescente do papado em Roma, que nunca fora reconhecido pelo patriarca de Constantinopla, a coroação de Carlos Magno como imperador do Sacro Império

Romano-Germânico e o rompimento de Leão III com os imperadores orientais, tudo isso contribuiu para o cisma final.

Outro fator de discórdia foram o "Segundo Concílio Trullano" ou "Segundo Concilium Quinisextum", em 692, em Constantinopla, convocado por Justiniano II. Em sua composição, era completamente oriental, e Roma nunca aceitou sua validade. Várias decisões contrariavam e opunham Oriente e Ocidente com opiniões diferentes sobre a permissão para o casamento de diáconos e presbíteros. Proibiu-se no Oriente o costume romano de jejuar nos sábados da quaresma. Proibiu-se a representação de Cristo sobre o símbolo de cordeiro, que era o símbolo predileto do Ocidente, e ordenou-se, no lugar desse símbolo, uma figura humana.

Havia muitos outros pontos de conflito: a luta sobre a veneração de ícones em 843, no Concílio de Constantinopla, o último na opinião do Oriente; a controvérsia teológica quanto à questão *filioque* — o Espírito Santo desceu do pai através do Filho ou desceu do Pai e do Filho? (A primeira foi aceita pela Igreja do Oriente, e a outra, pela Igreja do Ocidente); os teólogos da Igreja grega acusaram a Igreja ocidental de uma posterior adição ao Credo Niceno. Tudo isso constituía um grande volume de desacertos dificílimos de harmonizar.

O rompimento final em 1054

Miguel Cerulário, patriarca de Constantinopla, escreveu uma carta a João, bispo de Apulia (Oriente), e por meio dele a todos os bispos da França e ao próprio papa Leão IX, acusando a Igreja do Ocidente de muitos erros doutrinários. O papa respondeu enviando três legados papais a Constantinopla com acusações dirigidas ao patriarca Cerulário e à Igreja do Oriente. Cerulário recusou-se a sequer ter contato com eles ou a recebê-los em audiência formal.

> **A ESPIRITUALIDADE PATRÍSTICA**
> A existência humana está conectada com o ato criador de Deus, que nos fez à sua imagem e semelhança. Deus nos criou para si. Essa consciência de pertencimento e de existência a partir de uma união divina com o Criador será o palco de nossa história, fonte da constante busca pelo sentido da vida, tentativa de descoberta de nossa origem, uma batalha existencial, até que, por fim, o encontro com Deus aconteça.

No dia 16 de julho de 1054, os legados papais excomungaram o patriarca Cerulário. Pronunciaram um anátema contra ele e aos que o apoiaram.

> O cisma final foi o resultado do choque de duas poderosas personalidades, o papa Leão IX e Miguel Cerulário. Em 1024, o imperador pedira a João XIX o reconhecimento da independência da Igreja de Constantinopla em sua própria esfera. Isso foi recusado. Em 1053, Cerulário, temendo uma aliança entre o imperador e o papa que lhe poderia resultar na perda da jurisdição sobre a província grega na Itália meridional, e talvez em outras diminuições de sua autoridade, decidiu-se pelo cisma. Ordenou o fechamento de todas as igrejas de rito latino em Constantinopla. Em 1054, a despeito de todos os esforços mediadores do imperador, os legados romanos em Constantinopla excomungaram o patriarca, e Cerulário, por sua vez, os anatematizou. O cisma era total. (BETTENSON, 1961, p. 138)

O patriarca respondeu com um *contra-anátema* sobre os legados papais, acusando-os de fraude. Esse é considerado o rompimento final. Assim, as igrejas do Ocidente e do Oriente finalmente se excomungaram uma à outra, e permanecem divididas até os dias atuais. O Grande Cisma do Oriente foi a primeira grande divisão no cristianismo.

CAPÍTULO 25
NOVA EXPANSÃO
MONÁSTICA — 950-1350

"Uma refeição por dia, sem carne, peixe ou ovos; poucas horas de sono, orações até a meia-noite e duros trabalhos no campo."
Regra cisterciense

O mosteiro de Cluny foi fundado em 910 pelo duque Guilherme, o Pio, de Aquitânia, no sudeste da França. De acordo com outros historiadores, o verdadeiro fundador foi Berno, o burgúndio, primeiro abade. Nele se observava a regra beneditina rigorosamente interpretada.

Monastério beneditino de Cluny, na França.

Sustentava a si próprio, por isso era livre de toda jurisdição episcopal e do mundanismo secular. Estava sob a proteção direta do papa. Seu propósito foi uma reforma monástica pelo exemplo e pela influência. Muitos mosteiros foram purificados, chegando até o mosteiro beneditino do Monte Cassino. O movimento cluniacense espalhou sua influência para França e Alemanha com o desejo de corrigir a vida com uma devoção piedosa e sincera a Cristo. Quando o primeiro abade, Berno (910-927) morreu, já havia cinco ou seis mosteiros sob o controle e a influência de Cluny. Sob o quinto abade, Odilão (994-1048), Cluny tornou-se o cabeça de todos os mosteiros fundados ou reformados pela sede. Assim, Cluny era praticamente uma ordem. No auge da sua prosperidade, governava mais de 2 mil estabelecimentos monásticos. Cluny deu à Igreja muitos bispos e três papas: Gregório VII, Urbano II e Pascal II.

Hugo Abade (1049-1109), amigo de Hildebrando, que seria o papa Gregório VII, levou o mosteiro ao auge de sua fama. Odilão e Hugo "exerciam grande influência sobre os imperadores e papas; inspiraram a reforma do papado e da Igreja".[34] O movimento Cluny ganhou apoio do clero e se tornou uma força enorme na renovação da vida clerical. Na primeira metade do século 11, o movimento como um todo estava em oposição à simonia, que "consistia em dar ou receber qualquer função eclesiástica por pagamento em dinheiro ou qualquer outra consideração sórdida", e ao nicolaísmo, a violação do voto do celibato clerical, seja por matrimônio ou concubinato. Esses reformadores desejavam um clero digno e piedoso. Em meados do século 11, essa reforma desejava também tirar dos reis e príncipes a prerrogativa de ter ingerência nas coisas da Igreja.

Em outras partes além de Cluny havia reforma ascética. Romualdo de Rayena organizou estabelecimentos de eremitas chamados "desertos", nos quais praticavam o ascetismo rígido e dos quais saíram missionários e pregadores. O mais famoso desses "desertos" existe atualmente, chamado Camaldolé, e fica perto de Arezzo. Dele veio a Ordem Camaldulense, em Lorena e Flandres. Gerhard, abade de Brogne (?-959), promoveu um avivamento monástico com grande êxito. Pedro Damião (1007-1072), era ardente defensor da reforma monástica e opositor à simonia e ao matrimônio clerical.

.....
34   SCHAFF, 1952/1953, p. 367.

A reforma monástica dos séculos 11 e 12

Muitas ordens foram estabelecidas, mas a mais importante foi a dos cistercienses. O fundador foi Roberto, o monge, do mosteiro de Montier, na França. Insatisfeito com a má disciplina do monasticismo, estabeleceu um mosteiro com regras mais rigorosas em Citeaux, em 1098.

As regras: "Uma refeição por dia, sem carne, peixe ou ovos; poucas horas de sono, orações até a meia-noite e duros trabalhos no campo." Muita atenção foi dada à agricultura e pouca atenção ao ensino ou obra pastoral.

Com Bernardo de Claraval (1090-1153), o movimento ganhou outro nível de influência, e muito do sucesso dos cistercienses foi atribuído ele. Ele é considerado um dos grandes santos da Idade Média. Entrou no mosteiro de Citeaux por volta de 1112, e em 1115 fundou o mosteiro cisterciense de Claraval, no leste da França. Serviu como abade desse mosteiro até a sua morte. Era um homem de caráter irrepreensível. O seguinte hino é atribuído a ele:

> Jesus o mero pensar em Ti
> Com doçura enche o meu ser;
> Mais doce ainda teu rosto ver,
> E na tua presença estar.
>
> Nem voz entoa, nem mente contempla,
> Nem pode a memória achar
> Um som mais doce do que teu nome,
> O Salvador do mundo.
>
> A espera do coração contrito,
> O gozo de todo o manso,
> A quem que cai quão benigno és!
> Quão bondoso a quem o busca!
> Mas para os remidos? Ah, isso
> Nem língua nem pena mostram:
> O amor de Jesus, o que é
> Só seus amados sabem.

A ESPIRITUALIDADE PATRÍSTICA

A busca por Deus faz parte de nossa existência humana. Sendo assim, a constatação dessa necessidade de encontro com aquele que nos criou é uma experiencia a acontecer, cedo ou tarde, na nossa história. Agostinho diz: "Senhor, que eu te procure invocando-te, e te invoque crendo em ti, pois me pregaram o teu nome" (Livro I, capítulo 1). A mãe de Agostinho foi a grande formadora de sua fé cristã. Intercessora, esperou toda uma vida pela conversão de seu filho. Ambrósio de Milão, o grande pregador, a quem Agostinho admirava, foi quem o batizou na fé de sua mãe.

Jesus, tu és o gozo único,
Como tu nosso prêmio serás;
Jesus, sê tu nossa glória aqui,
E para toda a eternidade.[35]

Cerca de 671 mosteiros dessa ordem foram estabelecidos de 1098 a 1268. Essa ordem dominou o século 12 da mesma maneira que Cluny predominou no século 11.

Os dominicanos

A ordem dominicana foi fundada no século 13 como ordem mendicante. Eram chamados frades pregadores. A ordem foi estabelecida por Domingos, um espanhol, em 1215 com o propósito de ganhar os hereges albigenses. Era uma organização de pregadores que viajavam por toda parte, ensinando o povo. A ordem era dedicada tanto ao ensino quanto à pregação, e dava grande ênfase à instrução. O abade de Citeaux tinha autoridade sobre os dominicanos. Num período de quatro anos, cerca de vinte mosteiros de frades dominicanos foram estabelecidos em vários países da Europa.

Quando Domingos morreu, em 1221, havia sessenta mosteiros. Domingos visitou o Quarto Concílio Lateranense, em 1215, buscando aprovação papal para a nova ordem. Foi recusada, mas foram elogiados os seus esforços. Em 1216, obteve um reconhecimento equivalente à aceitação prática da ordem pelo papa Honório III (1216-1227), que deu seu apoio sob a condição de que Domingos seguisse a regra de uma ordem já estabelecida. Domingos escolheu a dos agostinianos. Alguns dominicanos notáveis entre teólogos foram Alberto Magno e Tomás de Aquino. Entre os místicos, Eckhard e Tauler. Um precursor da Reforma, Girolamo Savonarola, era um dominicano.

---

35 Traduzido por Melva Webb do Hinário da Inter-Varsity Christian Fellowship, compilado e editado por Poul Beckwith.

Representação de Domingos, fundador da ordem dominicana.

Os franciscanos

Os franciscanos ou Ordem dos Irmãos Menores (*Fratrun Minorum*) eram uma ordem mendicante maior. O fundador foi Francisco de Assis (1182-1226), filho de um comerciante de Assis, na Itália Central. Sua chamada aconteceu assistindo a um culto religioso, ao ouvir o sacerdote lendo o texto de Mateus 10, que descreve Jesus enviando seus discípulos a pregar. Francisco entendeu isso como um chamamento divino.

Dois homens de Assis tornaram-se seus companheiros, e daí surgiu então a organização de uma pequena fraternidade, em 1209. Eram homens que viviam a serviço do próximo, no espírito de Cristo e em pobreza. Tornou-se uma ordem no ano de 1210 pela permissão de Inocêncio III. Francisco era o cabeça. As senhoras pobres, com as clarissas, foi uma segunda ordem dos franciscanos estabelecida e composta por mulheres. A capela onde Francisco sentiu sua chamada foi concedida para sede da fraternidade. Pregavam nos campos enquanto os trabalhadores descansavam, nos mercados, feiras, vilas e cidades, e auxiliavam os necessitados.

A Ordem Franciscana foi uma poderosa lufada de renovação espiritual na pesada Igreja Romana, e representou um verdadeiro avivamento espiritual à época. Francisco não era um teólogo teórico, mas um homem de oração, jejum e de profunda intimidade com o Espírito Santo.

Sua vida e sua pregação piedosa impressionavam grandemente seus ouvintes. Conta-se que costumava pregar em lágrimas e levava às lágrimas aqueles que o ouviam ministrar. Em certa ocasião, no meio de uma pregação, disse, referindo-se a Jesus: "O Amor não é amado! Amem o Amor!", e foi às lágrimas. Ao ouvi-lo, todo o povo foi profundamente tocado e desejava deixar seus afazeres para segui-lo.

Representação de Francisco de Assis em igreja na Croácia.

Enquanto viveu, foi um poderoso referencial de retorno ao modelo de vida cristã da Igreja primitiva. Seu estilo de vida simples e santo marcou poderosamente a sua geração.

Ordens de cavalaria

Durante as cruzadas foram organizadas várias ordens de cavalaria para defesa da Terra Santa. Os seus membros eram compostos por soldados-monges. Foram os hospitalários, os templários e a Ordem Teutônica. Os Hospitalários de São João eram uma ordem francesa dedicada a cuidar de enfermos.

> Em 1099, partiu a primeira cruzada. No mesmo ano, alguns mercadores de Amalfi fundaram em Jerusalém uma casa religiosa para recolher os peregrinos. Essa casa cresceu em influência e passou a operar sob a regra

de São Bento, e, mais tarde, passou a contar com um hospital. Por algum tempo, Godofredo de Bulhão foi o financiador da iniciativa, garantindo a existência daquilo que viraria uma congregação especial e adotaria o nome de São João Batista. Em 1113, a congregação foi reconhecida pelo papa e passou a operar sob regra própria. Alguns anos depois, o serviço de proteção e atenção aos doentes passaria a contar também com serviços militares, constituindo, assim, a fundação da Ordem dos Cavaleiros Hospitalários. (J.R. GASPARETTO)

Os templários — Ordem dos Pobres Cavaleiros de Cristo e do Templo de Salomão (*Pauperes Commilitones Christi Templique Salomonici*") — foram uma ordem militar de cavalaria, e durou dois séculos, de 1118 a 1312, sendo estabelecida ainda por ocasião da primeira cruzada, em 1098. Seu objetivo inicial era proteger os peregrinos em sua viagem a Jerusalém e ao monte do antigo Templo de Salomão. Seus monges faziam voto de estrita obediência e pobreza, usavam roupas brancas com uma cruz vermelha. Seu símbolo era um cavalo montado por dois cavaleiros.

Com a queda de Jerusalém novamente em mãos muçulmanas, a ordem perdeu o sentido de existir, e apesar do voto de pobreza, administrava vultosos recursos, tornando-se praticamente uma corporação bancária. Felipe IV, rei da França, profundamente endividado com a ordem, passou a exigir que o papa Clemente V tomasse medidas contra eles em função de muitas supostas acusações acerca de suas cerimônias de iniciação e controversos rituais secretos. Finalmente, em 1307, os líderes da ordem foram presos e queimados, e em 1312 a Ordem dos Templários foi definitivamente

> **A ESPIRITUALIDADE PATRÍSTICA**
> Sobre a pergunta: "Onde está Deus?", Agostinho responde perguntando: "Como invocarei meu Deus e meu Senhor se, ao invocá-lo, o faria certamente dentro de mim? E que lugar há em mim para receber o meu Deus, por onde Deus desça a mim, o Deus que fez o céu e a terra? Senhor, haverá em mim algum espaço que te possa conter?" (Livro I, capítulo 2). Na continuação, declara ainda: "Eu nada seria, meu Deus, nada seria em absoluto se não estivesses em mim; talvez seria melhor dizer que eu não existiria de modo algum se não estivesse em ti, de quem, por quem e em quem existem todas as coisas!" (Livro I, capítulo 2).

dissolvida. As muitas dívidas que reis e nobres tinham para com a ordem foram esquecidas e perdoadas.

A Ordem dos Cavaleiros Teutônicos de Santa Maria de Jerusalém (em latim: *Ordo Domus Sanctæ Mariæ Theutonicorum*) existiu como uma ordem militar ao lado dos templários e hospitalários. Sua aprovação se deu pelo Papa Clemente III. Seu estabelecimento formal aconteceu em São João de Acre, na Palestina, em 1190, cujo propósito era cuidar dos germânicos servindo nas cruzadas. Seus membros usavam roupas brancas com uma cruz preta.

A Ordem Teutónica foi uma das mais importantes à época das cruzadas. A maior parte dos seus membros pertencia à nobreza, e até hoje a ordem existe, atuando como uma organização de caridade na Europa Central. A Ordem Teutônica Alemã teve sua maior obra na Prússia Oriental, onde foram pioneiros.

CAPÍTULO 26
O APOGEU DO PODER PAPAL

O papa fica entre o homem e Deus. É menos do que Deus, porém é mais do que o homem. O papa julga a todos e não é julgado por ninguém.
Inocêncio III

Durante toda a Idade Média, sem um poder imperial central, a influência do papado cresceu muito, estendendo-se a todas as áreas da vida europeia. Com as missões entre os bárbaros, os papas enviaram emissários que tornaram essas novas terras obedientes ao bispo de Roma. O avanço do islamismo pelo território do outrora vasto Império Bizantino enfraqueceu a Igreja no Oriente, tornando o bispo de Roma ainda mais poderoso. Muitos papas assumiram também o governo civil de Roma, tornando-se um poder secular.

Com as "Falsas decretais" de Isidoro (847-852), pretendeu-se provar que tais documentos descreveriam a sequência de todos os bispos de Roma desde os tempos apostólicos até o século 8. Pretendeu-se ainda, usando essa fraude, constituir uma coleção de decisões dos concílios eclesiásticos, decretos de cartas dos papas e uma tal "Doação de Constantino", segundo a qual o antigo imperador teria oferecido aos papas uma larga porção territorial.

Alguns desses documentos eram legítimos, mas a maioria era falsa. As "Decretais" apresentavam todos os bispos de Roma como tendo exercido "suprema autoridade" sobre toda a Igreja, e essa autoridade havia sido sempre universalmente reconhecida, o que absolutamente não era verdade.

Apresentavam os papas como tendo exercido o governo sobre todos os bispos. De acordo com tais documentos, os bispos poderiam, em caso de litígio, apelar diretamente e apenas à autoridade papal. Os direitos dos arcebispos eram limitados. Estabelecia ainda que nem o papado nem os bispos eram sujeitos ao controle secular. As "Decretais" foram passadas imediatamente como genuínas. Tais cartas foram usadas para fazer crescer o poder papal. Mais tarde, entretanto, provou-se que os documentos foram forjados.

Nicolau I — 858-867

Também chamado São Nicolau, o Grande, conhecido por consolidar a autoridade papal. Sua influência foi exercida sobre as nascentes monarquias ocidentais europeias durante seu pontificado. Tentou realizar os ideais agostinianos da Cidade de Deus. De acordo com ele, a Igreja era superior a todas as potências terrenas. O chefe de toda a Igreja é o papa, e os bispos são seus agentes.

Foi um dos mais extraordinários papas da Idade Média, e seus contemporâneos o consideravam também um profeta. O papa Nicolau I recebeu a alcunha "Magno" por causa do grande prestígio que conquistou. Foi canonizado e é venerado como santo católico com o nome São Nicolau Magno.

Hildebrando ou Gregório VII — 1073-1085

Knight e Anglin (1955, p. 129) afirmam acerca de Hildebrando: "Foi inquestionavelmente o maior estadista eclesiástico da Idade Média." Nasceu em Soana, nos baixos de La Maremma, na Itália. Recebeu instrução primeiramente no mosteiro de Calvelo, depois no mosteiro de São Marcos, no Monte Aventino e finalmente no famoso mosteiro de Cluny. Hildebrando exerceu grande influência no Vaticano antes mesmo de ser eleito papa. Em março de 1073 foi unanimemente eleito pontífice pelo concílio de cardeais, e assumiu o nome Gregório VII. Sua ambição, alicerçada em duas linhas mestras, eram livrar a Igreja do poder secular por meio da eleição dos papas pelos cardeais e a abolição da "investidura secular", terminando com a indicação dos bispos pelos reis. Segundo ele, os bispos deveriam ser escolhidos apenas e exclusivamente pela Igreja.

Foi estabelecido também o celibato clerical, segundo o qual "dissolveu os mais respeitáveis matrimônios, separou os que Deus tinha unido:

maridos, mulheres e crianças; deu lugar às mais lamentáveis discórdias e espalhou por toda parte as negras calamidades".

Acabou com a simonia, a venda de benefícios eclesiásticos. De acordo com suas opiniões, o papa é a rocha, e o cuidado da cristandade é entregue nas suas mãos. Ele tem autoridade final e responde somente a Deus, e a mais ninguém. O papa tem direito final de depor bispos e tem direito final de depor os imperadores.

Segundo ele, o Papa tem direito de decidir sobre todas as questões morais. A relação da Igreja e o Estado é como a do Sol e a Lua. Ele é sucessor de Pedro e o guardião das chaves da Igreja. A teocracia desse papa acabou por inspirar as cruzadas. Durante o papado de Gregório VII, Henrique IV foi imperador do Sacro Império Romano-Germânico. A disputa entre eles aconteceu porque, durante muito tempo, era costume os bispos e abades serem escolhidos pelos reis e imperadores. Henrique não queria perder esse privilégio, e isso irritou o papa. Da mesma forma, Henrique não pôs em prática as ordens de Gregório VII a respeito da prática de simonia, e isso ainda mais o irritou. Por causa das rebeliões de seus súditos saxões, Henrique IV esteve muito ocupado durante os primeiros anos do papado de Gregório e não pode lutar contra ele.

Em junho de 1075, Henrique IV derrotou os saxões, unificou o império e tornou-se mestre da Alemanha. Contrariando o papa, escolheu ele mesmo o arcebispo para Milão. O papa Gregório, então, escreveu uma carta a Henrique para o repreender, em dezembro de 1075. Em 24 de janeiro de 1076, Henrique, com seus nobres e bispos, reuniram-se no Concílio em Worms. Denunciaram o papa e rejeitaram sua autoridade. Num sínodo em Roma, em 22 de fevereiro de 1076, o imperador Henrique IV foi excomungado e declarado deposto do seu trono. O papa desobrigou os súditos do rei de qualquer lealdade a ele.

> **A ESPIRITUALIDADE PATRÍSTICA**
> Na busca por um entendimento desse Deus que nos procura, encontramos o Evangelho de São João, que nos revela a plenitude dessa divina presença e seu habitat em nosso meio. "E o Verbo se fez carne e habitou entre nós, e vimos a sua glória, como a glória do Unigênito do Pai, cheio de graça e de verdade" (Jo 1:14).

Por conta de discórdia entre ambos, Henrique foi forçado a viajar com a rainha e seu filho menor, Conrado, ainda bebê, atravessar os Alpes no inverno de 1076-1077, o mais frio e comprido na memória do povo, e permanecer três dias e noites do lado de fora dos portões. Deixou sua esposa e filho em Régio e, acompanhado por sua sogra e alguns amigos, chegou em frente ao Castelo de Canossa, na Lombardia, em janeiro. O papa estava hospedado ali em viagem para uma Dieta em Augsburgo, mas recusou-se a receber o imperador Henrique. Durante três dias, humilhado e descalço como penitente, Henrique esperava no frio. Finalmente, por causa dos pedidos do Abade de Cluny e da Condessa Matilde, foi finalmente recebido pelo papa em 28 de janeiro de 1077. Foi restaurado à comunhão da Igreja sob a promessa de que submeteria a sua coroa à decisão dos seus nobres, e prometeu também que obedeceria ao papa em todas as coisas concernentes à Igreja. "Canossa marca a mais profunda humilhação do Estado e a mais alta exaltação da Igreja Romana."[36]

Papa Alexandre III — 1159-1181

No conflito do Estado *versus* a Igreja, a pergunta era sobre quem teria a hegemonia. Os dois eram necessários? O rei precisava do papa como um capelão para o controle da consciência de seus súditos. O papa precisava dos reis como um braço secular para proteção das propriedades de direito da Igreja e para a perseguição dos hereges. É o que se pensava naqueles dias.

A linhagem Hohenstaufen (1138-1254), dinastia que ocupava o trono do Sacro Império Romano-Germânico, queria a unificação da Alemanha com a Itália. Entretanto, era propósito do papa mantê-los separados e promover a divisão na Alemanha e na Itália a fim de manter seu poder e influência.

Antes de ser eleito papa, Alexandre ofendeu o imperador Frederico "Barba Ruiva" com a pergunta: "De quem recebe o imperador a sua dignidade, a não ser do papa?" Também aconselhou Adriano a excomungar Frederico, que fora vencido nas batalhas pelos seus rivais. No Concílio de Pavia, convocado por Frederico para decidir sobre o caso de dois papas, Vitor

---

36   SCHAFF, 1952, p. 57.

IV e Alexandre III, o primeiro foi escolhido unanimemente e Alexandre foi excomungado. Em 24 de março, Alexandre III emitiu a contra-excomunhão de Vitor IV e Frederico.

Por cinco vezes, Frederico atravessou os Alpes e guerreou contra os seus inimigos na Itália. Na quinta batalha, foi derrotado pelos lombardos. Desamparado por seus mais fortes aliados, entre eles o duque de Saxônia, que se tornou seu rival, Frederico tentou restaurar a paz com o papa Alexandre III. Reuniram-se em Veneza em 1177 e as negociações duraram de maio a junho.

Na chamada "Paz de Veneza", Alexandre III foi reconhecido novamente como papa legítimo. Depois de dez anos de exílio, entrou em Roma triunfantemente em 12 de março de 1178. Em 1179, no Terceiro Concílio de Latrão, ou Décimo-Primeiro Concílio, decidiu-se que a eleição dos papas seria exclusivamente colocada nas mãos dos cardeais para ser decidida pela maioria de dois terços. Trinta anos ou mais foi a idade necessária para alguém ser eleito bispo. Também passou a ser exigido que o bispo fosse de nascimento legítimo, e para ser ordenado, era necessário abandonar as concubinas. Nesse mesmo concílio, foi preparado o caminho para a cruzada contra os albigenses e os cátaros.

O pontificado de Alexandre III foi definido por suas iniciativas a fim de conquistar autonomia dos poderes seculares. Ele prosseguiu as políticas reformadoras dos seus antecessores, iniciadas pelo papa Gregório VII a partir de 1073. Defendeu, assim, a autonomia da Igreja em relação ao poder laico com uma intensa atividade política. Em 1179, o papa confirmou e reconheceu a independência política de Portugal e Afonso Henriques como soberano e vassalo da Igreja através da bula *Manifestis Probatum*.

O papa, entretanto, não era popular em Roma. Quando os restos de Alexandre III estavam sendo levados para o enterro, a população jogava pedras e lama sobre o caixão. O imperador Frederico "Barba Ruiva" sobreviveu a Alexandre quase dez anos. Morreu afogado num rio da Ásia Menor na marcha da terceira cruzada, em 1190.

Inocêncio III — 1198-1216

Inocêncio é considerado um dos maiores e mais poderosos bispos de Roma. Com ele, o papado ganhou o apogeu de seu poder terreno. Empunhava duas espadas, a espiritual e a temporal. Ensinava a infalibilidade papal. "O papa", disse ele, "fica entre o homem e Deus; é menos do que Deus, porém mais do que o homem." "O papa julga a todos e não é julgado por ninguém." Ele realmente alcançou, em grande medida, os sonhos de Gregório VII. "Fez e desfez imperadores." Obrigou o rei Felipe, da França e o rei da Inglaterra a prestar obediência a Roma usando o método de interdito, que consistia na suspensão de todos os ofícios religiosos. As igrejas ficavam fechadas, os sacramentos não podiam ser ministrados e os mortos, insepultos.

Augusto Felipe, rei da França, divorciou-se da esposa Ingeborg, da Dinamarca, para casar-se com Agnes, filha do duque de Merânia. Inocêncio mandou-lhe separar-se de Agnes e restaurar o casamento com Ingeborg. Felipe não obedeceu, e seu reino foi posto sob interdito. Por fim, cedeu e o interdito foi levantado. Houve também uma disputa entre João, rei da Inglaterra (1199-1216), e Inocêncio III sobre a Sé da Cantuária. Inocêncio mandou João nomear Estêvão Langton como arcebispo, mas João não obedeceu porque quis nomear um dos seus favoritos. O rei foi excomungado e seu reino, posto sob interdito.

No começo, João não se importou com isso, e o papa mandou Felipe da França invadir a Inglaterra e tomar o reino. O rei inglês foi finalmente obrigado a submeter-se ao papa, aceitar Langton como arcebispo e pagar tributo a Roma.

Assim, o interdito foi levantado em 1214, depois de seis anos. Os barões da

> **A ESPIRITUALIDADE PATRÍSTICA**
> A encarnação do Verbo sela o compromisso salvador de Deus para com a humanidade. Pois ele nos criou para a comunhão eterna, comunhão de Pai e filhos. Somos a família de Deus. Nesse gesto de alcance salvador, Deus estende sua mão ao resgate de todos nós numa ação de misericórdia única e possível tão somente por ele mesmo, fonte de amor e de bondade, pois Deus se basta, e assim faz-nos templo de sua morada. Afirma Santo Agostinho: "Estreita é a casa de minha alma para que venhas até ela: que seja por ti dilatada. Está em ruínas; restaura-a" (Livro I, capítulo 5).

Inglaterra se rebelaram contra João, formulando a Magna Carta e obrigando o rei a assiná-la (1215). João fez um apelo a Inocêncio para ajudá-lo contra os barões. O papa declarou anulada a Magna Carta e excomungou os barões. Era essa a maneira de Inocêncio impor sua autoridade papal.

Ele organizou uma cruzada de perseguição contra os albigenses em Languedoc, no sul da França. A perseguição dos albigenses deixou uma terrível mancha de sangue na carreira desse papa. No ano de 1209, 30 mil soldados, sob o comando de Simão de Montfort, marcharam para Languedoc contra os albigenses, mas havia católicos fiéis dentro das muralhas. Para Almarico, legado papal, isso não era dificuldade alguma. "Matem toda a gente", gritou ele. "Matem homens, mulheres e crianças. O Senhor conhece aqueles que são seus."[37] Naquela ocasião, todos os habitantes da cidade foram massacrados e entre 20 mil a 100 mil pessoas foram mortas. A cidade foi dizimada e queimada. O papa despertou a quarta cruzada (1202-1204) e convocou o Quarto Concílio Lateranense em Roma, no ano 1215. Foi assistido por 412 bispos e oitocentos abades e priores.

O dogma da transubstanciação foi estabelecido por decreto. Foi definido que, depois de serem pronunciadas as palavras de consagração, os elementos sacramentais do pão e do vinho se tornariam o próprio corpo e sangue de Cristo. As doutrinas dos valdenses foram condenadas. Mais uma cruzada contra os sarracenos turcos foi decidida, além do estabelecimento da instituição da Inquisição.

Inocêncio estabeleceu regulamentações para elevar as normas morais e acadêmicas e durante o seu pontificado. As catedrais passaram a providenciar educação teológica e sínodos para a disciplina de clérigos displicentes.

Foi esse papa que concedeu o registro final aos franciscanos para que fossem formalmente reconhecidos como ordem monástica.

Gregório IX — 1227-1241

Gregório IX era sobrinho de Inocêncio III e tinha uma semelhança imensa com o tio. Declarou o domínio papal em todo o mundo. Organizou

---
37 NICHOLS, 1954, p. 164.

a Inquisição, o antigo tribunal eclesiástico instituído para investigar e punir os hereges e pessoas que cometessem crimes contra a fé católica. Colocou sob o tribunal a responsabilidade de descobrir e julgar as heresias. Os inquisidores, em sua maior parte, pertenciam à ordem dominicana. Ele foi patrono dos franciscanos. Em sua relação para com Frederico II, neto de Frederico "Barba Ruiva", e os eventos que culminaram na sexta cruzada (1227-1229), muitos desentendimentos aconteceram. Frederico II era filho de Henrique VI, que uniu a Sicília ao Sacro Império Romano-Germânico pelo matrimônio com a princesa normanda Constância. No último ano do pontificado de Honório, Frederico começou uma política que o envolveu em guerras com o papa e as cidades do norte da Itália. Através disso, ele reivindicava seu direito às cidades da Lombardia. O papado preocupava-se muito com isso, pois, se esse direito fosse realizado, Frederico se tornaria o soberano da Itália, e o poder temporal do papado seria muito limitado. O conflito entre Frederico II e o papado durou quase 40 anos. Frederico lutou contra três papas: Honório III, Gregório IX e Inocêncio IV. Gregório IX apelou para Frederico II ser o chefe da sexta cruzada. Frederico organizou o seu exército e partiu, mas, sendo surpreendido pela peste, foi necessário abandonar a expedição.

Aparentemente, Frederico estava mesmo doente, mas o papa não quis acreditar. Tratando-a como pretexto vão, ele o excomungou. Repetiu a excomunhão em 1228 e colocou os lugares onde o imperador poderia estar sob interdito. No mesmo ano, Frederico partiu novamente para a Terra Santa, geralmente considerada como a quinta cruzada. Tomou posse de Jerusalém em 1229. Jerusalém permaneceu nas mãos dos cristãos até o ano 1244, quando foi permanentemente perdida. O papa, sendo informado da expedição, lançou sobre ele uma nova excomunhão. Além disso, reuniu um grande exército e invadiu os territórios de Frederico, que concluiu um tratado com os sarracenos e voltou depressa à Europa. O papa, então, pronunciou uma nova excomunhão sobre Frederico por ter abandonado a cruzada. Era a quarta vez que o papa o excomungava.

"Foi excomungado por não ter partido para a Terra Santa; excomungado por ter partido para a Terra Santa; excomungado por estar na Terra

Santa; e, finalmente, excomungado por ter voltado dali."[38] Ao voltar da Terra Santa, as tropas do imperador enfrentaram o exército do papa. O de Frederico venceu, mas a diplomacia prevaleceu e ambos, o imperador e o papa, reuniram-se em Anagni em 1º de setembro de 1230 e acertaram um tratado. Esse tratado duraria somente 4 anos. A luta final começou novamente em 1235 e durou até a morte de Frederico II, em 1250. A causa foi a determinação de Frederico, que forçou sua autoridade sobre as cidades da Lombardia. "Itália é a minha herança, como todo mundo sabe muito bem", ele escrevera ao papa, em resposta a seu protesto.

A ascensão do filho de Frederico, Enzo, ao trono da Sardenha por ter casado com a princesa Adelasia ofendeu Gregório IX novamente, e pela quinta vez pronunciou o anátema contra o imperador, em 1239.

Uma batalha por meio de cartas se seguiu. O papa comparou o imperador à besta do Apocalipse. Frederico comparou o papa ao cavaleiro do cavalo vermelho, que destruiu a paz na terra. Depois disso, Gregório ofereceu a coroa imperial ao conde de Artais, mas o conde recusou. O imperador forçou o exército do papa a se retirar para dentro das muralhas de Roma. O papa saiu de Latrão numa procissão solene, suplicando a liberdade, sendo acompanhado pelo clero, carregando as cabeças dos apóstolos Pedro e Paulo. Quando Frederico retirou-se, parecia que a cidade havia sido libertada por um milagre. Gregório, sabendo que o único recurso seria um concílio geral da Igreja, convocou para ser realizado em Roma, em 1241, mas Frederico impediu a realização. A esquadra genovesa conduzindo os prelados a Roma foi aprisionada por Enzo, rei da Sardenha, filho de Frederico. Os cem prelados foram conduzidos à prisão em Nápoles.

Gregório morreu em 1241, mas nunca perdeu a sua obstinação, apesar de ter tomado parte num dos conflitos mais rigorosos da Idade Média. Poucas semanas antes de sua morte, escreveu sobre sua confiança no triunfo final do papado. Além de tudo isso, fez a coleção das falsas "Decretais" tornarem-se parte das leis canônicas, contribuindo para a instituição do papado católico romano. Gregório fez da Inquisição uma instituição

.....
38   KNIGHT, 1955, p. 175.

permanente e a viu executada em Roma. Concedeu também as honras de canonização aos fundadores das ordens dos franciscanos e dominicanos.

Inocêncio IV — 1243-1254

A luta entre o papado e Frederico II continuou com a eleição do novo papa, Inocêncio IV. Frederico recusou negociar com o pontífice até ser livre do anátema. Inocêncio, então, usou todos os meios possíveis para derrotar Frederico: excomunhão, decreto de um concílio geral, deposição, a eleição de um imperador rival e incitações de rebeliões nos domínios de Frederico II. Inocêncio tentou derrotar Frederico por sair de Roma secretamente e refugiar-se em Lyon. Essa política foi um sucesso. A visita do papa no exílio impressionou a cristandade a seu favor. Agora Inocêncio estava livre para convocar novamente o concílio que foi impedido por Frederico. Esse é conhecido como o Décimo-Terceiro Concílio Geral, que se reuniu em 1245. Numa das primeiras sessões, o papa ministrou um sermão sobre as cinco lamentações da Igreja, correspondente às cinco chagas de Cristo: a crueldade dos monges, o cisma dos gregos orientais, o surgimento das heresias, a desolação de Jerusalém e a perseguição da Igreja pelo imperador.

Como resultado do concílio, Frederico foi deposto e todos os seus súditos, absolvidos de lealdade. Todos foram proibidos de obedecê-lo ou ajudá-lo, e foi dada a liberdade completa àqueles que tinham direito de escolher para eleger um novo imperador do Sacro Império Romano-Germânico. Planos para uma nova cruzada não tiveram resultados imediatos. "A única coisa notável do concílio foi a derrota de Frederico."

Em resposta ao manifesto, Frederico afirmou que o bispo de Roma não possui

> **A ESPIRITUALIDADE PATRÍSTICA**
> No encontro salvador de Deus está a descoberta de nossa miséria, um desvelar desesperador de quem na verdade somos, um grito por misericórdia que resulta numa entrega e rendição incondicional da nossa vida ao Pai Celestial. A experiência de conversão é muito pessoal e também particular, pois diz respeito a cada um. Reflete a nossa individualidade, mas também aponta para a comunhão na unidade com o Deus Salvador e Pai de todos nós.

autoridade de julgar os reis. Iniciou uma rebelião na Sicília e encorajou o descontentamento na Alemanha. Legados papais praticamente usurparam o governo da Igreja alemã no período de 1246 a 1254. No conflito sobre a eleição de bispos e dioceses alemães, Inocêncio venceu, e nos anos de 1247 e 1248, treze de seus prelados foram eleitos. Henrique Raspe, Landgrov de Turíngia, foi escolhido imperador em 1246. Uma guerra civil se iniciou na Itália, e Frederico II experimentou derrota após derrota. Retirou-se para o sul da Itália, onde morreu em 13 de dezembro de 1250.

Frederico II é justamente considerado um grande soberano. Era guerreiro, legislador e bom administrador. A fundação do governo centralizado tem sido atribuída a ele, que preparou o caminho para as monarquias dos tempos posteriores. Mostrou tolerância com os judeus e os muçulmanos.

No conflito com o papado, não foi motivado pelo ódio ao poder espiritual, mas pela determinação de conservá-lo dentro de seus próprios limites. Amigo da instrução, fundou a Universidade de Nápoles e foi precursor da Renascença. A morte de Frederico II não satisfez ao papado. Seu propósito era a ruína e a remoção da linhagem Hohenstaufen, à qual Frederico pertencia. O papado perseguiu seu filho, Conrado, e em 1253 deu sua herança no sul da Itália, na Sicília, a Edmundo da Inglaterra. Conrado foi à Itália e protestou seus direitos à coroa legítima, mas o papa o excomungou. Faleceu em 1854, aos 26 anos.

Durante o breve reinado do papa Alexandre IV (1254-1261), Manfredo, filho ilegítimo de Frederico II, conquistou novamente o trono da Sicília e foi coroado rei em Palermo, em 1258. Urbano IV, entretanto, deu o trono da Sicília a Carlos de Anjou, o irmão mais novo de Luís IX, da França. Por fim, o papa Clemente IV (1265-1268) levantou uma cruzada contra Manfredo, e em 1266 coroou Carlos de Anjou em Roma. Manfredo foi morto em campo de batalha em fevereiro de 1266. As esperanças da linhagem Hohenstaufen agora residiam no jovem Conradinho, neto de Frederico II.

Urbano IV — 1261-1264

Urbano IV era um francês que escolheu cardeais franceses. O papado foi subjugado sob o controle francês, e continuou assim por mais de cem anos. Como papa, ele se esforçou para organizar uma nova cruzada, mas não teve êxito. Nos assuntos regionais ligados à Igreja, os problemas principais do seu pontificado foram relacionados com as reclamações à coroa da Sicília. Antes da chegada de Carlos de Anjou, o candidato preferido por ele, Urbano IV morreu na Perúgia, em 2 de outubro de 1264. Ele também instituiu a celebração do Corpus Christi no ano da sua morte.

Clemente IV — 1265-1268

Durante seu papado, Conradinho, Neto de Frederico II, filho de Conrado, defendeu os seus direitos hereditários ao sul da Itália e na Sicília pela força do exército. Foi excomungado pelo papa Clemente IV e decapitado em Nápoles, em 1268, por ordem de Carlos de Anjou. Com a morte de Conradinho, a linhagem de Hohenstaufen acabou e "o império havia sido humilhado até o pó diante do papado". A sorte de Conradinho nunca foi esquecida. Ocupa um lugar na memória da nação alemã e, por meio de quadros de sua execução distribuídos nos escritos de Martinho Lutero, serviu para fortificar a mão do reformador em sua luta contra o romanismo católico. Esse papa assegurou o direito de fazer nomeações como bem quisesse. Para manter seu poder absoluto sobre os reis e sobre o poder secular, era esse o tipo de expediente usado pelos papas.

Gregório X — 1271-1276

No seu pontificado, foi declarada a excomunhão de todo aquele que não recebesse a eucaristia ao menos uma vez por ano. Fez de tudo para promover nova cruzada. Prosseguia a política de manter separado o Sacro Império Romano-Germânico e o sul da Itália. Favoreceu a eleição de Rudolfo Habsburgo, coroado imperador em 24 de outubro de 1273. A linhagem austríaca tomou o lugar da linhagem Hohenstaufen. Essa nova linhagem havia sido sempre leal à hierarquia católica. A coroação de Rudolfo inaugurou finalmente um período de paz entre o papado e o imperador.

Seriam os Habsburgos que, mais adiante, serviriam ao propósito de massacrar com mão de ferro a Reforma Protestante. Foram eles que derramaram muito sangue na Boêmia e Morávia, perseguindo sistematicamente os seguidores de John Huss. A perseguição seria tão intensa que forçaria dezenas de milhares de famílias ao exílio. Avivamentos seriam sufocados e, assim, os Habsburgos seriam sempre instrumentos do papado para impor a vontade de Roma.

CAPÍTULO 27
O DECLÍNIO DO PAPADO

"A base de todo poder é o povo. No Estado, todo o conjunto dos cidadãos, e na Igreja, todo o corpo dos crentes." **Marsílio de Pádua e João de Jandui**

Na luta por supremacia, o papado romano se envolveu sempre em querelas, contendas, disputas e guerras de todos os tipos. Até que ponto essa instituição era a mesma Igreja de Cristo do primeiro século? Nada de semelhança havia permanecido nesse pesado, decadente e opressor sistema de um cristianismo organizado como poder secular. Em nada mais o papado se distinguia de qualquer outro poder secular. A partir do século 13, entretanto, começa um lento processo em que o poder papal começa a declinar, culminando na Reforma Protestante do século 16.

Esse processo de declínio começou a se evidenciar à medida que os Estados nacionais europeus começavam a se estruturar em fortes monarquias absolutistas, e mais especificamente durante o papado de Bonifácio VIII (1294-1303), que possuía o mesmo espírito de Gregório VII e Inocêncio III. "Diz-se que, durante as festas do Jubileu do ano 1300, fez questão de ser visto por milhares de peregrinos sentado no trono, usando a coroa e a espada de Constantino e exclamado: 'Sou

> **A ESPIRITUALIDADE PATRÍSTICA**
> Santo Agostinho descreve a sua conversão assim: "Logo que esta profunda reflexão tirou da profundeza de minha alma e expôs toda minha miséria à vista de meu coração, caiu sobre mim enorme tormenta, trazendo copiosa torrente de lágrimas [...] Retirei-me para a sombra de uma figueira e dei vazão às lágrimas; e dois rios brotaram de meus olhos, sacrifício agradável ao teu coração" (Livro 8, capítulo 12).

César, sou o imperador'."³⁹Quando tentou realizar suas ideias, defrontou-se com dois reis poderosos: Eduardo I, da Inglaterra, e Felipe, o Belo, da França. Esses reis se opuseram firmemente à tentativa do papa de interferir nos negócios internos de seus países. Uma guerra havia começado entre a França e a Escócia contra a Inglaterra. Essa luta levou os reis da França e da Inglaterra a instituir o imposto da quinquagésima sobre a venda das propriedades, incluindo as da Igreja.

O clero queixou-se ao papa Bonifácio, que, em 1296, publicou a bula "*Clericis Laicos*", impondo a excomunhão sobre todos os que exigiram ou pagaram tais impostos sobre as propriedades clericais sem a permissão papal. Felipe replicou pela proibição da saída de dinheiro da França, dando um duro golpe nas finanças do papa e dos banqueiros italianos. Isto levou Bonifácio a modificar a sua atitude, deixando o clero fazer contribuições voluntárias e permitindo, em casos de grande necessidade, que o rei impusesse impostos. Esta foi uma vitória da monarquia contra o papado.

Durante alguns anos, reinou a paz entre Bonifácio VIII e o rei Felipe IV. Em 1301, a luta começou novamente. Felipe prendeu Bernardo Saisset, bispo de Pamiers, a quem o Papa havia enviado como núncio, acusando-o de alta traição. O papa ordenou que Bernardo fosse libertado, convocou os bispos franceses e, finalmente, Felipe para ir a Roma. Em resposta, Felipe reuniu os "estados gerais franceses", no qual estavam representados o clero, a nobreza e a plebe. Essa assembleia apoiou o rei em sua atitude de resistência. O papa replicou com uma famosa bula, "*Unam Sanctam*", que representa o ápice nas pretensões papais de supremacia sobre os poderes civis.

"A '*Unam Sanctam*' afirmava que os poderes temporais são sujeitos à autoridade espiritual, sendo esta só julgada por Deus, na pessoa do papa. Declarou que é absolutamente necessário para salvação de todo ser humano que esteja sujeito ao pontífice romano."⁴⁰Felipe convocou uma nova assembleia, na qual acusou o papa de uma série de crimes absurdos e apelou a um conselho geral da Igreja para que julgasse o papa. Felipe

.....
39 NICHOLS, 1954, p. 133.
40 WALKER, 1967, p. 365.

estava determinado a derrotar o papa e prendê-lo. Por isso, enviou seu vice-chanceler, o jurista Guilherme Nogaret, que levou consigo Sciarra Colona, um antigo inimigo da família de Bonifácio. Juntos, reuniram uma força e aprisionaram o papa em Anagni justamente quando o pontífice iria proclamar a excomunhão de Felipe, em 1305. Logo foi solto, mas faleceu um mês depois, aos 86 anos. Foi um forte golpe nas pretensões temporais do papado. Uma nova força tinha surgido, o nacionalismo, ao qual o rei havia apelado com êxito. Isso foi a prova de que a ingerência papal em assuntos temporais seria duramente resistida.

O "cativeiro babilônico" — 1309-1377

O termo "cativeiro babilônico" é utilizado pela Igreja Católica Romana para referir-se ao período em que o papado permaneceu em território francês, sob sujeição à coroa francesa. O sucessor do papa Bonifácio VIII, Clemente V, foi levado à força pelo rei francês Felipe IV a residir em Avignon, dentro do território francês. Durante 68 anos, o papado permaneceu ali, e por esse tempo, perdeu muito de sua influência na Europa. Todos os papas desse período eram franceses, e o mais poderoso entre eles foi João XXII (1316-1334).

Na eleição imperial da Alemanha, o país ficara dividido entre os seguidores de Luís de Bavária e Frederico de Áustria. O papa rejeitou os dois e declarou que o supremo pontífice era quem tinha o direito de administrar o império durante a vaga. Quando Luís de Bavária interferiu nos negócios políticos na Itália, o papa o excomungou, e uma contenda entre o império e o papado durou até a morte de Luís. Em 1338, em Rense, na Alemanha, foi feita uma declaração afirmando que o cabeça do império não precisava ser aprovado pelo papa para agir nos seus deveres. Dante Alighieri (1265-1321), autor da *Divina comédia*, escreveu nessa época um importante tratado: *Sobre a monarquia*. No texto, afirma que o papa e o imperador são de Deus, e nenhum deveria se intrometer nos negócios do outro. "Defensor Pacis", por Marsílio de Pádua e João de Jandui, foi escrito em 1324, durante a controvérsia entre João XXII e Luís de Bavária. Os autores foram excomungados por João XXII. Em 1343, Clemente afirmou que nunca leu um livro mais herético. Segundo o livro, a base de todo poder é o povo. No Estado, todo o conjunto dos cidadãos é a base do poder; na Igreja, todo o corpo dos crentes. Eles são o poder legislativo, e têm o poder de nomear os governadores da Igreja e do Estado e a ele, o povo, esses funcionários são submissos.

O Novo Testamento é autoridade final na Igreja, mas os sacerdotes não têm direito de obrigar os homens a obedecê-lo. Seu único dever é ensinar, aconselhar e reprovar. Um bispo não tem autoridade espiritual sobre o outro. O papa não tem autoridade sobre todos. Nenhum bispo ou papa tem autoridade para definir a verdade cristã. A Marsílio faltou o zelo para transformar a teoria em ação, e suas ideias, sendo avançadas demais para seu século, não teve grande influência. Para Guilherme de Ockham, assim como para Dante, o papado e o império são ambos fundados por Deus, e nenhum é superior ao outro. Cada um teria o seu lugar. A Igreja tem funções puramente religiosas. Nesse tempo da Idade Média, já se discutia, portanto, a autoridade papal sobre os Estados e já se questionava suas reivindicações de "primado universal". São sinais claros de declínio do poder papal absoluto.

Defensores papais

Uma das mais importantes vozes em defesa das pretensões papais foi Augustinius Triumphus, um monge agostiniano italiano. Em sua "*Summa de Potestate Ecclesiastica*", escrita por volta de 1322, há as seguintes afirmações: "Todos os príncipes são sujeitos ao papa, que pode depô-los à sua vontade. Nenhuma lei civil é obrigatória se não for aprovada pelo papa. Ninguém pode julgar o papa nem apelar do papa a Deus. Sendo que a decisão e o tribunal de Deus e o papa são um."

As características principais do papado em Avignon foram seus extravagantes gastos, considerados ofensivos, e a imposição de pesados impostos para sustentar a Igreja.

Gregório XI — 1370-1378

Santa Catarina de Siena persuadiu Gregório XI a voltar a Roma em 1377. O papa morreu no mesmo ano. Os papas do "cativeiro babilônico" foram Clemente V, escolhido em 1305; João XXII (1316-1334); Bento XII (1134-1342); Clemente VI (1342-1352); Inocêncio VI (1352-1362); Urbano V (1362-1370) e Gregório XI.

O Grande Cisma Papal — 1378-1417

Nesse período, havia um papa em Roma, outro em Avignon. O Concílio de Pisa, em 1409, foi realizado com a finalidade de resolver o cisma. No início do concílio, houve dois papas; no encerramento, havia três: Alexandre V, que morreu em 3 de maio de 1410 e teve João XXIII (1410-1415) escolhido em seu lugar com pontificado em Roma durante algum tempo, mas foi necessário fugir; Gregório XII, de linhagem romana; e Benedito XIII (Pedro de Luna), de linhagem francesa (Avignon). Escócia e Espanha prestavam obediência a Benedito XIII. Nápoles e a Europa Central obedeciam a Gregório XII. A maioria do cristianismo prestava obediência a Alexandre V. Alexandre morreu sem entrar na cidade de Roma. Foi substituído por João XXIII (1410-1415), que foi considerado por alguns o mais depravado entre os papas.

Papas durante o cisma

Papas em Roma: Urbano VI (1378-1389); Bonifácio IX (1389-1404); Inocêncio VII (1404-1406); Gregório XII (1406-1415); Alexandre V (1409-1410), que morreu antes de entrar em Roma; João XXIII (1410-1415). Papas em Avignon: Clemente VII (1378-1394) e Benedito XIII (1394-1417).

Durante o Concílio de Constança (1414-1418), na Alemanha, João XXIII foi deposto em 29 de maio de 1415. Gregório XII desistiu em 1414, na data da bula, e sua decisão foi anunciada em 14 de julho de 1415, na 14ª sessão do Concílio. Benedito XIII foi deposto em 1417. Em 11 de novembro de 1417, o cardeal Otto Colona, que tomou o nome Martinho V, foi finalmente eleito (1431-1447). Assim terminou o cisma papal e a Igreja Católica Romana voltou a ter mais uma vez um só papa.

Razões para o declínio do poder papal

Entre as razões do declínio do papado estão o desenvolvimento crescente do sentimento de nacionalismo e a estruturação dos Estados nacionais como monarquias fortes, no fim da Idade Média. Outro fator foram as constantes lutas entre o Sacro Império Romano-Germânico e a Sé romana.

Outro fator de declínio do papado foi o desenvolvimento e a influência política de uma crescente classe média. Houve ainda um reavivamento do estudo da Lei Romana e o surgimento de juristas leigos, que tomaram lugar dos religiosos como conselheiros reais. Os pesados impostos e taxas requeridos para sustentar a grande burocracia eclesiástica também pesou. O golpe final foi o "cativeiro babilônico", quando o papado se tornou quase uma instituição francesa, enfraquecendo seu prestígio e sua influência na Europa.

> O nível moral de Avignon durante a residência papal era notório em toda a Europa [...] Alguns dos papas de Avignon deixaram um bom nome, mas a impressão geral era má — fraca, se não viciosa. A Cúria era notória por sua extravagância, venalidade e sensualidade. O nepotismo, o suborno e a simonia foram praticados sem constrangimento. As operações financeiras da família papal tornaram-se opressivas. Finalmente, indulgências, aplicadas a todo tipo de traço, tornaram-se uma fonte de renda crescente... (SCHAFF, 1952, p. 46)

O profundo sentimento de que a Igreja deve ser visivelmente uma foi ofendido. Contribuiu também para o declínio da autoridade papal alguns papas indignos da função durante o cativeiro em Avignon.

CAPÍTULO 28
AS CRUZADAS

"Não se têm poupado nada que é sagrado, nem idade nem sexo. Tem-se entregado a si mesmos à prostituição, ao adultério e à corrupção."
Inocêncio III

As cruzadas foram incursões armadas sob o estandarte da cruz destinadas a libertar Jerusalém e os locais considerados sagrados pelo Cristianismo. Foram lutas que duraram mais de dois séculos entre dois continentes e duas religiões lutando por supremacia na Terra Santa. Tiveram participação de imperadores, reis, mulheres distintas, príncipes, sacerdotes, abades, monges, ladrões, assassinos, vagabundos e miseráveis de todos os tipos. Os exércitos das cruzadas chamavam-se Exércitos da Cruz, Exércitos de Cristo, Exércitos do Senhor, Exércitos da Fé ou títulos semelhantes. Começaram na França, e era um movimento predominantemente francês quando se iniciou. Muitos tomaram a cruz para ser livres de penitência e para ganhar a vida eterna.

O papa Eugênio IV, em 1415, prometeu como recompensa a vida eterna. Urbano II prometeu aos primeiros cruzados que a viagem seria contada como um substituto para a penitência. O propósito das cruzadas era a reconquista da Terra Santa, que havia caído nas mãos dos turcos seljúcidas, e a derrota do islamismo. A interessante frase Igreja Militante, aplicada à Igreja na terra, surgiu durante a última metade do século 13. Antes era descrita como Igreja em Peregrinação.

A cruzada é um sinônimo de moral elevada e de um movimento religioso. "Para sempre permanecerá como exemplo resplandecente e brilhante daquilo que o impossível está disposto a enfrentar" (Bernardo de Claraval).

Entre as causas das cruzadas está a econômica. De 970 a 1040, contam-se 48 anos de fome. No período de 1085 a 1095 houve muita miséria e inquietação política. Além disso, houve também um aumento dos sentimentos religiosos. Os homens desejavam fazer alguma coisa a fim de espalhar o Cristianismo com a convicção de praticar um ato grande para benefício de suas almas e para Cristo. Nessa época, muita ênfase foi dada às relíquias e às peregrinações a lugares sagrados. A Terra Santa nas mãos dos turcos seljúcidas muçulmanos era um desafio para a cristandade. Uma tentativa de reconciliar a Igreja do Oriente e a do Ocidente foi também motivador às cruzadas.

Encenação de batalha enfrentada durante as cruzadas.

Naqueles dias vivia-se o "espírito de cavalaria", o amor ao combate, o desejo de conquistar terras num ânimo aventureiro. Havia também a expectativa de ganhos e enriquecimento com os saques que se esperavam. Além disso, houve sempre maus tratos dos peregrinos por parte dos turcos seljúcidas, o que constituiu a causa imediata. O imperador bizantino Miguel VII (1067-1078) apelou a Gregório VII para auxiliá-lo na luta contra os seljúcidas. Finalmente, no Concílio de Clermont (1095), Urbano II lançou um apelo forte para que a Europa libertasse o Santo Sepulcro dos turcos, e o povo respondeu dizendo: "Deus o quer." A convicção geral era a de que o cristianismo poderia conquistar o Islã.

Os primeiros impulsos

Como vimos, Miguel VII, imperador oriental, apelara ao papa Hildebrando (Gregório VII), rogando auxílio contra os turcos. O pontífice solicitou o apoio do rei Henrique IV, mas a luta entre Hildebrando e Henrique frustrou o plano. O papa Urbano II, em 1095, fez novo apelo a uma mobilização para uma cruzada, mas recebeu pouca resposta.

Finalmente, Pedro, o Eremita, monge das regiões de Amiens, fez uma peregrinação a Jerusalém entre 1093 e 1094. Ali encontrou-se com o arcebispo Simeão, que insistiu que ele levasse à Europa um apelo para ajudar contra o mau tratamento dos crentes pelos turcos seljúcidas. Dormindo na Igreja do Santo Sepulcro, supostamente sonhara que Cristo lhe aparecera, ordenando que fosse e apelasse pela libertação do Santo Lugar. Ele voltou, levando uma carta de Simeão, e alcançou a atenção de Urbano II.

Depois do Concílio de Clermont, ele se tornou o mais famoso pregador acerca da necessidade de uma cruzada. Andava montado sobre um burro, descalço e com uma túnica comprida. Apesar de sua aparência, a mensagem parecia divina. As pessoas arrancavam pelos do rabo de seu burro para preservar como relíquia. Diz-se que maridos e esposas se reconciliavam, e onde houvesse brigas e contenda, a paz era estabelecida. Pedro, o Eremita, recebeu grandes doações para a cruzada.

A primeira cruzada — 1096-1099

Foi proclamada pelo papa Urbano II no Concílio de Clermont (1095). A data designada para a partida foi 15 de agosto de 1096. O entusiasmo era tal que o povo não podia esperar. Por isso, na primavera de 1096, multidões partiram sob liderança de chefes incompetentes. Houve quatro expedições preliminares. A primeira foi composta de 12 mil a 20 mil homens chefiados por Walter "Sem Vintém". A segunda, com mais de 40 mil homens chefiados por Pedro, o Eremita. A terceira com 15 mil, sob a chefia do sacerdote Gottschalk. E uma quarta sob o conde Emich de Leininger.

Os cruzados praticavam pilhagem bárbara pelo caminho. O primeiro grupo foi quase totalmente destruído. Só Walter e alguns poucos vagabundos chegaram a Constantinopla. Ele logo pereceu na Batalha de Niceia. A terceira foi massacrada e a quarta foi vítima de uma carnificina na fronteira da Hungria. Cerca de 7 mil da companhia de Pedro, o Eremita, chegaram a Constantinopla em julho de 1096 em lastimável condição. Foram destruídos quase por completo na tentativa de chegar a Niceia. Pedro finalmente uniu-se ao corpo principal dos exércitos cruzados e chegou a Jerusalém. Essas expedições preliminares custaram cerca de 30 mil vidas.

O exército ou corpo regular da primeira cruzada foi composto por mais de 300 mil homens da nobreza feudal europeia. Havia quatro grandes exércitos: o de Lorena e Bélgica, liderado por Godofredo de Bulhão, o herói moral, e seus dois irmãos, Balduíno e Eustáquio; o do norte da França, chefiado por Hugo de Vermandois e Roberto de Normandia; o do sul da França, sob a liderança do conde Raimundo de Toulouse; e o da Itália, liderado por Boemundo de Normandia e Toronto, seu sobrinho. O bispo Ademar de Puy, legado papal, acompanhou os exércitos. Constantinopla era o ponto de reunião. Os cruzados, entretanto, causaram ao imperador Aleixo muitas dificuldades com sua conduta desordenada, trazendo anarquia à cidade.

Em maio de 1097, iniciaram o sítio de Niceia, e em 19 de junho, a cidade se entregou. Em 1º de junho de 1097, houve uma grande vitória sobre os turcos perto de Dorileia, para a qual o caminho foi aberto através da Ásia Menor. Em meados de agosto, alcançaram Icônio.

Em 3 de junho de 1098, a cidade de Antioquia caiu em seu poder. Depois de três dias, os vencedores foram cercados nas cidades pelo chefe turco Kerboga de Monsul. O desespero tomou conta dos cruzados.

Pedro, o Eremita, avisou Raimundo e Ademar que, em visões, Santo André lhe mandara procurar na catedral a lança

> **A ESPIRITUALIDADE PATRÍSTICA**
> Ninguém se encontra com Deus sob pretexto de orgulho próprio. Portanto, é muito compreensível o romper das lágrimas de um pecador arrependido. O choro da salvação é um choro de alegria, e não o contrário. Santo Agostinho prossegue: "Chorava oprimido pela mais amarga dor do meu coração. Eis que, de repente, ouço da casa vizinha uma voz de menino ou menina, não sei, que cantava e repetia muitas vezes: "Toma o livro e lê." Peguei-o, abri-o e li em silêncio o primeiro capítulo que me caiu sob os olhos" (Livro VIII, capítulo 12).

pela qual o lado de Jesus fora ferido. Finalmente, mandaram trabalhadores escavar o chão da Catedral, e Pedro saiu dali carregando um pequeno pedaço de ferro que, segundo ele, era a tal lança. Animados pela descoberta, derrotaram as forças de Kerboga em 28 de junho.

Em 15 de julho de 1099, finalmente tomaram posse da cidade de Jerusalém. O assalto final foi no dia da crucificação, uma sexta-feira. As sinagogas e os judeus foram queimados. As ruas ficaram completamente cheias de corpos. A maior matança foi na área do templo. Diz-se que "o sangue dos mortos chegava até os joelhos". Havia entre 40 mil e 100 mil mortos, dependendo do escritor. Os prisioneiros sarracenos foram forçados a tirar os dedos das duas mãos. "Choravam e transportavam os defuntos para fora de Jerusalém." Assim escreveu o monge Roberto "Coração de Pedra".

Em 12 de agosto de 1099, o exército egípcio foi derrotado perto de Ascalom, o que constituiu a vitória final da primeira cruzada. A terra foi dividida pelo sistema feudal. Godofredo foi eleito protetor do Santo Sepulcro. Morreu em julho de 1100, e seu irmão Balduíno tomou o seu lugar com o título de rei Balduíno I (1100-1118). O reino viveu certa estabilidade até a queda de Edessa, em 1144.

A segunda cruzada — 1147-1148

O papa era Eugênio IV, e o pregador, Bernardo de Claraval, que saiu do mosteiro para animar as pessoas a participar da cruzada. O propósito era a reconquista de Edessa. Os chefes eram Conrado III, da Alemanha, e Luís VII, da França. As rainhas acompanhavam os exércitos. O resultado foi que quase todas as forças pereceram na Ásia Menor, e as que chegaram à Terra Santa foram derrotadas diante de Damasco, em 1148. Edessa não foi reconquistada. Foi um verdadeiro fracasso. Bernardo de Claraval atribuiu a falta de êxito aos pecados dos cruzados e da cristandade.

Luís da França separou-se da sua esposa Leonor enquanto estavam em Jerusalém por causa da frivolidade e provavelmente infidelidade dela. Foram divorciados mais tarde pelo papa.

A terceira cruzada — 1189-1192

O propósito foi a reconquista de Jerusalém, que havia caído novamente nas mãos dos turcos, em 1187. Havia três grandes exércitos chefiados pelos três reis mais poderosos da Europa Ocidental: Frederico Barba Roxa, imperador da Alemanha; Felipe Augusto, rei da França; e Ricardo I "Coração de Leão", rei da Inglaterra.

Frederico morreu afogado na Sicília. Questões entre os reis Felipe e Ricardo resultaram na volta de Felipe à França e no fracasso da expedição. A única vitória tangível foi a reconquista de Acre. Um tratado concluído com Saladino, o líder muçulmano, prometeu proteção aos peregrinos no caminho a Jerusalém.

A quarta cruzada — 1198-1216

As forças saíram do norte da França, de Champagne, Blais e Flandres, chefiadas por nobres, não por soberanos: o conde Thibaut, de Champagne; Balduíno, de Flandres; Simão de MontFort; e Luís, de Blais. O marechal de Champagne também acompanhou a expedição e tornou-se historiador. As forças da quarta cruzada ajudaram na deposição do usurpador Aleixo III, que tomara posse do trono em Constantinopla. Os cruzados, juntamente com os venezianos, em 1204, tomaram posse da cidade e a saquearam. Eram cristãos pilhando e saqueando cristãos. Balduíno de Flandres foi feito imperador. Foi nomeado um patriarca latino para Constantinopla, tornando-se a Igreja grega sujeita pela força às armas ao papa. O Império Bizantino permaneceu, mas só em 1261 reconquistou Constantinopla. Isso enfraqueceu muito o Império Oriental e aumentou o ódio entre as igrejas do Oriente e do Ocidente. A quarta cruzada se desviou completamente do propósito original. Em vez de lutar contra os turcos, inimigos da Terra Santa, destruiu a cidade cristã de Zara e derrotou o Império Bizantino, saqueando Constantinopla. Como resultado da primeira cruzada, aconteceu o estabelecimento do reino latino em Jerusalém. Entretanto, na quarta cruzada, o resultado foi o estabelecimento do reino latino em Constantinopla. Pilhagem, tumulto e anarquia se seguiram à queda da cidade. Igrejas e altares foram saqueados, assim como palácios. Cálices tornaram-se copos para bebidas fortes e para que o populacho se embriagasse.

Uma prostituta foi colocada na cadeira do patriarca na Igreja de Santa Sofia, cantando cânticos obscenos e dançando para a diversão dos cruzados. Virgens nos conventos foram assaltadas e estupradas pelos soldados do papa. Inocêncio III, descrevendo a conquista da cidade, lamentou: "Não se tem poupado nada que é sagrado, nem idade nem sexo. Tem-se entregado a si mesmos à prostituição, ao adultério, e à corrupção [...] Não têm estado contentes com os tesouros imperiais e os bens dos ricos e pobres, mas têm roubado até a riqueza da Igreja e aquilo que pertence a ela..." Muitas supostas relíquias foram adquiridas para a cristandade latina como resultado da conquista de Constantinopla, como o dedo que Tomé colocou no lado de Jesus, um espinho da coroa de espinhos, um pedaço da toalha que Jesus usou para lavar os pés dos discípulos, um braço de João Batista, uma parte do sangue derramado na cruz, partes da esponja e do caniço no qual Jesus bebeu, uma lágrima de Cristo, a cruz verdadeira dividida entre os barrões, a cabeça de São Estêvão e uma parte do manto escarlate.

Interior da Igreja de Santa Sofia, em Istambul, antiga Constantinopla.

A sexta cruzada — 1228-1229

O imperador Frederico II partiu em 1227 e voltou doente, mas o papa Gregório IX teve-o como desertor e o excomungou. Apesar disso, ele prosseguiu em 1228, e em 1229 tomou posse de Jerusalém, Belém, Nazaré e um porto da costa. Coroou a si mesmo na Igreja do Santo Sepulcro. Essas conquistas, entretanto, permaneceram por pouco tempo.

A sétima e a oitava cruzadas — 1248 e 1270

Luís IX, da França (São Luís), e um exército de 32 mil cruzados saíram em 1248. Conquistaram a cidade de Damietta, mas depois dessa vitória, a cruzada foi um fracasso. Luís estava pronto para sofrer com os seus cruzados, mas não teve habilidade para organizar e liderar a cruzada.

Foi preso. Ofereceu uma grande soma em dinheiro pela libertação das tropas, e por sua liberdade, ofereceu abandonar a cidade de Damietta e o Egito. Depois, passou três anos em Acre e retornou para a França em 1254. Em 1270, Luís IX foi novamente com 60 mil cruzados. Morreu durante a viagem em Cartago. Seu corpo foi sepultado na França, e em 1297, foi canonizado. Foi o único cruzado canonizado pela Igreja Romana.

A última cruzada importante — 1271-1272

O príncipe Eduardo, pouco depois Eduardo I (1272-1307), da Inglaterra, liderou essa cruzada. Em 1291, Acre, a última possessão latina na Palestina, foi perdida. Assim terminaram as cruzadas, mas durante mais dois séculos, os europeus continuaram a falar em outras expedições. As cruzadas falharam nos objetivos principais

> **A ESPIRITUALIDADE PATRÍSTICA**
> A passagem bíblica, aqui referida, diz respeito à carta de Paulo aos Romanos 13:13-14: "Andemos dignamente, como em pleno dia, não em orgias e bebedices, não em impudicícias, e dissoluções, não em contendas e ciúmes; mas revesti-vos do Senhor Jesus Cristo e nada disponhais para a carne no tocante às suas concupiscências." Além do próprio Agostinho, sua mãe Mônica, seu filho Adeodato e seus amigos chegados podiam muito bem ver o importante paralelo desta passagem como uma descrição fidedigna e muito exata da vida devassa de quase trinta anos que vivera o grande santo, nas orgias deste mundo.

e trouxeram uma série de consequências. A conquista da Terra Santa não foi permanente. Em 1244, Jerusalém foi permanentemente perdida. Não se conseguiu derrotar os muçulmanos. O cisma entre as igrejas do Oriente e do Ocidente não foi resolvido, pelo contrário, foi aprofundado. Foi desenvolvido ainda mais o sistema das indulgências. Aumentou o ódio dos muçulmanos contra o Cristianismo. O poder papal foi fortalecido. As cruzadas contribuíram para aumentar o espírito de intolerância que finalmente deu lugar ao estabelecimento do sistema inquisitorial.

Por outro lado, ampliaram as conexões com o Oriente Próximo e o comércio. Estimularam a intelectualidade, o desenvolvimento do nacionalismo e aceleraram a decadência do feudalismo. Houve alguma produção literária em função das cruzadas, e os sentimentos religiosos foram fortalecidos. Novos movimentos surgiram, como a ordem monástica dos cistercienses, a ordem principal do século 12, além das ordens militares dos hospitalários, dos templários e dos teutônicos.

CAPÍTULO 29
A PESTE NEGRA

Nesses lugares, a vida é o preço que se paga pelo pecado de viver.
Anônimo

A peste negra, como ficaram conhecidas as ondas de peste bubônica que dizimaram populações inteiras, mataram de 75 milhões a 200 milhões de pessoas no mundo. Essas ondas de morticínio dizimaram as populações da Europa de 1346 a 1351 e em 1353. Cerca de um terço da população europeia inteira pereceu nessa tragédia de proporções inimagináveis. A doença era causada por uma bactéria transmitida através de pulgas contaminadas dos ratos.

Acredita-se que a peste negra tenha surgido na Ásia, e foi seguindo pela rota da seda até chegar no continente europeu, em 1343. Somente no século 17 a população recuperou o mesmo número de indivíduos que havia antes da pandemia. A doença continuou a assolar a Europa até o século 19, e por fim, desapareceu.

Inicialmente, a Europa se viu infestada por um novo tipo de rato mais doméstico e de hábitos próximos aos seres humanos. Acredita-se que os mongóis foram os responsáveis por disseminar em primeira mão a peste bubônica ao unificar em um grande império populações que antes viviam separadas. Essas conquistas puseram em contato indireto populações desde a Manchúria, na China, até a Ucrânia, na Europa. A primeira onda de epidemia surgiu quando os mongóis cercaram a Crimeia, no século 14. A enfermidade surgiu entre os soldados que foram forçados a se retirar, mas antes disso, lançaram cadáveres contaminados para dentro das muralhas de Caffa. Na cidade, foi tanto o morticínio que as pessoas eram queimadas em montões sem que houvesse vivos suficientes para enterrar os mortos.

Vários navios genoveses, fugindo da peste negra, chegaram a diversos portos europeus com os porões cheios de cadáveres contaminados e ratos, cujas pulgas estavam contaminadas. Assim, a disseminação ganhou uma proporção exponencial em pouco tempo.

Mesmo se recusando a receber tais navios com os mortos, cidades inteiras acabaram espalhando a doença por causa dos ratos vindos nos navios. Constantinopla foi a primeira cidade a receber o impacto da peste bubônica, em 1347. Na sequência vieram Messina, Gênova, Marselha, Pisa e Veneza, em 1348. Dali, toda a bacia do Mar Mediterrâneo foi infectada.

Pintura medieval retrata o drama da peste negra.

Era comum na Europa, especialmente durante o inverno, levarem animais para dormir dentro de casa. As condições de higiene da população eram muito precárias, contribuindo para enormes populações de ratos, que eram os principais hospedeiros das pulgas contaminadas. Uma vez em contato com humanos, a peste podia ser transmitida também por vias aéreas para outros aglomerados humanos. A peste era, por tudo isso, altamente contagiosa e mortal.

De início, a peste trazia o sintoma de febre e inchaço nos vasos linfáticos da virilha e das axilas. Em pouco tempo, bubões avermelhados surgiam em outras partes do corpo, e logo adquiriam a cor negra — daí o nome peste bubônica ou peste negra. Quem adquiria esses sintomas tinha uma semana de vida e depois, morte certa. A peste negra era extremamente mortal, entretanto algumas pessoas, por alguma razão não desenvolviam a doença.

Do Mediterrâneo, a peste chegou à Grã-Bretanha, aos países escandinavos e à Península Ibérica. Bem mais tarde, já no século 16, houve a mais intensa onda em Portugal, onde morriam centenas de pessoas por dia, e somente em Lisboa houve 60 mil óbitos.

Os efeitos religiosos da peste negra foram extremamente profundos numa Europa religiosa e dominada por superstições. Todo tipo de explicação surgiu para dar origem à peste.

Uns acreditavam que Deus castigara o povo pelos seus pecados, outros achavam que a culpa era do clero corrompido, outros ainda que a culpa era dos judeus e outros, dos ateus. Comunidades de judeus que tinham melhores condições de higiene — e que, por causa dos seus rituais de purificação, experimentavam menos mortes — atraíam o ódio das turbas enlouquecidas e ignorantes. Por isso, houve muita perseguição contra eles. Muitas injustiças foram cometidas ao se procurar culpados.

Cidades e vilarejos inteiros foram dizimados, acarretando um gravíssimo problema social e econômico para os que ficavam vivos. A fome veio como consequência indireta da peste e o comércio foi grandemente prejudicado.

Diante do menor sinal de doença, estabelecia-se um período de quarentena obrigatória na região da contaminação para se evitar a proliferação da enfermidade, mas ninguém sabia ao certo de onde vinha a doença. Isso impedia a circulação

A ESPIRITUALIDADE PATRÍSTICA
Entender os meios de graça e o jeito especial de Deus nos alcançar é algo que vai muito além da nossa compreensão humana. Ninguém, por mais inteligente que possa ser, explicaria o surpreende e extravagante amor de Deus. Santo Agostinho continua seu testemunho: "Ó Deus, faz que eu te conheça, meu Conhecedor, que eu te conheça como por ti sou conhecido. Virtude de minha alma, penetra-a e assemelha-a a ti para que a tenhas e a possuas sem mancha nem ruga" (Livro X, capítulo 1).

de pessoas e mercadorias, impedindo também que os sobreviventes fossem alimentados. A desgraça era completa.

Diante da impotência da Igreja em prover o enterro, capelas eram construídas às pressas em cemitérios improvisados onde milhares de mortos eram enterrados. Em alguns lugares, os corpos eram simplesmente jogados nos rios ou queimados. No século 14, a epidemia contribuiu para uma avaliação muito negativa acerca da vida e trouxe uma sombra de tristeza e melancolia sobre as artes, a música e a pintura. As superstições, as peregrinações e o culto às relíquias sagradas ganharam novas proporções devido ao enorme medo da morte. Aliás, esse tema passou a ganhar cada vez mais importância, já que ninguém era poupado, nem mesmo os jovens ou as crianças. Essa foi a marca desoladora e final deixada na Baixa Idade Média pela peste negra.

CAPÍTULO 30
ESCOLASTICISMO, A TEOLOGIA DA IDADE MÉDIA

"Qualquer homem que sofre por causa da justiça merece para si a salvação em razão desse mesmo sofrimento." **Tomás de Aquino**

A teologia escolástica é assim chamada por ter se originado nas escolas. Escolástica ou escolasticismo vem do termo latino *scholasticus*, que, por sua vez, deriva do grego σχολαστικός — pertencente à escola. Escolástica é, principalmente, um método de aprendizagem que se originou nos monastérios medievais e que concilia a teologia cristã com o pensamento racional grego. Usando o método dialético, a escolástica busca ampliar o conhecimento por inferência e resolver contradições.

Foi o método dominante no ensino das universidades europeias do século 9 ao século 16, buscando responder às questões da fé cristã. É mais um método de aprendizagem do que uma teologia propriamente. Entre seus propósitos importantes estava demonstrar que a verdade cristã é razoável intelectualmente. Seu objetivo era também demonstrar a relação entre a fé e a razão, e organizar sistematicamente as doutrinas da Igreja. O escolasticismo não se preocupava com a descoberta de novas verdades, mas em sistematizar e explicar os dogmas da Igreja.

Como os pais da Igreja tentaram defender as Escrituras, os escolásticos tentaram defender os dogmas dos pais. Afirmavam que a revelação, a razão, a fé, as ciências, a Teologia e a Filosofia concordam entre si porque procedem do Deus único que não pode contrariar a si mesmo.

Os principais escritos usados pelo escolasticismo eram de Agostinho e Aristóteles. Agostinho supriu a matéria com os principais dogmas;

Aristóteles tinha a forma do método dialético. A matéria analisada consistia em frases dos Pais da Igreja, os dogmas da Igreja, os cânones dos concílios e os decretos dos papas. Os principais assuntos discutidos eram a pessoa, a natureza e os atributos de Deus, a Trindade e a relação de Deus com o mundo.

Houve vários períodos importantes no escolasticismo. O início se deu com Anselmo (1058-1109), Abelardo (1079-1142), Bernardo de Claraval (1091-1153), Hugo de São Vitor (1097-1141) e Pedro Lombardo (1100-1164). Este último foi considerado "o pai da Teologia Sistemática da Igreja Católica Romana". Podemos dizer que o segundo período foi o auge com Alexandre de Hales (1245), Alberto Magno (1206-?), Tomás de Aquino (1227-1274) e Boaventura (1221-1274).

Finalmente, temos a fase do declínio do escolasticismo com João Duns Scotos (1265-1308). Para muitos, o maior dos escolásticos é Guilherme de Occam (1300-1349), com quem os reformadores do século 16 mais tiveram afinidade. Anselmo, o abade de Bec, é considerado o primeiro dos escolásticos. Ele era italiano, sábio, piedoso e não há contradição entre sua vida pessoal e seus escritos. Era um defensor do monasticismo. Serviu como arcebispo de Cantuária, na Inglaterra, e é considerado o pensador mais original da Idade Média. Nele havia autêntica espiritualidade mística combinada com o escolasticismo convencional. O elemento místico praticado por ele coloca esse aspecto num lugar mais alto do que seus tratados teológicos. É dele a frase: "Oh, bom Jesus, quão doce és ao coração daquele que medita em ti e te ama." Entre seus escritos mais importantes está "*Cur Deus Homo*" (sobre a expiação), sua mais importante obra. Sua teoria da expiação prova que foi necessário para Deus tornar-se homem. É um escritor excelente tratando acerca da justiça de Deus.

Na sua teologia, ele afirmava: "Creio para que possa compreender." Segundo ele, há duas fontes da sabedoria: a Bíblia e os ensinos da Igreja. Esses dois estão sempre de acordo, e também são de acordo com a Filosofia verdadeira. Ele provou a necessidade da encarnação e ofereceu contribuições permanentes à Teologia. Anselmo também produziu um bom argumento a favor da existência de Deus e da expiação. "A existência de Deus é uma intuição da mente que somente pode ser explicada pela existência objetiva de Deus"; "A ideia sobre Deus precisa ser correspondida a um Deus que verdadeiramente existe. Se não, por que essa tal ideia firmemente e geralmente arraigada tomou posse da mente humana?"

Tomás de Aquino, o "doutor Angélico" — 1225?-1274

Considerado o príncipe dos escolásticos, era filho de um conde de Aquino, uma pequena aldeia entre Roma e Nápoles. Ele se uniu à Ordem Dominicana em 1243 e estudou nas universidades de Colônia e Paris. Mais tarde, tornou-se professor nessas mesmas universidades e também lecionou na Itália. Era um homem muito simples, profundamente religioso e de muita oração. Foi também um grande escritor. Sua obra mais importante é *Suma Theologiae*, o livro mais famoso da teologia da Igreja Católica Romana. Pela declaração do Papa Leão XIII, em 1879, tornou-se a base da presente instrução teológica da Igreja romana. Juntamente com Agostinho, foi um dos mais eminentes teólogos da Igreja latina. Quanto à predestinação, Tomás representa a opinião semipelagiana. Segundo ele, a justificação é uma ação instantânea. Roma é a senhora e mãe de todas as igrejas, e os poderes temporais são sujeitos ao papa. Ele também organizou as doutrinas escolásticas em um sistema completo e final.

Ainda segundo ele, o alvo de toda investigação teológica é providenciar conhecimento de Deus e da origem e do destino do homem. Tal conhecimento vem, em parte, pela razão, mas precisa ser acrescentado pela revelação. As Escrituras contêm essa revelação, mas precisam ser entendidas à luz das interpretações da Igreja. As verdades da revelação não podem ser atingidas pela razão, mas não são contrárias à razão. Não há contradição entre a Filosofia e a Teologia, sendo que ambas vêm de Deus.

> **A ESPIRITUALIDADE PATRÍSTICA**
> Sim, Deus nos conhece a todos simplesmente porque somos frutos de sua obra criadora. Seria uma indiscrição de nossa parte, para não dizer outra coisa, achar que Deus nos ignora. A respeito de Deus, Criador de nossa vida, disse Davi: "Senhor, tu me sondas e me conheces [...] De um modo assombroso e tão maravilhoso fui feito..." (Sl 139:1).

Vitral em igreja na Bélgica representando Tomás de Aquino.

A respeito da Trindade e da pessoa de Cristo, ele concordou com a fórmula do Concílio de Calcedônia. A restauração do homem vem por meio da graça de Deus, não pelas obras. Essa graça vem por meio dos sacramentos. Uma vez redimido, as boas obras são possíveis e recebem recompensa. O homem tem, então, o poder de cumprir os padrões e princípios do Evangelho. Acerca da Santa Ceia, cria na transubstanciação. Também aceitou e desenvolveu a ideia de que o corpo inteiro e o sangue de Cristo são presentes em ambos os elementos, o vinho e o pão. O papa tem o direito de fazer novas definições da fé, e a infalibilidade do papa é aplicada. A sujeição ao papa é essencial para a salvação. Creu no purgatório e, para ele, crianças não batizadas, se morrerem, serão perdidas no inferno. Na sua interpretação clássica das indulgências, ensinou:

> [...] os méritos superabundantes de Cristo e dos santos foram um tesouro de boas obras das quais uma porção pode ser transferida ao pecador necessitado pela autoridade da Igreja, que atua através de seus oficiais. Na

verdade, essa transferência só é válida para os realmente contritos. E para esses, abole, no todo ou em parte, as penas "temporais" aqui e no purgatório. As indulgências nunca foram licença para pecar... (WALKER, 1967, p. 350)

Tomás de Aquino era um rival de João Duns Scotos. Essas duas escolas, denominadas tomista e escotista, foram adversárias até a Reforma. Posteriormente haveria constante conflito entre Lutero e a herança escrita de Tomás de Aquino. Não é conclusivo objetivamente se ele ensinava ou não a salvação por obras e méritos humanos, mas o reformador rejeitará firmemente todos os seus escritos.

Para alguns teólogos, Tomás não ensinou salvação pelas obras, muito menos apoiou sacramentos mecânicos alheios a uma piedade profunda. Na vida pessoal, Tomás demonstrou uma profunda espiritualidade. Regularmente, enquanto escrevia seus tratados teológicos, ele se ajoelhava para orar quando enfrentava algum problema intelectual, pedindo a iluminação divina para guiar seus pensamentos. Tomás compôs também vários hinos e orações para o uso no cotidiano e devocional.

Pouco antes do fim de sua vida, ao celebrar a missa, teve uma intensa experiência e entrou em transe. A partir desse momento, e sem explicação, parou de escrever e falava muito pouco. De acordo com seu cooperador pessoal, diante de tal experiência, tudo o que ele havia escrito até então se tornara como palha.

> Suma teológica de Tomás de Aquino: "Se a paixão de Cristo produziu nossa salvação por meio do mérito [...] respondo: [...] a graça foi dada a Cristo não só como a um indivíduo, mas muito mais por ele ser o Cabeça da Igreja, isto é, a fim de que dele ela se espalhasse para os membros. Por isso, as obras de Cristo têm, com respeito a ele e seus membros, o mesmo efeito que têm as obras de outro homem com respeito a esse homem. Ora, é claro que qualquer homem constituído em graça, que sofre por causa da justiça, merece para si a salvação em razão desse mesmo sofrimento. Desse modo, Cristo, por sua paixão, mereceu a salvação não apenas para si mesmo, mas para todos os seus membros. (BETTENSON, 1961, p. 195)

Guilherme de Ockham

Esse é o principal nome da filosofia e da teologia escolástica católica a influenciar grandemente Martinho Lutero. Franciscano inglês, nasceu em 1280, em Ockham, uma pequena vila, povoado de Surrey, perto de East Horsley, na Grã-Bretanha, e morreu em 9 de abril de 1349 em Munique, na Alemanha, vitimado pela peste negra.

Ockham filiou-se à Ordem Franciscana ainda jovem e foi educado em Londres, passando pela Universidade de Oxford. Não chegou a terminar seu mestrado, mas foi nesse tempo que escreveu grande parte de suas obras filosóficas e teológicas. Suas ideias logo se transformaram em objeto de controvérsia. Ockham lecionou em Paris, na França e foi convocado a Avignon em 1324, pelo papa João XXII, em função das controvérsias criadas por suas ideias.

O filósofo ensinava que doutrinas teológicas não podem ser provadas pela Filosofia, e há separação completa entre a fé e a razão. Ensinou que as Escrituras, e não as decisões dos concílios e dos papas, são a autoridade final, e que os crentes são obrigados a obedecer somente às Escrituras. A Igreja é uma comunidade composta por todos os fiéis, e pode existir independentemente da Igreja Católica. Os papas e os concílios são falíveis. O imperador não precisa ser confirmado pelo papa. Ensinou o determinismo, segundo o qual a vontade absoluta de Deus fez das coisas o que elas são. Lutero o chamou "querido Mestre". Ockham era teorista, não reformador.

A "navalha de Ockham" ou lei da simplicidade foi o termo aplicado a ele e sua teoria, segundo a qual, entre duas ideias tratando do mesmo fenômeno, deve-se escolher entre as teorias concorrentes a explicação que for a mais simples.

CAPÍTULO 31
O MOVIMENTO MÍSTICO DOS SÉCULOS 14 e 15

"A alma humana é como a cera flexível, na qual o Espírito Santo imprime a sua imagem." **João Tauler**

O misticismo foi uma reação contra as exterioridades da religião formal medieval. Para os místicos medievais, cada espírito cristão possui uma faísca ou semente divina, e a principal honra do homem é fazer com que Deus possa fluir e se expressar. A experiência mais profunda é a união do espírito humano com Deus. Segundo esses místicos, para se ter certeza do Caminho, é preciso conhecer as doutrinas bíblicas. Elas são as únicas verdadeiras, e o resultado natural do conhecimento dessas verdades é a purificação da alma por meio do conhecimento da consciência e da contemplação das coisas interiores.

Quando Deus domina a alma, ela se torna cheia de amor e santidade. As cerimônias da Igreja têm muito valor, mas as fontes da vida mística são ainda mais profundas, e a união com Deus, mais direta. Cultivar a presença de Deus é uma religião pessoal. "É o amor de Deus derramado no coração." Para tal experiência, o novo nascimento é a porta de entrada. Entretanto, há perigos. Todos os místicos germânicos, por exemplo, inclinaram-se um pouco para o panteísmo. Deixaram de

> **A ESPIRITUALIDADE PATRÍSTICA**
> O conhecimento que Deus tem de nós é singular por ser ele quem é, o Deus onisciente. Deus conhece a todos e a tudo na universalidade da vida; não obstante, esse Deus grandioso nos conhece também de forma muito particular e pessoal, a ponto de saber muito bem quem somos e até de nos surpreender, chamando-nos pelo nome, simplesmente porque somos seus filhos amados.

enfatizar a instrução e a pregação. No geral, os místicos medievais usavam mais o Novo Testamento do que o Antigo. O resultado dessa experiência religiosa mística era uma vida de pureza e humildade. Da mesma forma, a fim de obter uma expressão mais completa e íntima, usavam o vernáculo nos sermões e nos seus tratados.

O misticismo e o escolasticismo foram duas forças opostas e contrárias. Os processos de lógica eram os guias dos escolásticos; a percepção devocional, o dos místicos. Os escolásticos enfatizavam os dogmas e seu conhecimento intelectual; os místicos, o novo nascimento e uma experiência prática com Deus.

Para os místicos, a piedade era um estado de comunhão espiritual, um andar com Deus; para os escolásticos, era um sistema de definição e pensamento especulativo. Mesmo assim, e apesar desses contrastes, a tendência ao misticismo era fortemente visível em muitos dos escolásticos.

A maioria dos místicos mais importantes eram monges dominicanos alemães. É significativo que a Reforma tenha começado exatamente no lugar onde os místicos moravam e trabalhavam e onde sua piedade se aprofundara.

Mestre Eckhart — 1260-1327

O mais antigo teólogo que escreveu em alemão foi o "Mestre" Eckhart. Era dominicano e foi o fundador do misticismo dominicano alemão. Estudou em Paris. Voltando para a Alemanha, tornou-se prior de sua ordem na Saxônia. Em 1311, voltou a Paris como professor. Passou algum tempo em Estrasburgo como pregador e discipulou João Tauler, influenciando-o profundamente. Foi feito prior em Frankfurt em 1330, e depois tornou-se professor de Teologia em Colônia. Nos últimos anos de sua vida, foi acusado de heresia. Depois de sua morte, muitos dos seus ensinos foram condenados pelo papa João XXII.

Recentemente, nas décadas finais do século 20, dentro da Igreja Católica Romana, houve um movimento para reabilitá-lo. Esse esforço envolveu até o papa João Paulo II.

João Tauler — 1300-1361

Nasceu e morreu em Estrasburgo. Era discípulo da Eckhart.

Sustentava que a alma se acha em uma das três condições: da natureza, da graça ou da santificação. Quando a alma chega a este último estado, esquece inteiramente de si mesma e se submete completamente à vontade de Deus, desde que a alma humana é como a cera flexível, na qual o Espírito Santo imprime a sua imagem. (MUIRHEAD, 1951, p. 267-268)

Nos seus sermões há muitos pensamentos evangélicos que despertaram a admiração de Lutero. Em muitos sentidos, "era protestante antes do protestantismo". Não havia tendências panteístas nele. Em 1338 e 1339, Tauler viajou para a Basileia, na época, o centro de influência de um grupo denominado Amigos de Deus. Ali esteve em estreito contato com os irmãos que viviam e praticavam uma vida devota e piedosa a Deus.

A peste bubônica chegou a Estrasburgo em 1348, tendo a cidade se esvaziado por causa dessa terrível praga. Tauler, entretanto, permaneceu firme no lugar, servindo como pastor, continuando a realizar as suas pregações e visitas pastorais aos doentes e cidadãos sofredores.

A sua constante correspondência com cidadãos de influência e o seu trabalho apostólico e de pregador o tornaram famoso e influente. Tauler é conhecido pelos seus sermões, considerados obras-primas da literatura de língua alemã.

Tomás de Kempis — 1380-1471

Monge e escritor alemão, Tomás de Kempis nasceu em Kempen, na Renânia do Norte, perto de Colônia. Faleceu a 24 de julho de 1471 no Mosteiro de Santa Inês, na Holanda. Era aluno dos Irmãos de Vida Comum. Dedicou sua vida à meditação, à composição e ao trabalho de copista. Copiou a Bíblia pelo menos quatro vezes. Sua obra *Imitação de Cristo*, o mais nobre produto dos místicos, ocupa lugar no mesmo nível que as *Confissões* de Agostinho e *O Peregrino* de João Bunyan nos manuais devocionais.

> Ouvirei o que em mim disser o Senhor meu Deus (Sl 84:9). Bem-aventurada a alma que ouve em si a voz do Senhor e recebe de seus lábios palavras de consolação! Benditos os ouvidos que percebem o sopro do divino sussurro e

nenhuma atenção prestam às sugestões do mundo! Bem-aventurados, sim, os ouvidos que não atendem às vozes que atroam lá fora, mas à Verdade que os ensina lá dentro! Bem-aventurados os olhos que estão fechados para as coisas exteriores e abertos para as interiores! Bem-aventurados aqueles que penetram as coisas interiores e se empenham, com exercícios contínuos de piedade, em compreender, cada vez melhor, os celestes arcanos. Bem-aventurados os que, com gosto, entregam-se a Deus e se desembaraçam de todos os empenhos do mundo. Considera bem isso, ó minha alma, e fecha as portas dos sentidos para que possas ouvir o que em ti falar o Senhor teu Deus. Eis o que te diz o teu Amado: "Eu sou tua salvação, tua paz e tua vida. Fica comigo e acharás paz. Deixa todas as coisas transitórias e busca as eternas." Que é todo o temporal, senão engano sedutor? E de que te servem todas as criaturas, se o Criador te abandonar? Renuncia, pois, a tudo, entrega-te dócil e fiel a teu Criador, para que possas alcançar a verdadeira felicidade.

Julgando pela difusão, o livro tem sido o mais influente, exceto a Bíblia, entre todos os escritos da Cristandade.

Os Irmãos de Vida Comum

Gehard Groot (1340-1384) fundou a Comunidade dos Irmãos de Vida Comum, que se disseminaram por todo o continente europeu e passaram a exercer enorme influência dentro dos decadentes monastérios. Essa associação foi fundada em Deventer. Agrupavam-se em casas de irmãs e irmãos que viviam uma vida essencialmente monástica sob regras comuns, mas sem votos permanentes. Dedicavam-se a exercícios religiosos, práticas devocionais piedosas, a copiar livros de edificação e ao ensino. Espalharam-se

---

A ESPIRITUALIDADE PATRÍSTICA
Agostinho passou trinta anos de sua existência vivendo no mundo e no pecado. Mas isso tudo passou quando, no seu opúsculo, encontrou-se com o Deus de sua alma. As coisas velhas ficaram para trás por causa de uma nova vida que, ao fim, começara: "Tarde te amei, Beleza tão antiga e tão nova, tarde te amei! Eis que estavas dentro de mim, e eu lá fora, a te procurar! Eu, disforme, atirava-me à beleza das formas que criaste. Estavas comigo, e eu não estava em ti. Retinham-me longe de ti aquilo que nem existiria se não existisse em ti. Tu me chamastes, gritastes por mim e venceste minha surdez [...] Eu te saboreei, e agora tenho fome e sede de ti. Tocaste-me, e o desejo de tua paz me inflama" (Livro X, capítulo 27).

muito na Holanda e na Alemanha. Fizeram muito para promover a piedade no século 15.

Florentius Rideways (1350-1400) foi teólogo e sucessor de Groot. Quando retornava da Universidade de Praga, participou de uma pregação de Gehard, e a partir daí, os dois se tornaram amigos. Radeways tornou-se discípulo de Groot, chegando a acompanhar seu mestre em viagens pastorais. A partir de 1380, sendo seu sucessor e cofundador da Comunidade dos Irmãos de Vida Comum, passou a exercer crescente influência. Juntamente com outros seis irmãos, entre eles Tomás de Kempis, Florentius fundou a congregação de Windesheim, em 1386, obedecendo a uma direção de Groot. Tomás de Kempis estudou na matriz dos Irmãos de Vida Comum, onde se constatou que possuía grande habilidade para copiar manuscritos. Foi ali que ele escreveu o livro *A imitação de Cristo*, onde inspira os crentes na oração e em práticas devocionais pessoais. Este é um dos livros mais representativos do movimento "*Devotio Moderna*". Mais tarde, quando o calvinismo surgiu, as Comunidades dos Irmãos de Vida Comum foram sendo desfeitas gradativamente.

Em qualquer movimento bom há perigo, e o misticismo não é exceção. Os místicos, na tentativa de ouvir a voz de Deus falando em seu coração, estavam em perigo de destacar exageradamente o individualismo, a introspecção excessiva e o isolamento do mundo real. Nos ensinos dos evangelhos, Jesus afirma que somos o sal da terra e a luz do mundo. Muitos místicos, entretanto, enveredaram por um caminho de exclusivismo e exageros ao atribuir à imaginação excitada a mesma posição da Palavra de Deus.

CAPÍTULO 32
A QUEDA DE CONSTANTINOPLA

"Uma guarnição de talvez 7 mil ou 8 mil soldados defendia os muros de Constantinopla em seu último cerco contra aproximadamente 250 mil muçulmanos." **Edward Gibbon**

O fim do Império Bizantino

Quando, no século 4, o imperador Constantino dividiu o vasto Império Romano em duas partes, Oriente e Ocidente, e transferiu a capital para a antiga cidade grega de Bizâncio, rebatizando-a Constantinopla, ele não fazia ideia de que o império permaneceria de pé por mais de mil anos. Roma já havia caído havia muito tempo quando o cristão Império Romano do Oriente, também chamado Bizantino, estava no seu auge. Seus domínios territoriais, sua riqueza econômica, sua vasta população e sua capital situada numa região inexpugnável faziam parecer que o império jamais cairia.

Durante toda a Idade Média, Constantinopla competia com o Ocidente em matéria de protagonismo, influência e fé. Após o grande cisma, em 1054, que marcou a divisão do cristianismo entre Oriente e Ocidente, o patriarcado de Constantinopla era um contraponto ao papado romano, tal a sua força, influência e poder. Era inimaginável para os ocidentais a queda de tal potência. Entretanto, os sintomas de decadência logo começaram a surgir a partir das perdas territoriais nas mãos dos muçulmanos.

Lentamente, o outrora vasto império cristão foi perdendo porções do seu território a partir das conquistas árabes. De 1037 a 1194, o Império Selêucida muçulmano foi tomando toda a parte asiática do território bizantino até que finalmente só permanecesse a porção de territórios ao redor de Constantinopla.

Finalmente, por séculos, os turcos otomanos, uma antiga tribo que abraçara o Islã, foi crescendo em poder militar, fazendo enorme pressão sobre o que sobrara do antigo Império Bizantino cristão. Esse crescimento e essa pressão chegaram a tal ponto que passaram a ameaçar os antigos marcos europeus.

Pintura retratando a queda de Constantinopla, em 1453.

Nessa época, o Império Bizantino só detinha 10% do que possuíra no seu auge. Por fim, veio o golpe fatal com a conquista turca por Maomé II, em 29 de maio de 1453, após um cerco obstinado de cinquenta dias sobre a velha capital Constantinopla. A presença turca impressionava. Trouxeram um canhão, a Grã-Bombarda, com 8 metros de comprimento e 7 toneladas, que, para ser transportado, precisava de sessenta bois e duzentos homens, e cuspia balas de 550 quilos nas muralhas e nos portões da cidade. Isso junto com 100 mil soldados profissionais e 125 navios. Há outros historiadores que afirmam que a presença turca contava com 250 mil homens.

A cidade, diante da iminente queda, contava com a simpatia do Ocidente, que enviou alguma ajuda pífia diante da enorme maré turca. Mesmo com sua desproporcional superioridade, os otomanos precisariam ultrapassar os 22 quilômetros de muralhas com 98 torres fortificadas da cidade, protegidas por 8 mil soldados cristãos.

Uma das estratégias de Maomé II foi mandar empalar dezenas de soldados bizantinos e fixá-los pelas estacas em frente às tropas cristãs para lhes abalar e destruir a motivação para a guerra. Nos dias finais do duríssimo cerco de cinquenta dias de batalhas diárias, com as tropas da cidade já exaustas, finalmente os turcos abriram uma brecha na muralha e forçaram a entrada por um dos portões. O imperador Constantino XI pessoalmente liderou uma fraca resistência, que logo foi vencida. O imperador nunca mais foi visto.

Maomé II entrou triunfalmente na cidade, que foi sistematicamente saqueada e destruída. Parte da população fugiu de navio, grande número foi vítima da chacina e ainda uma parte se refugiou na Catedral de Santa Sofia, aguardando por um milagre que não veio. Após a derrota, com a queda da capital que se erguera imponente por mil anos, a Catedral de Santa Sofia, ícone do cristianismo ortodoxo, foi transformada em mesquita muçulmana. Seus afrescos e pinturas cristãs foram cobertos e deram lugar às inscrições do Alcorão. O Islã foi imposto e transformado em religião oficial. Constantinopla passou a ser a capital desse novo Império Turco Otomano. Essa data, 26 de maio de 1453, marca formalmente o fim da Idade Média e o início da chamada Idade Moderna.

Em função do seu isolacionismo, o Império Bizantino nunca recebeu apoio concreto das potências ocidentais, e a sede patriarcal mais importante da Igreja Ortodoxa caiu nas mãos do Islã. Esse foi um extraordinário choque para a Cristandade na época. A partir daí, o magnífico poder militar turco forçaria cada vez mais as fronteiras europeias, chegando às portas de Viena, na Áustria.

Para além disso, o importante comércio com o Extremo Oriente, que até

> **A ESPIRITUALIDADE PATRÍSTICA**
> Santo Agostinho faleceu aos 76 anos no Norte da África, sua terra natal. Do muito que fez e foi, o maior dos pais da Igreja destacou-se como teólogo, filósofo, bispo e monge.

então tinha Constantinopla como seu maior entreposto para a Europa, foi perdido para sempre. Outras rotas para o Oriente deveriam ser procuradas. Foi um duríssimo golpe para o Cristianismo como um todo. A partir dessa época, os turcos otomanos, conquistadores do Império Bizantino, estabeleceriam uma fenomenal potência que se estenderia até o século 19, dominando também todo o Oriente Médio.

Foram os turcos que, no início do século 16, reconstruíram as antigas muralhas da cidade velha de Jerusalém. Essas muralhas perduram até os dias de hoje.

Prenúncios de um grande terremoto

A queda de Constantinopla deixou Roma sozinha e sem o contraponto de oposição e protagonismo que sempre fora o Império Bizantino. O fortíssimo golpe das organizadas forças islâmicas contra a Cristandade foi mais um dos fatores a contribuir para o fortalecimento dos incipientes Estados nacionais europeus, que precisariam desesperadamente de unidade para fazer frente aos turcos. Seria o poder militar do Sacro Império Romano-Germânico, unindo a enorme colcha de retalhos de diferentes nacionalidades, que protegeria a Europa da derrota. A Igreja pouco podia fazer. Esse quadro enfraquecia o poder papal e o colocava nas mãos do imperador. De fato, nos dias da Reforma, o objetivo maior do imperador Carlos V era manter a unidade dos seus exércitos para fazer frente à grave ameaça dos turcos. Indiretamente, portanto, a queda de Constantinopla contribuiu no alinhamento de condições que prepararium a Europa e a Igreja para a Reforma Protestante que se avizinhava.

CONCLUSÃO
A NECESSIDADE DE UMA AMPLA REFORMA NA IGREJA

Depois de quase quinze séculos, o cristianismo ganhara outra face, bastante diferente daquela original. O que causara tanta mudança e tanta perda da essência inicial? Onde estava aquela Igreja apaixonada por Jesus Cristo, capaz de ir ao martírio por amor de seu Mestre? Onde estava aquela Igreja que, segundo a Epístola aos Efésios, é um Corpo e uma família? O que tornara a Igreja uma instituição decrépita, vazia e sem o seu conteúdo original? De onde vieram tantas práticas estranhas, tanto folclore e tantas superstições? O que justificava os abusos de Roma, que se tornara um poder secular e nem de longe representava mais o humilde e santo Jesus de Nazaré?

A Igreja Romana e Ocidental, mesmo no fim da Idade Média, havia chegado à conclusão de que precisava implementar uma profunda reforma geral. Aliás, esse termo, "reforma", era comum no seio da Igreja Católica Romana desde muito tempo, e se tornou comum a partir do século 15.

Entretanto, faltavam as condições históricas gerais para implementar tal reforma ampla. Muitas tentativas foram feitas, mas nenhuma delas logrou sucesso.

As evidências eram muitas da necessidade de reforma. Dentro da Igreja, constatava-se que a outrora vital força monástica havia se tornado, em muitos casos, bolsões de corrupção, luxúria, pecado e decadência. Na Espanha, por exemplo, a rainha Isabel tomara sobre si a tarefa de implementar reformas dentro dos monastérios espanhóis, tal o ponto a que as coisas chegaram. Todavia, para quem estava de fora, para o homem comum, tal reforma deveria ser muito mais profunda. A Igreja de Roma havia se tornado um poder secular que abusava, sobrecarregava e oprimia os cidadãos com sua pesadíssima e sufocante estrutura. Essa Igreja medieval ditava todas as regras de costumes, hábitos, consciência e até na produção filosófica e científica. Não havia liberdade alguma. Ademais, séculos de tradições pagãs sendo adotadas foram fazendo da Igreja Católica Romana um cipoal de contradições entre a pura origem apostólica, as Escrituras canônicas, as decisões controvertidas de muitos concílios e a tradição paganizada. Muito do que foi sendo definido como tradição e as decisões dos concílios estavam em franca oposição às Sagradas Escrituras definidas pela própria Igreja. Assim, muitos teólogos passaram a denunciar tais contradições e foram amargamente punidos, encontrando, inclusive, a morte e o cruel martírio. O fato central é que as Escrituras Sagradas foram sendo relegadas a segundo plano. As poucas e raras cópias da Bíblia eram guardadas nas bibliotecas de alguns monastérios, mas, de fato, era um livro fechado, ignorado e pouco conhecido. Poucos teólogos medievais se dispuseram seriamente a se debruçar sobre a Palavra de Deus, e um número menor ainda se preocupava em aplicá-la ao seu viver diário.

Basílica de São Pedro, no Vaticano.

Senhora de uma rica tradição, a Igreja, na prática, colocava as Escrituras quase no mesmo nível dos escritos dos Pais da Igreja, dos apologistas e das decisões dos concílios. Esse caldo de influências simplesmente punha a Bíblia numa posição desprezada. Por mais de um milênio, muitas tradições questionáveis foram levando o cristianismo a se afastar absurdamente de suas origens.

A partir dos séculos 14 e 15, uma enorme confluência de fatores coopera para uma autêntica revolução. Um enorme alinhamento de forças será estabelecido por Deus para que a reforma necessária aconteça. Essa Reforma, entretanto, não viria de dentro da Igreja. Viria de fora dela. A antiga e velha instituição se veria forçada a rever seus métodos, seus padrões de conduta, sua doutrina e seu modo de governo em resposta ao terremoto devastador que seria a Reforma Protestante do século 16. A Igreja seria confrontada e forçada a responder numa Contra-Reforma a fim de melhorar e a avançar. Esse poderoso e inadiável evento histórico sem precedentes arrastaria a Igreja Católica Romana para um processo que a tornaria melhor e mais pura. De fato, a Reforma marcaria o fim da Igreja Romana medieval e o nascimento da Igreja Católica moderna.

REFERÊNCIAS

"A investidura de João Paulo I". *Manchete*, ed. 1.378, 16 set. 1978, p. 4-11.

A paz na terra: Encíclica do papa João XXIII. São Paulo: FTD, 1963.

"A tradição apostólica". Disponível em: <http://aigrejaprimitiva.com/dicionario/TRADI%C3%87%-C3%83OAPOST%C3%93LICA.html>. Acesso em: 12 mar. 2021.

ALDUNATE, Pe. Carlos; SUENENS, Cardeal Leão; J. Scandian, D. Silvestre; McKINNEY, D. Joseph; MACNUTT, Pe. Francis, *A experiência de Pentecostes*: A Renovação Carismática na Igreja Católica (4ª ed.) São Paulo: Loyola, 1982.

ALLEN, William E. *História dos avivamentos religiosos*. Rio de Janeiro: Casa Publicadora Batista, 1958.

_____. *The Revival Movement: Special Commemoration* [O movimento de reavivamento: celebração especial], ed. Belfast: Worldwide Revival Movement, 1959.

_____. "The '59 Revival in Ireland, The United States of America, England, Scotland and Wales" ["O reavivamento de 1959 na Irlanda, nos Estados Unidos, na Inglaterra, na Escócia e no País de Gales"]. In: *Revival Stories* [Histórias de reavivamento], ed. 2. Belfast: Revival Publishing Company, 1955.

Almanaque Abril 88. São Paulo: Editora Abril, 1980.

America's Great Revivals [Grandes reavivamentos dos Estados Unidos]. Chicago: Christian Life, 2004.

ANDERSON, William K. *Espírito e mensagem do protestantismo*. São Paulo: Imprensa Metodista, 1953.

BETTENSON, H. *Documentos originais da Igreja Cristã*. São Paulo: Juerp, 1961.

_____. *Documentos da Igreja Cristã*. São Paulo: Imprensa Metodista, 1967.

BAITON, R. H. *Lutero*. Buenos Aires: Sudamericana, 1955.

BEMSON, Clarence H. *History of Christian Education* [História da Educação Cristã]. Chicago: Moody Press, 1943.

BOYER, Orlando. *Heróis da fé*. 3a ed. Rio de Janeiro: Livros Evangélicos, 1961.

BREDENSEN, Rev. Harold. *Awakening at Yale* [Despertamento em Yale]. Chicago: Christian Life Publications.

BURCKLAND, A.R; WILLIAMS, Lukyn. *Dicionário bíblico universal.* São Paulo: Vida, 2010.

BUYERS, Paul Eugene. *Trechos do diário de João Wesley.* São Paulo: Imprensa Metodista, 1965.

_____. *João Wesley, avivador do Cristianismo na Inglaterra.* 2a ed. São Paulo: Imprensa Metodista, 1957.

CAIRNS, Earle E. *O Cristianismo através dos séculos.* São Paulo: Vida Nova, 1984.

CAMPOS, J.L. *Dicionário inglês-português ilustrado.* São Paulo: Lep, 1951.

COLEMAN, Robert E. *One Divine Moment* [Um momento divino]. Old Tappan: Fleming H. Revell, 1970.

COMPROMISSO DE BELO HORIZONTE (brochura do Congresso Brasileiro de Evangelização). Belo Horizonte: Comissão Brasileira de Evangelização, 1983.

CONCÍLIO MUNDIAL DE IGLESIAS. Buenos Aires: Imprensa Metodista, 1954.

CONCLUSÕES DE MEDELLÍN — II Conferência Geral do Episcopado Latino-Americano (5ª ed.) São Paulo: Edições Paulinas, 1984.

CONDE, Emílio. *História das Assembleias de Deus.* Rio de Janeiro: 1960.

CONN, Harvie; STURZ, Richard. *Teologia da Libertação.* São Paulo: Mundo Cristão, 1984.

COWMAN, Lettie B.; COWMAN, Charles E. *Missionary Warrior* [Guerreiro missionário] (8ª ed.) Los Angeles: The Oriental Missionary Society, 1947.

D'AUBIGNE, J.H. Merle. *História da Reforma do décimo sexto século.* São Paulo: Casa Editora Presbiteriana.

DAVIDSON, F. *Novo Comentário da Bíblia.* São Paulo: Edições Vida Nova, 1963.

DAVIS, George T.B. *When the Fire Fell* [Quando o fogo caiu]. Filadélfia: The Million Testament Campaigns, 1948.

DOUGLAS, J.D. (ed.) *The New Bible Dictionary* [O novo dicionário da Bíblia]. Grand Rapids: Eerdmans, 1962.

DREHER, Arno. *Martim Lutero*. São Leopoldo: Sinodal, 1983.

EERDMAN'S HANDBOOK TO CHRISTIAN BELIEF. Grand Rapids: William B. Eerdmans, 1982.

EERDMAN'S HANDBOOK TO CHRISTIAN IN AMERICA. Grand Rapids: William B. Eerdmans, 1983.

EERDMAN'S HANDBOOK TO THE HISTORY OF CHRISTIANITY. Grand Rapids: William B. Eerdmans, 1977.

ELLIOT, Elizabeth. *The Savage My Kinsman* [O selvagem My Kinsman]. Nova York: Harper and Brothers; Londres: Hodder e Stroughton, 1961.

ELLIS, William. *Billy Sunday, The man and His Message* [Billy Sunday, o homem e sua mensagem]. Chicago: Moody Press, 1959.

ELSON, Robert T. "Pope John XXIII" ["Papa João XXIII]. *In Life Magazine*, ed. outubro de 1962.

ENSLEY, Francis Gerald. *João Wesley, o evangelista*. São Paulo: Imprensa Metodista, 1965.

ERMAN, Raymond. *Finney vive ainda:* o segredo do avivamento em nossos dias. Belo Horizonte: Renovação Espiritual, 1962.

ESBOÇO HISTÓRICO DA ESCOLA DOMINICAL DA IGREJA EVANGÉLICA FLUMINENSE – 1855-1932. Rio de Janeiro, 1932.

EVANGELIZAÇÃO NO PRESENTE E NO FUTURO DA AMÉRICA LATINA. *In Conclusões da III Conferência Geral do Episcopado Latino-Americano de Puebla de Los Angeles*. 8a ed. São Paulo: Paulinas, 1986.

FALVO S. *A hora do Espírito Santo*. São Paulo: Paulinas, 1975.

FERM, Virgilius. *Pictorial History of Protestantism* [História pictórica do Protestantismo]. Nova York: Philosophical Library, 1957.

_____. *An Enciclopedia of Religion* [Uma enciclopédia da religião]. Nova York: Philosophical Library, 1955.

FINNEY, Charles G. *Short Life of Charles Grandison Finney* [A curta vida de Charles Grandison Finney.] Antrim: Revival Publishing Company, 1948.

FISCHER, Harold A. *Avivamentos que avivam*. Rio de Janeiro: Livros Evangélicos, 1961.

FORELL, George Wofgang. *The Luther Legacy* [O legado de Lutero]. Augsburg: Publishing House, 1983.

GEE, Donald. *Acerca dos fons espirituais* (3ª ed.) Rio de Janeiro: Livros Evangélicos, 1958.

GLOVER, Robert Hall. *The Progress of World-Wide Missions* [O progresso de missões mundiais]. Nova York: Harper e Brothers, 1960.

GONZALEZ, Justo L. *História Ilustrada do cristianismo*. São Paulo: Vida Nova, 2011.

_____. *E até os confins da terra* — Uma história ilustrada do Cristianismo. São Paulo: Vida Nova, 1978.

GRAHAM, Billy. *Padrões bíblicos para o evangelista*. Minneapolis: World Wide Publications, 1984.

GREENFIELD, John. *Power From on High* [Poder do alto]. Atlantic City: Evangelica, 1950.

HAHN, Carl J. "Revival in Brazil". *In The Revival Movement*, ed. Janeiro-março de 1953.

HALLEY, Henry H. *Manual bíblico*. São Luiz: Livraria Editora Evangélica, 1961.

HESS, Lucy. *Billy Graham in Paris* [Billy Graham em Paris]. Vol. 86, ed. 3, março de 1987.

HILLERBRAND, Hans. *The Protestant Reformation* [A Reforma Protestante]. Harper: Torchbooks.

HUGHES, Philip. *História da Igreja Cristã*. (2ª ed.) São Paulo: Dominius, 1962.

HUBERT, Jedin. *Concílios ecumênicos*. EUA: Herder, 1961.

INTRODUCING THE AMERICAN SUNDAYSCHOOL UNION (folheto). Filadélfia: American Sunday School Union.

IN OTHER WORDS. Wyclife Bible Translators. Vol. 8, ed. 4, verão de 1982.

JACKSON, Jeremy C. *The Church Through Twenty Centuries* — No Other Foundation [A Igreja através de vinte séculos — Nenhum outro fundamento]. Westchester: Conerstone Books, 1980.

JOHNSTONE, Patrick J.ST.G. *Batalha mundial* — Guia para intercessão pelas nações (2ª ed.) São Paulo: Vida Nova, 1981.

_____. *Batalha mundial* (3ª ed.) 1987.

JOSEFO, Flávio. *História dos hebreus*. São Paulo: Editora das Américas, 1956.

KANE, J. Herbert. *Understanding Christian Missions* [Entendendo as missões cristãs]. Grand Rapids: Baker Book House, 1878.

KELLY, J.N.D. *Early Christian Doctrines* [Doutrinas dos cristãos primitivos]. Nova York, HarperOne, 1978.

KEMPIS, Thomas à. *Imitação de Cristo*. Livro III, "Da consolação interior", capítulo 1, "Da comunicação íntima de Cristo com a alma fiel". Domínio Público.

KLOPPENBURG, Boaventura. *Compêndio do Vaticano II* — Constituições, decretos, declarações (15ª ed.) Petrópolis: Vozes, 1982.

KNIGHT, A.E.; ANGLIN, W. *História do Cristianismo* (3ª ed.) Rio de Janeiro: Casa Publicadora das Assembleias de Deus, 1955.

LATOURETTE, Kenneth. *A History of Christianity* [Uma história do Cristianismo]. Nova York: Harper and Row, 1954.

_____. *História del Cristianismo*. 5a ed. El Paso: Casa Bautista de Publicaciones, 1983.

LESSA, Vicente Themudo. *Lutero* (4ª ed.) São Paulo: Casa Editora Presbiteriana, 1960.

LEWIS. T. Vaughan. "Deus visitou o país de Gales". *In Arauto*, ano IV, ed. 41, 1961.

LINDSELL, Harold. *The Holy Spirit in the Latter Days* [O Espírito Santo nos últimos dias]. Nashville: Thomas Nelson, 1983.

LOPES, Ilídio Burgos. *A reforma religiosa do século XVI*. São Paulo: Livraria Independente Editora, 1955.

LUTERO, Martinho. *Da liberdade cristã*. Domínio público.

_____. *Do cativeiro babilônico da Igreja*. Domínio público.

_____. *À nobreza cristã da Alemanha*. Domínio público.

MACY, Paul Griswold. *A história do Conselho Mundial de Igrejas* (livreto). Rio de Janeiro: Imprensa Metodista.

"Milagre no Vaticano — A história secreta da eleição de João Paulo II." *In Fatos & Fotos Gente*. Ed. 897, 30 de outubro de 1978, p. 3-11.

MOFFETT, Hugh. "The Pilgrimage of Pope Paul the Sixth" ["A peregrinação do papa Paulo VI"]. *In Life Magazine*, vol 56, ed. 3, janeiro de 1964, p. 18-30.

MUIRHEAD, H. H. *O cristianismo através dos séculos*. 3a ed. Rio de Janeiro: Casa Publicadora Batista, 1951.

MURCH, James de Forrest. *A aventura ecumênica* — Uma análise do Conselho Mundial de Igrejas. São Luís: Livraria Editora Evangélica, 1963.

_____. *Co-operation Without Compromise: A History of the National Association of Evangelicals* [Cooperação sem comprometimento: uma história da Associação Nacional dos Evangélicos]. Grand Rapids: Eerdmans, 1956.

NEWMAN, Albert Henry. *A Manual of Church History* [Um manual da História da Igreja]. Filadélfia: American Baptist Publication Society, 1903-1904.

NICHOLS, Robert Hastings. *História da Igreja Cristã*. São Paulo: Casa Editora Presbiteriana, 1954 e 1960.

PEQUENO DICIONÁRIO MICHAELIS. 27a ed. São Paulo: Melhoramentos, 1989.

PERSON, B.H. *The Vision Lives: A Profile of Mrs. Charles e Cowman* [A visão vive: uma biografia da senhora Charles E. Cowman]. Los Angeles: Cowman Publications, 1961.

PINTONELLO, Aquilez. *Os papas* — Síntese histórica, curiosidade e pequenos fatos (3ª ed.) São Paulo: Paulinas, 1986.

POLOCK, John. *Crusades: 20 Years With Billy Graham* [Cruzadas: 20 anos com Billy Graham]. Minneapolis: World Wide Publications, 1969.

_____. *To All the Nations: The Billy Graham Story* [A todas as nações: a história de Billy Graham]. San Francisco: Harper & Row, 1985.

Presbiterianismo no Brasil 1859-1959. São Paulo: Casa Editora Presbiteriana, 1959.

RANAGHAN, Kevin; RANAGHAN, Dorothy. *Católicos pentecostais*. Pindamonhangaba: O.S. Boyer, 1972.

REILY, Duncan A. *História documental do Protestantismo no Brasil*. São Paulo: ASTE, 1984.

_____. *História da Igreja: série em marcha*. São Bernardo do Campo: Imprensa Metodista, 1988.

_____. *A influência do metodismo na reforma social da Inglaterra no século XVIII*. Rio de Janeiro: Junta Geral de Ação Social da Igreja Metodista do Brasil, 1953.

"Return of the Native". *Time Magazine*, vol. 121, ed. 26, 27 jun. 1983, p. 6-15.

SALVADOR, J.G. *O Didaquê: os ensinos dos apóstolos*. São Paulo: Imprensa Metodista, 1957.

SCHAFF, Philip. *History of Christian Church* [História da Igreja Cristã]. Grand Rapids: Eerdmans, 1952-1953.

SCHATTSCHNEIDER, Allen W. *Through Five Hundred Years: A Popular History of the Moravian Church* [Por quinhentos anos: uma história popular da Igreja Morávia]. Winston Salem: Comenius Press, 1956.

SCHOFIELD, Hugh J. *A Bíblia estava certa*. São Paulo: Ibrasa, 1961.

SCOTT, Benjamin. *As catacumbas de Roma*. Porto: Tipografia Progresso, 1923.

SILVA, Ismael J. *Notas histórias sobre a missão evangelizadora do Brasil e de Portugal*. Rio de Janeiro, 1960-1961.

SOUZA, Alcindo Muniz de. *História Medieval e Moderna para o segundo ano colegial* (4ª ed.) São Paulo: Companhia Editora Nacional, 1955.

STEWART, James Alexander. *Quando desceu o Espírito*. Belo Horizonte: Renovação Espiritual.

STEWART, Randall. *American Literature & Christian Doctrine* [Literatura estadunidense e doutrina cristã). Baton Rouge: Louisiana State University Press, 1958.

STOTT, John. *Comenta o Pacto de Lausanne: uma exposição e comentário*. São Paulo: ABU/Visão Mundial, 1983.

STREAM, Carol. *Christianity Today* [Cristianismo hoje]. Illinois: Tyndale.

THE CATHOLIC ENCYCLOPEDIA. *Pope Clement VII* [Papa Clemente VII]. Domínio público.

_____. *Pope Alexander VI* [Papa Alexandre VI]. Domínio público.

THE CONCORD DESK ENCYCLOPEDIA. Nova York: Concord Reference Books: 1982.

"The Pope in America". *Time Magazine*, vol. 114, ed. 16, 15 out. 1979, p. 8-28.

TOGNINI, Enéas. *Vidas poderosas*. São Paulo: Edições Enéas Tognini, 1967.

TUCKER, Ruth A. *E até os confins da terra* — Uma história biográfica das missões cristãs. São Paulo: Vida Nova, 1986.

VAN HALSELMA, Thea B. *João Calvino era assim*. São Paulo: Vida Evangélica, 1968.

Visão Mundial (boletim). Ano I, ed. 3, maio 1981.

WALKER, G.S.M. *The Growing Storm* [A tempestade crescente]. The Paternoster Press, 1961.

WALKER, Williston. *História da Igreja Cristã*. São Paulo: ASTE, 1967.

WESLEY, João. *A perfeição cristã*. Casa Nazarena de Publicações, 1981.

WILDERMUTH, Wesley. "Founders Who Didn't Found" ["Fundadores que não fundaram"]. *OMS Outreach*, ed. 3, 1976, p. 19.

WINTER, Ralph D. *The Twenty-Five Unbelievable Years* [Os 25 anos incríveis] (4ª ed.) Pasadena: William Carey Library, 1970.

WOOD, A. Skevington. *The Inextinguishable Blaze* [A chama inextinguível]. Londres: Eerdmans/The Paternoster Press, 1960.

WOOD, Robert D. *In These Mortal Hands: The Story of the Oriental Missionary Society — The First 50 Years* [Nessas mãos mortais: a história da Sociedade Missionária Oriental — Os primeiros 50 anos]. Greenwood: OMS International, 1983.

grupo novo século

Compartilhando propósitos e conectando pessoas
Visite nosso site e fique por dentro dos nossos lançamentos:
www.gruponovoseculo.com.br

Ágape

(f) Editora Ágape
(☉) @agape_editora
(🐦) @editoraagape
(▶) editoraagape

agape.com.br

Edição: 1ª
Fonte: PT Serif